요한과 더불어

아홉 번째 산책

요한복음 설교집 9

요한과 더불어
Along with John

지은이 이재철
펴낸곳 주식회사 홍성사
펴낸이 정애주
국효숙 김의연 김준표 박혜란 송민규 오민택
오형탁 임영주 주예경 차길환 허은

1998. 6. 18. 초판 발행   2021. 7. 20. 19쇄 발행

등록번호 제1-499호 1977. 8. 1.
주소 (04084) 서울시 마포구 양화진4길 3   전화 02) 333-5161   팩스 02) 333-5165
홈페이지 hongsungsa.com   이메일 hsbooks@hongsungsa.com   페이스북 facebook.com/hongsungsa
양화진책방 02) 333-5161

ⓒ 이재철. 1998

• 잘못된 책은 바꿔 드립니다.   • 책값은 뒤표지에 있습니다.

ISBN 978-89-365-0457-1 (04230)
ISBN 978-89-365-0518-9 (세트)

요한복음 설교집 (요 20장)

요한과 더불어

아홉 번째 산책

이 재 철

홍성사

요한과 더불어

-아홉 번째 산책

이 설교집은
주일 낮예배 설교 중 97년 8월부터 98년 1월까지의 내용을 정리한 것입니다.

1

안식 후 첫날

안식 후 첫날 이른 아침 아직 어두울 때에
막달라 마리아가 무덤에 와서 돌이 무덤에서 옮겨 간 것을 보고
시몬 베드로와 예수의 사랑하시던 그 다른 제자에게 달려가서
말하되 "사람이 주를 무덤에서 가져다가 어디 두었는지
우리가 알지 못하겠다" 하니, 베드로와 그 다른 제자가 나가서
무덤으로 갈새 둘이 같이 달음질하더니, 그 다른 제자가
베드로보다 더 빨리 달아나서 먼저 무덤에 이르러 구푸려
세마포 놓인 것을 보았으나 들어가지는 아니하였더니
시몬 베드로도 따라와서 무덤에 들어가 보니 세마포가 놓였고
또 머리를 쌌던 수건은 세마포와 함께 놓이지 않고 딴 곳에 개켜
있더라. 그 때에야 무덤에 먼저 왔던 그 다른 제자도 들어가
보고 믿더라. (저희는 성경에 "그가 죽은 자 가운데서 다시 살아나야
하리라" 하신 말씀을 아직 알지 못하더라.)
이에 두 제자가 자기 집으로 돌아가니라.
마리아는 무덤 밖에 서서 울고 있더니, 울면서 구푸려 무덤 속을
들여다보니 흰 옷 입은 두 천사가 예수의 시체 뉘었던 곳에
하나는 머리 편에, 하나는 발 편에 앉았더라.
천사들이 가로되 "여자여 어찌하여 우느냐?"

가로되 "사람이 내 주를 가져다가 어디 두었는지
내가 알지 못함이니이다."
이 말을 하고 뒤로 돌이켜 예수의 서신 것을 보나
예수신 줄 알지 못하더라. 예수께서 가라사대
"여자여 어찌하여 울며 누구를 찾느냐?" 하시니
마리아는 그가 동산지기인 줄로 알고 가로되
"주여, 당신이 옮겨 갔거든 어디 두었는지 내게 이르소서.
그리하면 내가 가져가리이다."
예수께서 "마리아야" 하시거늘
마리아가 돌이켜 히브리 말로 "랍오니여" 하니(이는 선생님이라.)
예수께서 이르시되 "나를 만지지 말라.
내가 아직 아버지께로 올라가지 못하였노라.
너는 내 형제들에게 가서 이르되
내가 내 아버지, 곧 너희 아버지, 내 하나님, 곧 너희 하나님께로
올라간다 하라" 하신대
막달라 마리아가 가서 제자들에게 "나가 주를 보았다" 하고
또 주께서 자기에게 이렇게 말씀하셨다 이르니라.

요한복음 20:1~18

드디어 이번 화요일(8월 5일) 오전 10시에 정신여고 기공예배를 드리게 되었습니다. 우리를 믿으셔서 이 일을 맡겨 주시고 오늘이 있게 하신 하나님께 무한 영광을 돌려 드립니다.

연건평은 정신여고생 전원이 함께 예배드릴 수 있는 대강당, 밤에 잠을 자면서 영성훈련을 할 수 있는 수련관, 소강당과 각종 활동실 및 우리 교회가 사용할 공간을 포함하여 총 2,380평에 이릅니다. 이에 대한 공사비는 설계료를 포함하여 70억원으로 예상되었습니다. 그래서 정신여고 쪽에서 10억원, 우리 교회에서 60억원을 부담하기로 하고 일을 추진했습니다. 60억원이라면 참으로 엄청난 금액입니다. 만약 우리 교회가 창립 때부터 헌금 전액을 우리 교회 자체만을 위해 사용하는 교회였다면, 정신여고가 아무리 미션스쿨이라 할지라도 감히 남의 학교 강당을 지어 드릴 엄두를 낼 수도 없었을 것이고, 또 이런 일에 개입할 필요도 없었을 것입니다.

　그러나 감사하게도 하나님께서는 우리로 하여금 처음부터 전 헌금액의 50%를 이웃을 위하여 사용하게 하심으로써, 교회가 이웃, 즉 사회와 앞으로 어떻게 구체적인 나눔을 실천해야 할 것인지 미래의 본보기로 우리를 택하시고 이 일을 감당케 하셨습니다. 하지만 단순히 헌금의 50%를 이웃과 나눈다는 것만으로는 해결될 일이 아니었습니다. 물론 헌금의 50%를 계속 모아 가다 보면 몇 년 후에는 60억원이 되겠지만, 공사가 1년여 만에 끝나는 것을 감안하면 목돈이 필요하기 때문입니다. 따라서 이 일이 가능하기 위해서는 먼저 공사부터 해준 뒤, 연차적으로 공사비를 결제 받는 건설회사가 있어야만 했습니다.

　고맙게도 벽산건설이 우리의 제의를 흔쾌히 수락해 주었습니다. 만약 그 때 벽산건설이 우리의 부탁을 거절했더라면, 이 일은 아예 진행되지 못했을 것입니다. 뿐만 아니라 벽산건설은 만약 벽산보다 더 좋은 조건을 제시하는 건설회사가 있으면 그 쪽을 선택하라는 배려를 해주기도 했습니다. 그래서 설계가 끝난 뒤 벽산을 포함하여 세 건설회사를 상대로 입찰을 실시하게 되었습니다. 개봉결과는 현대건설이 부가세를 포함하여 85억 7,200만원, 벽산건설이 80억 1,400만원으로 모두 우리의 예상금액 70억원을 초과하는 견적이었습니다. 그런데 우리 교회 박재준 집사님이 경영하는 강산건설이 66억 5,500만원으로 응찰하였습니다. 그 금액은 설계비와 감리비를 포함하면 우리의 예산 70억원과 정확하게 일치하는 금액이었습니다. 박재준 집사님은 주님의 교회 제직으로서, 하나님께서 우리 교회에 맡겨 주신 이 대사명을 솔선수범하여 감당하기 위해 오직 헌신과 봉사의 차원에서 참여한 것이었습니다. 그 결과 내일 모레 뜻깊은 기공예배를 드리게 되었습니다.

완공은 13개월 후인 98년 9월로 예상하고 있습니다. 재정위원회에서는 공사가 끝난 2년 후인 2000년 12월 말까지는 공사비를 다 지불할 수 있을 것으로 추정하고 있습니다. 이 일을 위하여 특별히 날을 정하여 따로 헌금하지 않기로 하였음에도 불구하고, 그 동안 많은 성도님들이 정신여고 강당건축기금으로 헌금해 주셨음을 감사드립니다. 앞으로도 이 일에 관한 한 따로 헌금일을 정하는 경우는 없을 것입니다. 그저 동참하기 원하는 분들은 아무 때나 자유롭게 참여하시면 되겠습니다.

오늘이 있기까지 징검다리 역할을 해주었던 벽산건설에 머리 숙여 감사를 드립니다. 그리고 필요한 조언을 아끼지 않았던 현대건설측에도 감사드립니다. 더욱이 이 궂은일에 앞장 선 강산건설측에 뜨거운 감사를 드립니다. 그러나 무엇보다도 이 모든 일을 한치의 오차도 없이 주관하고 계시는 하나님께 진심으로 감사를 드립니다. 아무쪼록 공사가 끝날 때까지 오직 하나님의 영광만 더 크게 드러날 수 있도록 교우 여러분들의 중단 없는 기도를 부탁드립니다.

지난 17주 동안 살펴보았던 요한복음 19장은 이렇게 끝나고 있습니다.

이 날은 유대인의 예비일이요
또 무덤이 가까운 고로
예수를 거기 두니라.

　예수님께서 십자가에 못 박혀 돌아가신 날은 예비일, 즉 안식일 전날이었습니다. 유대인들은 토요일을 안식일로 지켰으므로, 그 날은 바로 금요일이었습니다. 본문에서 말하는 '무덤'이란 이미 지난 시간에 보았듯이 아리다대 요셉이 예수님의 장례식을 위하여 스스로 포기했던 자기의 새 무덤이었으며, '예수를 거기 두었다'는 것은 두말 할 것도 없이 운명하신, 다시 말해 영혼이 돌아가신 예수님의 육체, 즉 시신을 의미하는 말이었습니다.

　그런데 요한복음 20장은 이렇게 시작되고 있습니다.

　　안식 후 첫날 이른 아침 아직 어두울 때에 막달라 마리아가
　　무덤에 와서 돌이 무덤에서 옮겨 간 것을 보고

　막달라 마리아가 예수님의 부활을 확인하는 장면입니다. 그 때가 '안식 후 첫날 이른 아침 아직 어두울 때'라고 본문은 증거하고 있습니다. 안식 후 첫날, 즉 주일 새벽이었던 것입니다. 금요일 오후 십자가에서 운명하셨던 예수님께서는 사흘째 되는 주일 새벽에 부활하셨던 것입니다. 다시 말해 그 사흘 동안 영혼이 떠나신 예수님의 시신은 분명히 아리마대 요셉의 새 무덤 속에 안장되어 있었습니다.

　그렇다면 여기에서 대단히 중요한 질문 한 가지가 제기됩니다. 예수님의 시신이 아리마대 요셉의 무덤 속에 누워 있는 동안 그 육체를 떠난 예수님의 영혼은 어떻게 되었는가 하는 것입니다. 요한복음 19장 30절은 이렇게 전하고 있습니다.

　　예수께서 신 포도주를 받으신 후 가라사대

“다 이루었다” 하시고 머리를 숙이시고 영혼이 돌아가시니라.

이 때 영혼이 돌아가셨다는 것은 도대체 어디로 돌아가셨다는 말입니까? 그 때 예수님의 영혼도 육체와 함께 죽어 버렸습니까? 완전 소멸되어 버렸습니까? 그렇다면 예수님께서 운명하시기 직전, 구원을 요청하는 한 강도에게 “오늘 네가 나와 함께 낙원에 있으리라”(눅 23:43)고 말씀하실 까닭이 없습니다. 여기에서 말씀하시는 바 ‘너’와 ‘나’는 예수님과 강도의 육체가 아니라 영혼을 뜻하는 말씀이었기 때문입니다.

게다가 마태복음 17장에는 소위 ‘변화산 사건’이 기록되어 있습니다. 예수님께서 산 위에 올라 가셨을 때 하늘에서부터 모세와 엘리야가 내려와 주님과 함께 이야기하는 장면을 제자들이 직접 목격했습니다. 모세는 예수님이 오시기 1,500년 전에 이미 그 육체가 죽은 자였습니다. 그의 시체는 분명히 모압 땅에서 장사되었습니다. 그런데 그의 영혼은 하나님의 나라에 살아 있었던 것입니다. 모세의 영혼이 살아 있다면, 예수님의 영혼이 육체와 함께 죽어 버렸다는 것은 말이 될 수 없지 않습니까?

더욱이 누가복음은 예수님의 최후를 이렇게 증거하고 있습니다.

예수께서 큰 소리로 불러 가라사대
“아버지여 내 영혼을 아버지 손에 부탁하나이다” 하고
이 말씀을 하신 후 운명하시다. (눅 23:46)

운명하시는 예수님께서 당신의 영혼을 하나님 아버지께 부탁

드린 것은, 인간의 육체는 죽을망정 영혼은 결코 죽지 않음을 분명히 알고 계셨기 때문입니다.

그렇다면 사흘 동안 예수님의 영혼은 어디에서 무엇을 하고 계셨습니까? 그 해답은 이미 성숙자반 제7과에서 배운 바와 같이, 우리가 우리의 신앙고백으로 드리고 있는 사도신경 속에 제시되어 있습니다. 먼저 첨부된 〈사도신경 한글·영어 원문 비교표〉를 살펴봅시다(22쪽). 여섯 번째 항이 한글 쪽은 공란인 데 반해 영어 쪽은 비어 있지 않습니다. 즉 한글에는 없는 내용이 영어 원문에는 들어 있는 것입니다. 그 내용은 다음과 같습니다.

He descended into hell. (그분은 지옥으로 내려가셨다.)

예수님의 육체는 십자가에 못 박혀 죽으시고 무덤 속에 장사되셨지만, 주님의 영혼은 죽지 않고 살아 계셔서 지옥으로 내려가셨다는 것입니다. 미국인의 교회에서 예배드린 경험이 있는 분은 아시겠지만, 미국 교회가 고백하는 사도신경 속에는 반드시 이 구절이 포함되어 있습니다. 여러분이 가지고 있는 찬송가 중에 앞면에 영어로 된 사도신경이 인쇄되어 있는 찬송가가 있습니다. 거기에도 이 구절은 어김없이 들어 있습니다. 왜 한글 번역에는 없는 구절이 영어 번역에는 포함되어 있습니까? 미국사람들이 독단적으로 첨가한 것이겠습니까?

그 이유는 매우 간단합니다. 지금부터 1,300년 전 교회가 확정한 사도신경 라틴어 원문에 이 구절이 들어 있기 때문입니다. 첨부된 〈사도신경 발전과정표〉를 봅시다(21쪽). 사도들이 전한 복음에 기초한 신앙고백이라는 의미에서 '사도신경', 혹은 '사도신조'로 불리는 이 내용은 2세기까지만 하더라도 세례식에서 문답형으로 사용되었습니다. 가령 표의 1번 항에서 보는 바와 같이 집례자가 "당신은 모든 것을 주관하시는 아버지를 믿느뇨?" 하고 물으면 수세자가 "예" 하고 대답하는 것이었습니다. 그러나 4세기에 들어서면서 문답형의 내용이 고백형으로 바뀌게 되었습니다. 즉 수세자가 세례받기 전에 자신의 신앙고백으로 이 내용을 외우는 것이었습니다. 그러다가 7세기를 거치면서 오늘날과 같은 내용으로 확정되면서 일반 예배시간에도 지금처럼 암송하게 된 것입니다.

그런데 도표를 자세히 보면 시대를 거듭하면서 고백의 내용이 계속 보완되었음을 알게 됩니다. 그 한 예가 바로 네 번째 항입니다. 2세기와 4세기 때에는 보이지 않는 "음부에 내려가셨으며"라는 구절이 8세기의 확정문 속에 보완되어 있음을 발견할 수 있습니다. 왜 그랬을까요? '예수님의 시신이 무덤 속에 누워 있는 동안 예수님의 영혼은 어디에서 무엇을 했는가'라는 질문이 그 때 이미 제기되었고, 교회는 그 질문에 대하여 대답할 필요와 의무가 있었기 때문입니다. 그렇다면 이런 해답을 제시한 근거는 도대체 무엇입니까? 바로 하나님의 말씀인 성경입니다.

그리스도께서도 한 번 죄를 위하여 죽으사
의인으로서 불의한 자를 대신하셨으니
이는 우리를 하나님 앞으로 인도하려 하심이라.
육체로는 죽임을 당하시고 영으로는 살리심을 받으셨으니,
저가 또한 영으로 옥에 있는 영들에게 전파하시니라.
그들은 전에 노아의 날 방주 예비할 동안

하나님이 오래 참고 기다리실 때에
순종치 아니하던 자들이라.
방주에서 물로 말미암아 구원을 얻은 자가 몇 명뿐이니
겨우 여덟 명이라. (벧전 3:18~20)

하나님께서 패역한 인간들을 홍수로 심판하실 때 구원받은 자들은 하나님의 말씀을 믿고 방주를 만들었던 노아의 식구 8명뿐이었습니다. 그 나머지 사람들은 모두 홍수에 휩쓸려 죽어 버리고 말았던 것입니다. 그런데 죽은 것은 그들의 육체였지 영혼까지 죽었던 것은 아니었습니다. 그들의 영은 여전히 살아 '옥'에 갇혀 있었던 것입니다. 여기에서 옥이라 함은 하나님을 믿지 않는 자들의 영혼이 떨어지는 '지옥', 혹은 '음부'라 불리는 곳이었습니다. 십자가에 못 박혀 그 육체가 운명하셨던 예수님의 영혼은 바로 그 지옥, 음부로 내려가셨던 것입니다. 왜 그렇게 하셨습니까? 하나님을 믿지 못해, 혹은 알지 못해 저주받았던 그 불쌍한 영혼들에게도 구원의 복음을 전파하시기 위함이었습니다. 그래서 베드로전서 4장은 이렇게 단언하고 있습니다.

이를 위하여 죽은 자들에게도 복음이 전파되었으니
이는 육체로는 사람처럼 심판을 받으나
영으로는 하나님처럼 살게 하려 함이니라. (벧전 4:6)

지옥에 떨어진 저주받은 영혼들도 구원받아 살 길이 있는데, 그것은 주님의 영이 그 곳에 구원의 복음을 전파하셨기 때문이라는 것입니다.

물론 이 구절에 대하여 신학적 이견이 없는 것은 아닙니다. 그러나 중요한 사실은 지난 1,300년 동안 교회는 한결같이 이 구절들을 근거로 하여 예수님의 시신이 무덤에 누워 있는 동안 예수님의 영혼은 지옥에 내려가 복음을 증거하셨다고 고백해 왔으며, 오늘날도 카톨릭을 비롯하여 세계의 거의 모든 교회가 이렇게 고백하고 있다는 사실입니다. 그것이 사도신경의 원문인 까닭입니다.

그런데 희한하게도 한국의 개신교만은 이 구절을 빼버린 불완전한 신앙고백을 하고 있는 것입니다. 누구에 의해서, 왜, 어떻게 이 구절이 삭제되어 한국의 개신교 신자만은 사도신경 속에 이런 구절이 있는지조차 모르게 되었는지 아무도 알지 못하고, 알려고 하지도 않습니다. 또한 신학자들과 목회자들은 교인들에게 이런 구절이 있다는 것을 가르치려고 하지도 않습니다. 괜히 말 잘못했다가 구설수에 오를까 두렵기 때문입니다.

이제부터 한국 교회는 정말 정직해야 합니다. 사도신경에서 까닭없이 삭제되어 있는 부분을 복원하고, 주님께서 영으로 지옥에 있는 영혼들에게까지 구원의 복음을 전파하셨음을 주저없이 가르쳐야 합니다. 그 이유는 첫째로 이것을 바르게 가르치는 것만이 성경과 사도신경을 왜곡하는 우를 더 이상 범치 않는 것이요, 둘째 이것을 알 때만이 그리스도인들이 예수님을 온전하신 구원자로 바르게 만날 수 있기 때문입니다.

사도신경을 그림으로 표시한 첨부된 도표를 봅시다(21쪽). 성자 하나님께서 인류를 구원하시기 위하여 육신의 몸을 입으시고 이 땅에 내려오셨습니다. 그리고 이미 지옥에 떨어진 영혼들을 구원하시기 위해 영으로 음부에까지 내려가셨고, 다시 부활하셔서 하나님의 나라에 오르셨습니다. 말하자면 천상·천하·음부의 세계가 모두 주님의 완전한 구원의 능력 속에 있는 것입니다. 만약 음부의 세계만은 예수님의 구원 능력에서 제외된다면 어찌 그 분이 온전한 구원자일 수 있겠습니까? 천상·천하·음부가 모두 주님의 통제력 속에 있기에 우리는 예수님을 영육간에 우리의 유일하신 구원자로 믿고 따를 수 있는 것입니다.

요한복음 19장 30절은 예수님께서 운명하시기 직전 "다 이루었다"고 말씀하셨음을 전해주고 있습니다. 모 대학 기독신우회를 인도하는 목사님이 "다 이루었다"는 주님의 이 말씀을 우리의 정서에 맞게 '다 품었다'고 해석했다는 말을 듣고 얼마나 은혜를 받았는지 모릅니다.

사랑한다는 것은 곧 품는 것입니다. 아무리 상대가 형편없는 사람이라 할지라도 일단 마음속으로 그를 품기만 하면, 그의 잘못과 모든 허물을 다 감싸 줄 수 있는 것입니다. 성자 하나님이신 예수님께서 인간으로 이 땅어 오시어 우리의 죄값을 대신 치러 주시기 위해 십자가에 못 박혀 죽으심으로 우리의 모든 죄악과 수치를 다 품어 주셨습니다. 당신을 못 박아 죽이는 군병들까지도 온전히 품어 주셨습니다. 그뿐만이 아닙니다. 주님께서 영으로 음부에 내려가셔서 주님을 믿지 못해, 알지 못해 저주받은 음부의 영혼까지 품어 주심으로서 과거와 현재와 미래, 그리고 천상천하 음부를 초월하여 그 누구도 흉내낼 수 없는 우리의 유일하신 구원자, 영원한 사랑이 되어 주신 것입니다.

사랑하는 교우 여러분!
지금 어떤 어려움이나 고통으로 인해 낙망하거나 절망 속에 빠져 있습니까? 그러나 한번 생각을 해봅시다. 주님을 불신하여 지옥에 떨어진 영혼마저 품어 주시는 주님께서 왜 주님을 믿고 사랑하는 우리의 미래를 품어 주시지 않겠습니까? 아니, 왜 지금 우리를 그 사랑의 품으로 품고 계시지 않겠습니까?

그분을 온전히 신뢰하십시오. 그분의 사랑을 믿으십시오. 그분의 본심을 의심치 마십시오. 온전히 그분의 법도 안에 거하십시오. 이 세상의 그 어떤 상황도 우리의 심령 속에서 솟구쳐 오르는 참 생명과 소망을 가로막지 못할 것입니다.

그리고 그 때, 허망한 나의 뜻이 아니라 나를 품고 계시는 주님의 영원한 뜻이 지금도 이루어지고 있음을 비로소 두 눈으로 확인하며, 주님을 진심으로 찬양케 될 것입니다.

사랑의 주님!
오늘 아침 주님께서 영으로 음부에 내려가시사
그 곳의 불쌍한 영혼까지 품어 주신 것을 알게 해주셔서
감사합니다. 그 주님께서 지금 나를, 나의 미래를
품고 계심을 깨닫게 하시니 더욱 감사합니다.
주님의 품 속에서 변함없는 소망의 사람, 복음의 증인이
되게 하옵소서. 그리하여 이 어렵고 혼란한 세상을
따뜻하게 밝히는 희망의 등대, 진리의 등불들이 되게
하옵소서. 아멘.

사도신경 발전과정표

번호	고대 로마신조(2세기) 문 답 형	로가신조(4세기) 고 백 형	사도신조(8세기) 확 정 문
1	당신은 모든 것을 주관하시는 아버지를 믿느뇨?	나는 젼능하신 하나님 아버지를 믿으며	나는 전능하사(천지를 만드신) 하나님 아버지를 믿으며
2	당신은 하나님의 아들이시며	그 외아들 우리 주 예수 그리스도를 믿으니	그 외아들 우리 주 예수 그리스도를 믿으니
3	동정녀 마리아에게서 성령에 의하여 나셨고	이는 성령으로 동정녀 마리아데게서 나셨으니	이는 성령으로(잉태하여) 동정녀 마리아에게서 나셨으며
4	본디오 빌라도에게 십자가에 달려서 죽으시고 그리고 장사되어	본디오 빌라도에게 십자가에 못 박혀 장사지낸 바 되시고	본디오 빌라도에게(고난을 받아) 십자가에 못 박혀(죽어) 장사지낸 바 되시고(**음부에 내려가셨으며**)
5	죽은 자 가운데서 다시 살아나셔서	삼일 만에 죽은 자 가운데서 살아나시며	삼일 만에 죽은 자 가운데서 살아나시며
6	하늘에 오르사 아버지 우편에 앉아 계시다가	하늘에 오르사 아버지 우편에 앉으시고	하늘에 오르사 (전능하신 하나님 아버지) 우편에 앉으시고
7	산 자와 죽은 자를 심판하러 오실 예수 그리스도를 믿느뇨?	저리로서 산 자와 죽은 자를 심판하러 오시리라	저리로서 산 자와 죽은 자를 심판하러 오시리라는 것을 믿사옵니다
8	당신은 성령과	성령과	(나는 믿기를) 성령과
9	거룩한 교회와	거룩한 고회와	거룩한 (공[公]) 교회와 (성도가 교통하는 것과)
10	몸의 부활을 믿느뇨?	(죄를 사하여 주시는 것과) 몸의 부활을 믿사옵니다	죄를 사하여 주시는 것과 몸이 부활하는 것(과 영생)을 믿사옵니다

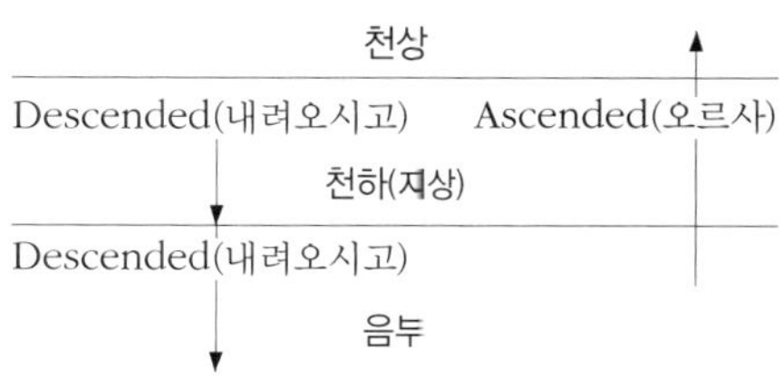

사도신경 한글·영어 원문 비교표

	사 도 신 경	The Apostles' Creed
1	전능하사 천지를 만드신 하나님 아버지를 내가 믿사오며,	I believe in God the Father Almighty, Maker of heaven and earth,
2	그 외아들 우리 주 예수 그리스도를 믿사오니,	and in Jesus Christ, His only Son our Lord,
3	이는 성령으로 잉태하사 동정녀 마리아에게 나시고,	who was conceived by the Holy Ghost, born of the Virgin Mary,
4	본디오 빌라도에게 고난을 받으사,	suffered under Pontius Pilate,
5	십자가에 못 박혀 죽으시고,	was crucified, dead, and buried,
6		He descended into hell;
7	장사한 지(장사지낸 바 되시고) 사흘 만에 죽은 자 가운데서 다시 살아나시며,	The third day he rose again from the dead;
8	하늘에 오르사,	He ascended into heaven,
9	전능하신 하나님 우편에 앉아 계시다가,	and sitteth on the right hand of God the Father Almighty;
10	저리로서 산 자와 죽은 자를 심판하러 오시리라.	from thence He shall come quick to judge the live and the dead.
11	성령을 믿사오며,	I believe in The Holy Ghost,
12	거룩한 공회와,	The Holy Catholic Church,
13	성도가 서로 교통하는 것과,	The Communion of Saints,
14	죄를 사하여 주시는 것과,	The forgiveness of sins,
15	몸이 다시 사는 것과,	The resurrection of the body,
16	영원히 사는 것을 믿사옵나이다. 아멘.	And the life everlasting. Amen.

2

막달라 마리아

안식 후 첫날 이른 아침 아직 어두울 때에
막달라 마리아가 무덤에 와서 돌이 무덤에서 옮겨 간 것을 보고
시몬 베드로와 예수의 사랑하시던 그 다른 제자에게 달려가서
말하되 "사람이 주를 무덤에서 가져다가 어디 두었는지
우리가 알지 못하겠다" 하니, 베드로와 그 다른 제자가 나가서
무덤으로 갈새 둘이 같이 달음질하더니, 그 다른 제자가
베드로보다 더 빨리 달아나서 먼저 무덤에 이르러 구푸려
세마포 놓인 것을 보았으나 들어가지는 아니하였더니
시몬 베드로도 따라와서 무덤에 들어가 보니 세마포가 놓였고
또 머리를 쌌던 수건은 세마포와 함께 놓이지 않고 딴 곳에 개켜
있더라. 그 때에야 무덤에 먼저 왔던 그 다른 제자도 들어가
보고 믿더라. (저희는 성경에 "그가 죽은 자 가운데서 다시 살아나야
하리라" 하신 말씀을 아직 알지 못하더라.)
이에 두 제자가 자기 집으로 돌아가니라.
마리아는 무덤 밖에 서서 울고 있더니, 울면서 구푸려 무덤 속을
들여다보니 흰 옷 입은 두 천사가 예수의 시체 뉘었던 곳에
하나는 머리 편에, 하나는 발 편에 앉았더라.
천사들이 가로되 "여자여 어찌하여 우느냐?"

가로되 "사람이 내 주를 가져다가 어디 두었는지
내가 알지 못함이니이다."
이 말을 하고 뒤로 돌이켜 예수의 서신 것을 보나
예수신 줄 알지 못하더라. 예수께서 가라사대
"여자여 어찌하여 울며 누구를 찾느냐?" 하시니
마리아는 그가 동산지기인 줄로 알고 가로되
"주여, 당신이 옮겨 갔거든 어디 두었는지 내게 이르소서.
그리하면 내가 가져가리이다."
예수께서 "마리아야" 하시거늘
마리아가 돌이켜 히브리 말로 "랍오니여" 하니(이는 선생님이라.)
예수께서 이르시되 "나를 만지지 말라.
내가 아직 아버지께로 올라가지 못하였노라.
너는 내 형제들에게 가서 이르되
내가 내 아버지, 곧 너희 아버지, 내 하나님, 곧 너희 하나님께로
올라간다 하라" 하신대
막달라 마리아가 가서 제자들에게 "내가 주를 보았다" 하고
또 주께서 자기에게 이렇게 말씀하셨다 이르니라.

요한복음 20:1~18

　지난 4월 초 이탈리아 토리노 대성당의 내부가 누전으로 인하여 완전히 전소되고 말았습니다. 2,000년의 교회 역사를 되돌아보건대 인간의 실수로 인한 화재나 이교도들의 방화로 예배당이 불타는 사건은 가끔 있었기에, 예배당 화재 그 자체는 새삼스럽게 놀랄 일이 아닙니다. 그럼에도 불구하고 당시 토리노 대성당의 화재가 많은 세계인의 관심을 끌었던 것은, 바로 그 성당 속에 '예수 그리스도의 성수의', 즉 예수님의 시체를 쌌던 것으로 알려진 세마포가 보관되어 있었기 때문입니다. 화재 신고를 받고 출동한 소방대원들이 화염에 휩싸인 성당 안으로 목숨을 걸고 뛰어들어가 3중으로 된 방탄유리를 도끼로 찍어 깨뜨린 뒤, 그 '세마포'가 담긴 성궤를 안고 나오는 장면은 참으로 감동적이었습니다.

약 30년 전 프랑스의 한 잡지사가 세계의 저명인사 100명에게 '지구의 파멸이 시작되었을 때 가장 먼저 반출해야 할 지구상의 보물이 무엇이냐?'는 설문조사를 했을 때 1위를 차지한 것이 바로 토리노 성당에 보관 중인 '예수님의 수의'였고, 2위가 미로의 비너스상이었습니다. 미로의 비너스상은 인간예술의 극치로 인정받고 있는 걸작 중의 걸작입니다. 실제로 프랑스 루브르 박물관에 전시되어 있는 비너스상 앞에 섰을 때의 황홀감이란 이루 말로 다 표현할 수가 없을 정도입니다. 그런데 그 정교한 예술품을 제치고 폭 1미터 5센티미터에 길이 4미터 20센티미터에 불과한 세마포, 예수님의 시체를 쌌던 하찮은 삼베 수의천이 어떻게 인류 최고의 보물로 간주되었을까요?

본문이 그 까닭을 설명해 주그 있습니다.

> 베드로와 그 다른 제자가 나가서 무덤으로 갈새, 둘이 같이
> 달음질하더니 그 다른 제자가 베드로보다 더 빨리 달아나서
> 먼저 무덤에 이르러, 구푸려 세마포 놓인 것을 보았으나
> 들어가지는 아니하였더니, 시믄 베드로도 따라와서 무덤에
> 들어가보니 세마포가 놓였고, 또 머리를 쌌던 수건은
> 세마포와 함께 놓이지 않고 딴 곳에 개켜 있더라. 그 때에야
> 무덤에 먼저 왔던 그 다른 제자도 들어가 보고 믿더라.
>
> (20:3~8)

안식 후 첫날 새벽 예수님의 시체가 없어졌다는 여인들의 말을 들은 베드로와 또 한 명의 제자인 요한이 예수님의 무덤으로 뛰어갔을 때, 무덤 속에는 예수님의 시신을 쌌던 세마포와 머리

를 쌌던 수건만이 가지런히 정돈되어 있었습니다.

즉 미의 극치인 미로의 비너스상을 제치고 예수님의 시신을 쌌던 삼베 수의가 지구상 최고의 보물로 꼽히는 이유는, 그것이야말로 오늘날까지 이 땅에 남아 있는 예수 그리스도 부활의 증거품으로 간주되는 까닭입니다. 이것을 알고 나면, 왜 이탈리아의 소방대원들이 불길에 휩싸인 토리노 대성당 안으로 뛰어들어가 그 속에 있는 명화나 조각품과, 특히 금, 은으로 만들어진 호화스런 제기(祭器) 등은 거들떠보지도 않고 오직 이 세마포만을 목숨을 걸고 반출해 내었는지 충분히 이해할 수가 있습니다.

2,000년 전 중동 지방에서 얼마나 많은 세마포가 직조되고 또 통용되었겠습니까? 그러나 그 숱한 세마포들은 다 어디로 갔습니까? 아득한 옛날 이미 썩어 진토가 되었을 뿐입니다. 어찌 중동지방뿐이겠습니까? 전세계적으로는 또 얼마나 많은 삼베가 있었겠습니까?

우리나라만 하더라도 삼베의 역사는 매우 길어, 한민족이 한반도로 이주할 때 벌써 삼베를 가지고 온 것으로 알려지고 있습니다. 그래서 〈삼국지〉 '위지동이전'에는 삼베의 사용이 기록되어 있고, 〈삼국사기〉 역시 신라 경주에서 추석날 삼베 짜기 시합이 있었다고 전하고 있습니다. 이로 미루어 한반도에서 면이 일반화되기 전에는 삼베가 가장 많이 사용되었음을 알 수 있습니다. 신라 시대 때부터 크게 발달한 마직 기술은 이미 고려 때에 이르러 30승포, 40승포 같은 극세포, 즉 본문이 말하는 세마포를 직조할 만큼 발달했습니다. 한반도에서 이처럼 마직 기술이 일찌기 발달할 수 있었던 것은 풍토상으로 한반도가 삼 재배에 더없이 적당하였기 때문입니다. 그럼에도 불구하고 한반도의 역사와 더불어 지난 수천 년 동안 이 땅에서 직조되었던 그 수많은 세마포들은 다 어디로 갔습니까? 그리고 지금 이 땅에서 생산되고 있는 그 품질 좋은 세마포들이 2,000년 후에는 어떻게 되어 있겠습니까? 이미 썩어서 흙이 되었고, 지금 쓰레기가 되고 있으며, 또 앞으로 진토가 되고야 말 것입니다.

여기에서 우리가 분명히 알 수 있는 것은, 유한한 인간을 위하여 사용되는 인간의 소유물은 아무리 값진 것이라 할지라도 결국에는 소멸되어 버리고 만다는 사실입니다. 바꾸어 말하면 영원한 생명이요 진리이신 예수 그리스도의 도구로 사용되는 것은 그것이 시체를 감싸는, 다른 사람에게는 전혀 의미 없어 보이는 수의라 할지라도 그 영원한 가치를 결코 상실치 않는다는 것입니다.

우리는 본문 속의 세마포는 니고데모가 향품과 함께 예수님의 시신에 감싸 드렸던 것임을 요한복음 19장 39절과 40절을 통해 이미 배워 알고 있습니다. 만약 니고데모가 2,000년 전 그 세마포를 자신의 수의로 삼았더라면, 그 세마포는 니고데모의 시체와 함께 벌써 흙이 되어 버리고 말았을 것입니다. 그러나 그것을 영원하신 주님의 도구로 드렸을 때, 전혀 귀할 것 없는 그 세마포는 이 세상의 모든 것을 제치고 '지구상 최고의 보물'이 되어 영원한 가치를 지니게 된 것입니다. 그렇기에 먼 훗날 그 세마포가 완전 부식되어 그 형체가 사라져 버린다고 할지라도 그 영원한 가치만은 소멸되지 않을 것입니다. 똑같은 물건이라 할지라도 누가, 무엇을 위해 사용하는가에 따라 그 결과는 이처럼 달라지는 것입니다.

지금 우리들은 도대체 무엇을, 얼마나 많은 것들을 소유하고 있습니까? 그것들 중 2,000년 후까지 내게 남아 있을 것은 과연 무엇입니까? 분명한 사실은, 지금 아무리 값진 것을 소유하고 있다 할지라도 그것들이 나 자신만을 위한 것들이라면 우리는 실은 내일의 쓰레기, 미래의 진토더미 속에 싸여 있음에 지나지 않는다는 것입니다. 그러나 우리가 가진 것이 시체를 감싸는 수의, 아니 삼베조각처럼 하찮은 것이라 할지라도 영원하신 주님, 영원한 진리의 도구로 쓴다면, 그 가치는 영원히 소멸되지 않고 오히려 시간이 흐를수록 상승하게 될 것입니다.

그렇다면 우리는 여기에서 더 깊은 깨달음을 얻게 됩니다. 주님께서 주님의 도구로 사용되는 것들에 대해 소멸치 않는 가치를 부여하시는 분이시라면, 주님의 도구로 사용되고자 하는 사람들을 더더욱 존귀케 하실 것이라는 사실입니다. 당신을 감쌌던 하찮은 수의를 지구상 최고의 보물 되게 하시는 주님께서, 어찌 당신의 도구 되기를 주저치 않는 당신의 백성들을 더욱 존귀케 하시지 않겠습니까? 그 대표적인 예가 바로 본문 속의 막달라 마리아입니다.

막달라 마리아는 막달라 출신 마리아라는 뜻입니다. 게네사렛 평원의 남단에 위치한 막달라는 농업, 어업, 제조업, 조선업이 발달한 부유한 상업중심 도시로서, 도시 한가운데 커다란 원형 경기장이 있었습니다. 대형 경기장을 갖춘 로마의 모든 도시들이 그러했듯이 막달라 역시 환락과 타락의 도시였습니다. 그 도시 한가운데에서 살던 마리아는, 성경 속에 나타나는 다른 청순한 마리아들과는 달리 본래 일곱 귀신들렸던 여인이었습니다(눅 8:2). 한 귀신도 아니요 일곱 귀신이나 씌인 여인이었다는 것은, 그가 도덕적, 정신적, 영적으로 철저하게 타락한, 영육간에 썩을 대로 썩어빠진 창녀였음을 의미 하고 있습니다.

그처럼 쓸모없는 한심한 막달라 마리아가 주님을 만나 새로운 생명을 얻었습니다. 주님 안에서 전혀 새로운 삶이 시작되었던 것입니다. 그 날 이후로 막달라 마리아는 주님 좇기를 중단치 않았습니다. 주님께서 길이요 진리요 생명이신 줄 안 이상, 주님을 떠난다는 것은 상상할 수 없는 일이었던 것입니다. 그래서 예수님께서 십자가에 못 박혀 돌아가시는 순간, 놀란 제자들이 뿔뿔이 흩어져 도망갈 때에도 막달라 마리아는 예수님의 모친과 이모와 더불어 끝까지 그 현장을 지키고 있었음을 요한복음 19장 25절이 증거하고 있습니다.

더욱이 본문 1절은 이렇게 시작되고 있습니다.

안식 후 첫날 이른 아침 아직 어두울 때에
막달라 마리아가 무덤에 와서
돌이 무덤에서 옮겨 간 것을 보고

예수님께서 돌아가신 지 사흘째 되던 주일 이른 새벽, 아직 온 천지가 어두울 때 막달라 마리아는 주님께서 장사되신 무덤을 찾아가기까지 하였습니다. 그 이른 시각에 그녀가 겁도 없이 예수님의 무덤을 찾았던 것은 다른 두 여인과 함께 예수님의 시신에 향품을 발라 드리기 위함이었다고 마가복음 16장 1절에서 3절 말씀이 설명하고 있습니다. 유대인의 무덤이 어떤 구조를 가졌기에 막달라 마리아가 이미 장사지낸 예수님의 시신에 향품을 발라 드릴 엄두를 냈는지에 대해서는 다음 시간에 말씀드리기로 하겠습니다. 오늘 우리가 주시하고자 하는 것은 예수님께서 돌아가신 시간이 유월절이 시작되기 몇 시간 전이었으므로, 이미 요한복음 19장 31절에서 살펴본 바와 같이 그 큰 안식일이 시작되기 전에 예수님의 장례식을 서둘러 끝냈어야 했기에, 행여라도 예수님의 시신에 향품이 덜 발라졌을까 우려하여 주일 꼭두새벽부터 주님의 무덤을 찾은 막달라 마리아의 중심입니다. 그것이 오늘의 초점입니다.

막달라 마리아의 이 중심이 귀한 까닭은 이 때까지만 해도 막달라 마리아는 예수님께서 부활하실 것이란 사실을 모르고 있었다는 데 있습니다. 그래서 예수님의 시신이 사라진 것을 발견한 그녀가 베드로와 요한에게 뛰어가 전한 말의 내용을 2절은 이렇게 전해주고 있습니다.

> 시몬 베드로와 예수의 사랑하시던 그 다른 제자에게 달려가서
> 말하되 "사람이 주를 무덤에서 가져다가 어디에다 두었는지
> 우리가 알지 못하겠다" 하니

막달라 마리아는 예수님의 부활 사실을 알지 못한 채 예수님의 시체가 도난 당한 줄로 생각했던 것이었습니다. 그래서 본문 11절은 다시 빈 무덤을 찾은 막달라 마리아가 그 앞에서 슬피 울고 있었다고 증거하고 있습니다.

그도 그럴 것이 예수님으로부터 당신의 죽음과 부활에 대한 말씀을 들었던 제자들마저 부활을 까맣게 잊어 버리고 도망가 버린 판에 막달라 마리아가 예수님의 부활을 상상인들 했을 리가 만무했습니다. 그럼에도 불구하고 막달라 마리아는 주님에 대한 자신의 중심을 거두지 않았습니다. 주님께서 완전히 돌아가신 줄

만 알았음에도 주님으로 인해 얻게 된 영원한 생명을 생각할 때, 주님께 바친 그녀의 중심은 그 절망적인 상황 속에서도 결코 흔들릴 수 없었던 것입니다. 말하자면 막달라 마리아야말로 주어진 상황과 시간에 상관없이 자신의 전 인생을 바쳐 주님의 도구가 되기를 실천했던 진짜 제자였던 것입니다.

그 때 막달라 마리아는 어떻게 되었습니까? 이제 다음 시간부터 계속 살펴보겠지만 본문 18절은 이렇게 끝나고 있습니다.

> 막달라 마리아가 가서 제자들에게
> "내가 주를 보았다" 하고
> 또 주께서 자기에게 이렇게 말씀하셨다 이르니라.

놀랍게도 그녀는 주님과 3년 동안이나 함께 살았던 제자들을 제치고 부활하신 주님을 처음으로 만나고 주님의 부활을 증언하는 첫 번째 증인이 되는 영광을 얻었습니다. 본래 막달라 마리아는 환락의 도시 막달라의 쓰레기 같은 창녀였습니다. 만약 그녀가 자신만을 위해 계속 살았다면 그녀의 인생은 창녀로 비참하게 썩어 버리고 말았을 것입니다 그러나 그 하찮은 여인이 주님의 도구로 자신을 온전히 바쳤을 때 인류 최초로 부활을 증언하는 영원한 그리스도의 증인이 되었습니다.

막달라 마리아야말로 부활의 증인일 뿐만 아니라, 아무리 하찮은 인생이라 할지라도 그 인생을 주님의 도구로 바칠 때 그 삶의 가치가 얼마나 영원할 수 있는지를 우리에게 증명해 준 위대한 증인인 것입니다. 그렇기에 '막달라 마리아'는 더 이상 비천한 창녀의 이름이 아닙니다. 그녀야말로 우리 모두가 본받아야 할 위대한 신앙의 영원한 표상인 것입니다.

네덜란드 자유대학(The Free University)에서 미술사 교수로 봉직했던 한스 로크마커(H. R. Rookmaaker) 교수는 그의 저서 〈예술은 변명을 요하지 않는다〉(*Art needs no justification*)에서 1800년경 일본의 대표적인 화가였던 호쿠사이에 대한 감동적인 일화를 소개하고 있습니다. 어느 날 잘 아는 지인이 호쿠사이를 찾아와 수탉을 그려 달라고 부탁하자 호쿠사이는 일주일 후에 오라고 했습니다. 일주일 후에 그가 찾아왔을 때 호쿠사이는 약속을 2주일 연기해 줄 것을 청했습니다. 2주일 후에 그가 다시 찾아왔을 때 호쿠사이는 이번에는 두 달을, 그리고 그 다음에는 반년을 연기했습니다. 그런 식으로 3년이 흘러가자 그림을 부탁했던 사람은 더 이상 기다릴 수 없다며 매우 화를 냈습니다. 그러자 호쿠사이는 알겠다며 그 자리에서 붓과 종이를 꺼내어 순식간에 수탉을 그려 주었습니다. 그것은 훌륭한 명화였습니다. 그림을 부탁했던 사람은 그 모습을 보고서 더욱 분노하면서 말했습니다.
"이렇게 순식간에 그려 줄 수 있으면서 왜 3년씩이나 기다리게 했소?"
그 때 호쿠사이는 말없이 그 사람을 자신의 화실로 데리고 들어갔습니다. 놀랍게도 그 화실의 사방 벽은 호쿠사이가 지난 3년 동안 밤낮으로 습작한 수탉 그림으로 가득 차 있었습니다.
명화는 밤낮없는 훈련의 결과입니다. 이것은 비단 예술에만 국한되는 이야기가 아닙니다. 밤낮없는 훈련을 배제하고서는 어떤 분야에도 참다운 프로란 존재할 수가 없습니다. 믿음의 세계 또한 예외일 수가 없습니다.

　사랑하는 교우 여러분! 이왕 주님을 믿을 바에야 어설픈 기독교인이 아니라 프로 크리스천이 되지 않겠습니까? 아니, 그렇게 되어야만 하지 않겠습니까? 그렇다면 막달라 마리아처럼 밤낮 구별 없이 주님께 우리의 중심을, 우리의 전 인생을 드립시다. 상황을 따지지 말고 진리의 도구 되기를 주저치 맙시다. 그것만이 막달라의 창녀같이 이 타락한 도시 속에서 비천할 수밖에 없는 우리의 인생을, 부활의 영광스런 첫 증인이 된 막달라 마리아처럼 그리스도 안에서 영원히 가치있게 세우는 유일한 길입니다.

　　주님!
　　만약 아리마대 요셉이 자신을 위해 예비했던 새 무덤 속에
　　자신의 시체를 뉘었더라면, 그것은 썩은 시체의 악취만을
　　풍기는 더러운 죽음의 종착역이 되고 말았을 것입니다.
　　니고데모가 준비했던 세마포르 자신의 수의를 삼았다면,
　　그 세마포는 니고데모의 시체와 함께 벌써 진토가 되어
　　버리고 말았을 것입니다.
　　막달라 마리아가 자신만을 위해 살았다면, 끝내 막달라의
　　창녀로 그 인생이 썩어 버리고 말았을 것입니다.
　　사랑의 주님!
　　오늘 아침에도 우리를 사랑하시사 주님 앞으로 불러
　　주시고, 나 자신의 본능과 욕망만을 위하여 사는 것은
　　아무리 많은 것들을 소유하고 있다 할지라도
　　실은, 내일의 쓰레기 더미 속에, 미래의 진토 무더기 속에
　　나 자신을 방치해 두는 것임을 깨닫게 해주시니
　　진정으로 감사를 드립니다.

비옵건대 우리 모두 막달라 마리아처럼 프로 크리스천이
되게 하여 주옵소서.
밤이든 낮이든 새벽이든 구별 없이
우리의 중심을 주님께 드리게 하옵소서.
주어진 상황을 따지지 말고
우리의 삶을 온전한 진리의 도구로 드리게 하옵소서.
그리하여 타락한 이 환락의 도시 한가운데에서
쓰레기처럼 썩을 수밖에 없는 우리의 비천한 인생이
그리스도 안에서 영원한 생명의 가치를 얻고 누리는
진리의 예술품이 되게 하옵소서.
우리 인생의 종착역이 공동묘지가 아니라, 육체의 생사를
초월하여 영원한 하나님의 나라가 되게 하옵소서. 아멘

3

개켜 있더라

안식 후 첫날 이른 아침 아직 어두울 때에
막달라 마리아가 무덤에 와서 돌이 무덤에서 옮겨 간 것을 보고
시몬 베드로와 예수의 사랑하시던 그 다른 제자에게 달려가서
말하되 “사람이 주를 무덤에서 가져다가 어디 두었는지
우리가 알지 못하겠다” 하니, 베드로와 그 다른 제자가 나가서
무덤으로 갈새 둘이 같이 달음질하더니, 그 다른 제자가
베드로보다 더 빨리 달아나서 먼저 무덤에 이르러 구푸려
세마포 놓인 것을 보았으나 들어가지는 아니하였더니
시몬 베드로도 따라와서 무덤에 들어가 보니 세마포가 놓였고
또 머리를 쌌던 수건은 세마포와 함께 놓이지 않고 딴 곳에 개켜
있더라. 그 때에야 무덤에 먼저 왔던 그 다른 제자도 들어가
보고 믿더라. (저희는 성경에 “그가 죽은 자 가운데서 다시 살아나야
하리라” 하신 말씀을 아직 알지 못하더라.)
이에 두 제자가 자기 집으로 돌아가니라.
마리아는 무덤 밖에 서서 울고 있더니, 울면서 구푸려 무덤 속을
들여다보니 흰 옷 입은 두 천사가 예수의 시체 뉘었던 곳에
하나는 머리 편에, 하나는 발 편에 앉았더라.
천사들이 가로되 “여자여 어찌하여 우느냐?”

가로되 "사람이 내 주를 가져다가 어디 두었는지
내가 알지 못함이니이다."
이 말을 하고 뒤로 돌이켜 예수의 ㅅ신 것을 보나
예수신 줄 알지 못하더라. 예수께서 가라사대
"여자여 어찌하여 울며 누구를 찾느냐?" 하시니
마리아는 그가 동산지기인 줄로 알고 가로되
"주여, 당신이 옮겨 갔거든 어디 두었는지 내게 이르소서.
그리하면 내가 가져가리이다."
예수께서 "마리아야" 하시거늘
마리아가 돌이켜 히브리 말로 "랍오니여" 하니(이는 선생님이라.)
예수께서 이르시되 "나를 만지지 말라.
내가 아직 아버지께로 올라가지 못하였노라.
너는 내 형제들에게 가서 이르되
내가 내 아버지, 곧 너희 아버지, 내 하나님, 곧 너희 하나님께로
올라간다 하라" 하신대
막달라 마리아가 가서 제자들에게 "내가 주를 보았다" 하고
또 주께서 자기에게 이렇게 말씀하셨다 이르니라.

요한복음 20:1~18

옛날 이스라엘 백성들은 일반적으로 암석을 뚫은 인공동굴이나 자연동굴을 무덤으로 사용하였습니다. 좁은 입구를 통하여 동굴 속으로 들어가면, 세 면의 벽 아래 돌로 쌓아 만든 긴 의자가 있었는데, 수의에 싸인 죽은 사람의 시신은 그 위에 안치되었습니다. 그리고 무덤의 입구는 큰 돌로 막아 언제든지 여닫을 수가 있었습니다. 세월이 지나 시체가 완전히 썩고 나면 사람들은 무덤 문을 열고 들어가 유골을 수습하여 유골함에 넣은 뒤, 무덤의 한쪽 구석에 놓아 두었습니다. 만약 시체가 다 썩기 전에 가족 중 누군가가 죽으면, 무덤 속에는 동시에 2구, 혹은 3구의 시체가 안치되어야만 했습니다. 따라서 유대인들의 무덤은 거의 모두 한 가문이나 씨족이 대를 이어 사용하는 가족 공동묘지인 셈이었습니다.

그나마 가족 공동묘지가 없는 가난한 자들은 죽는 즉시 땅 속에 매장되어 버렸고, 흉악한 범죄자나 저주받은 자들의 시체는 기드론 골짜기에 있는 '일반 공동묘지' 속으로 던져졌습니다. 그러므로 죽은 자가 한 번도 사용된 적이 없는 완전 새 무덤에 장사된다는 것은 여간한 부자가 아니고서는 엄두도 내지 못할 일이었습니다. 가난한 갈릴리 출신인 예수님의 경우에는 시신이 그냥 땅 속에 매장되어 버리거나. 아니면 흉악범으로 십자가 형에 처해졌기에 기드론 골짜기의 일반 공동묘지 속에 던져져야만 할 판이었습니다. 그런데 요한복음 19장 41절에서 42절은 이렇게 증거하고 있습니다.

예수의 십자가에 못 박히신 곳에 동산이 있고
동산 안에 아직 사람을 장사한 일이 없는
새 무덤이 있는지라.
이 날은 유대인의 예비일이요 또 무덤이 가까운 고로
예수를 거기 두니라.

예수님께서는 돈과는 거리가 멀어도 한참 먼 빈민 중의 빈민이셨음에도 불구하고, 아무도 장사된 일이 없는 완전 새 무덤에 장사되셨습니다. 이미 살펴본 B-와 같이 아리마대의 거부 요셉이란 사람이 자신을 위해 마련해 두었던 새 무덤을 주님께 드렸기 때문입니다. 아리마대 요셉은 단지 자기에게 새 생명을 주신 주님을 사랑했기에 그렇게 했을 터였습니다. 그러나 아리마대 요셉의 그와 같은 행동은 참으로 중요한 의미를 지니는 것이었습니다.

첫째로 아리마대 요셉 때문에 이사야 53장 9절의 예언이 성취

되었습니다.

> 그는 강포를 행치 아니하였고 그 입에 궤사가 없었으나
> 그 무덤(죽음)이 악인과 함께 되었으며
> 그 묘실이 부자와 함께 되었도다.

　여기에서 '그 죽음이 악인과 함께 된다'는 것은 주님께서 완전한 의인이셨음에도 불구하고 강도와 같이, 강도처럼 못 박혀 죽으실 것이란 뜻이요, '그 묘실이 부자와 함께 되었다'는 말은 빈민 중의 빈민이셨던 주님께서 부자의 완전한 새 무덤에 장사되실 것이란 의미였습니다. 만약 아리마대 요셉이 자신의 새 무덤을 주님께 드리지 않았더라면, 그래서 예수님의 시신이 땅 속에 매장되거나 일반 공동묘지 속에 버려졌더라면 이사야의 예언은, 아니 구약성경은 거짓이 되고 말았을 것입니다.

　둘째로 아리마대 요셉 때문에 예수님의 부활이 정말 아름다울 수 있었습니다. 만약 아리마대 요셉이 아니었더라면, 주님께서는 땅 속에서 온몸에 흙을 뒤집어쓰신 채 일어나셨거나, 기드론 공동묘지에서 다른 시체의 썩은 물에 흠뻑 젖으신 채 부활하셨을 터인데, 그것은 상상만 해도 끔찍스러운 광경이 아닐 수 없습니다.

　셋째로 무엇보다도 아리마대 요셉 때문에 막달라 마리아가 꼭 두새벽부터 주님의 무덤을 찾을 수 있었습니다. 만약 예수님의 시신이 비천한 자처럼 땅 속에 매장되었더라면 어찌 막달라 마리아가 땅을 파헤치고 예수님의 시신에 향품을 발라 드릴 생각을 할 수 있었겠습니까? 흉악한 범죄자들의 시체가 우굴거리는

기드론 공동묘지라면, 어찌 그녀가 겁도 없이 그 속으로 들어가 예수님의 시신을 찾을 엄두를 낼 수 있었겠습니까? 예수님의 시신이 한 번도 사용된 적이 없는 완전 새 무덤에 안치되는 것을 막달라 마리아가 목격했기에, 다시 말해 그 속에는 사랑하는 예수님의 시신 이외에는 아무것도 없음을 분명히 알고 있었기에, 그녀는 연약한 여인이었음에도 불구하고, 그 이른 새벽 예수님의 시신에 향품을 발라 드리기 위해 주님의 무덤을 찾았다가 예수님의 부활의 첫 증인이 되는 영광을 안았던 것입니다.

아리마대 요셉이 사랑하는 주님께 자신의 새 무덤을 드릴 때 이와 같이 위대한 역사가 그 곳에서 일어나리라고는 상상도 못했을 것입니다. 그렇기에 우리는 잊지 말아야 합니다. 우리가 주님을 위하여 행하는 일이 아무리 하찮은 일처럼 보인다 할지라도, 그것은 실은 그리스도 안에서 상상치도 못할 위대한 결과를 초래한다는 사실을 말입니다. 우리는 미약하지만 우리와 함께하고 계시는 주님께서 위대하시기 때문입니다. 바울 사도가 "먹든지 마시든지 무엇을 하든지 다 하나님의 영광을 위하여 하라"(고전 10:31)고 권면하는 까닭이 바로 여기에 있습니다.

안식 후 첫날 새벽 아직 어두울 때에 예수님의 무덤을 찾았다가 무덤이 비어 있음을 발견한 각달라 마리아는 한숨에 달려가 베드로와 요한에게 그 사실을 알렸고, 그 말에 놀란 베드로와 요한이 예수님의 무덤으로 뛰어왔을 때 과연 무덤 속에는 예수님의 시신은 보이지 않고 예수님의 시신을 쌌던 수의, 즉 세마포와 수건만 놓여 있었습니다. 이 세마포의 가치에 대하여는 이미 지난 주일 상세하게 살펴 보았습니다. 오늘 본문 6절과 7절은 이와 관련하여 다음과 같이 증거하고 있습니다.

시몬 베드로도 따라와서 무덤에 들어가 보니
세마포가 놓였고, 또 머리를 쌌던 수건은
세마포와 함께 놓이지 않고 딴 곳에 개켜 있더라.

우리가 여기에서 관심을 기울이지 않을 수 없는 단어는 '놓였다'는 동사와 '개켜 있더라'는 동사입니다. '놓였다'는 동사 'keīmai'는 아무렇게나 놓인 상태가 아니라 정돈되어 놓여 있음을 뜻하는 단어입니다. 또 '개켜 있더라'는 동사 'entulissō'는 마치 붕대를 감듯 정성을 다한 행위를 뜻하는 단어입니다.

예수님의 시신이 없어져 버린 무덤 속에는 예수님의 시신을 쌌던 수의와 수건만 남아 있되, 아무렇게나 내팽개쳐져 있는 것이 아니라 정성스럽게 정돈되어 있었다고 본문이 증거하고 있습니다. 그렇다면 본문이 의미하고자 하는 것은 도대체 무엇입니까? 본문을 기록한 요한 사도는 본문을 통해 무엇을 강조하려 하고 있습니까? 우리는 그 해답을 마태복음 27장에서 찾아볼 수 있습니다.

저물었을 때에 아리마대 부자 요셉이라 하는 사람이 왔으니
그도 예수의 제자라. 빌라도에게 가서 "예수의 시체를 달라"
하니 이에 빌라도가 "내어 주라" 분부하거늘,
요셉이 시체를 가져다가 정한 세마포로 싸서 바위 속에 판
자기 새 무덤에 넣어 두고 큰 돌을 굴려 무덤 문에 놓고 가니,
거기 막달라 마리아와 다른 마리아가 무덤을 향하여
앉았더라. 그 이튿날은 예비일 다음날이라.
대제사장들과 바리새인들이 함께 빌라도에게 모여 가로되

"주여, 저 유혹하던 자가 살았을 때에 말하되 '내가
사흘 후에 다시 살아나리라' 한 것을 우리가 기억하노니,
그러므로 분부하여 그 무덤을 사흘까지 굳게 지키게 하소서.
그의 제자들이 와서 시체를 도적질하여 가고 백성에게 말하되
그가 죽은 자 가운데서 살아났다 하면 후의 유혹이 전보다 더
될까 하나이다" 하니, 빌라도가 가로되
"너희에게 파수꾼이 있으니 가서 힘대로 굳게 하라" 하거늘,
저희가 파수꾼과 함께 가서 돌을 인봉하고 무덤을 굳게
하니라. (마 27:57~66)

　예수님의 장례식이 끝났는데도 예수님을 십자가에 못 박아 죽
였던 대제사장들과 바리새인들은 마음을 놓지 못했습니다. 예수
님의 제자들이 예수님의 시신을 훔쳐간 뒤에 예수님이 부활했다
고 헛소문을 퍼뜨릴지 모른다는 우려 때문이었습니다. 그래서 그
들은 빌라도 총독의 허가를 얻어 예수님의 무덤 돌문을 봉인한
뒤 무장한 파수꾼으로 하여금 사흘 동안 그 무덤을 지키게 하였
습니다. 죽은 사람이 사흘 만에 다시 살아난다는 것을 상상치도
못한 그들은, 사흘 동안 제자들이 예수님의 시신을 도적질하지
못 하도록 막기만 하면, 부활을 예언한 예수님이야말로 허황한
사기꾼이었음이 저절로 증명되는 것이라 믿었던 것입니다.
　그뿐만 아니었습니다. 예수님의 빈 무덤을 제일 먼저 확인한
막달라 마리아는 베드로와 요한에게 달려가 "사람이 주를 무덤
에서 가져다가 어디 두었는지 알지 못하겠다"(2절)고 말했습니
다. 그녀 역시 예수님의 시신이 드난 당했다고 생각한 것입니다.
　오늘 본문은 바로 이에 대한 반론인 것입니다. 예수님의 시신

이 사라진 무덤 속에 예수님의 시신을 쌌던 수의가 내팽개쳐져 있는 것이 아니라 정성스럽게 정돈되어 있었다는 것은, 예수님의 시신이 결코 도난 당한 것이 아님을 의미하고 있는 것입니다.

생각해 보십시오. 만약 누군가가 예수님의 시신을 도적질한 것이 사실이라면, 무장한 군인들이 서슬 퍼렇게 경비를 서고 있는 그 무덤에서 무슨 여유가 있다고 수의를 벗겨 정돈해 둔 뒤 시신만 훔쳐가겠습니까? 시간이 급한 만큼 수의가 입혀진 시신을 그대로 들고 나가는 것이 당연지사 아니겠습니까?

또 만에 하나라도 예수님의 시신을 도적질하는 자가 그 시신이 과연 예수님의 것인지 직접 확인하기 위하여 돌아가신 예수님의 얼굴을 감싼 수건을 벗겨 보았다 칩시다. 그렇더라도 그 수건이 아무렇게나 내팽개쳐져 있어야지 어떻게 정성스럽게 개켜 있을 수 있겠습니까? 본문은 예수님의 시신이 절대로 도난 당한 것이 아님을 강조하고 있는 것입니다.

예수님의 시신이 사라진 채 예수님의 시신을 감쌌던 수의와 수건이 무덤 속에 정성스럽게 개켜 있었다는 것은, 예수님께서 바로 그 무덤 속에서 부활하셨음을 웅변하는 말인 것입니다. 부활하신 주님께서 친히, 아니면 주님께서 부활하신 뒤 천사들이 예수님의 시신을 감쌌던 세마포와 수건을 정성스럽게 개켜 놓아 두었던 것입니다. 그것이야말로 예수님 부활의 귀중한 증거품이었기 때문입니다.

아리마대 요셉의 그 무덤은 자신을 위하여 마련해 둔 것이었습니다. 그것이 아무리 새 것이었다 할지라도 그것은 그저 무덤일 뿐이었습니다. 그러나 그 무덤 속에 예수님을 장사 지냈을 때 그것은 더 이상 무덤이 아니었습니다. 그것은 찬란한 부활의 현장이요, 영원한 부활의 시발점이었습니다. 죽음의 권세를 깨뜨리는 그 부활의 현장에 예수 그리스도 부활의 증거는 무엇으로 남아 있었습니까? 질서정연하게 개켜 있던 세마포와 수건이었습니다. 만약 그 무덤 속에 남아 있는 것들이 무질서하였더라면 그것은 단지 무덤이었을 뿐이요, 예수님의 시신은 도난 당했음이 분명하였을 것입니다. 그러나 그 곳에 있는 질서—그것이야말로 부활의 증거였고, 그 질서로 인해 그 곳은 부활의 현장일 수가 있었습니다. 부활은 곧 질서입니다.

우리 하나님이 어떤 분이신지 아십니까? 질서의 하나님이십니다. 그래서 하나님께서 창조하신 이 우주는 변함없이 하나님의 질서 속에서 움직이고 있습니다. 우주를 가리키는 단어 'cosmos'는 곧 '질서'라는 의미입니다.

부활하신 예수 그리스도께서 어떤 분이신지 아십니까? 질서의 주님이십니다. 그래서 주님께서 부활하신 부활의 현장에 남아 있는 부활의 증거가 바로 주님의 질서였던 것입니다. 구원받는다는 것이 무엇을 뜻하는지 아십니까? 바로 그리스도 안에서 생명의 질서를 되찾는 것입니다. 살아 있다는 것은 이 질서를 유지하는 것입니다. 영생을 얻는다는 것이 무엇을 의미하는지 아십니까? 이 생명의 영원한 질서 속에 거하는 것입니다. 경건한 생활이라는 것이 무엇인지 아십니까? 하나님의 이 질서를 삶으로 실천하는 것입니다. 우리가 왜 기도하며 왜 말씀을 묵상해야 합니까? 하나님의 이 질서를 생활화하고 매일 구현하기 위함입니다.

그렇기에 죽음이란 두말 할 것도 없이 생명의 질서를 상실한 것입니다. 그 생명이 무질서 속에 빠져 있다면 설령 그의 육체가 호흡하고 있다 할지라도 그는 죽은 자와 진배 없습니다. 반면에 하나님의 생명의 질서 속에 거하고 있는 자라면, 그의 육체가 호흡이 끊어졌다 해도 그는 아리마대 요셉의 무덤처럼 실은 영원한 부활의 현장 속에 거하고 있는 것입니다.

이런 의미에서 일주일에 한 번씩 우리에게 주어지는 주일이야말로 하나님의 위대한 은총이요 선물이 아닐 수 없습니다. 주일이란 곧 하나님 앞에서 흐트러진 내 생명의 질서를 추스리는 은혜의 날이기 때문입니다. 무질서한 내 삶의 혼돈(카오스)이 하나님의 질서(코스모스) 속에서 바로 세워지는 날이기 때문입니다. 이 날로 인하여 일주일 동안의 우리의 삶이 생명의 질서와 진리의 질서를 새로이 누리고 구현할 수 있기 때문입니다.

이스라엘의 수필가이자 철학자인 아하드 하암(Ahad Haam)은 '이스라엘이 안식일을 지켜 왔다기보다는 안식일이 이스라엘을 지켜 왔다' 는 유명한 말을 남겼습니다.

잘 알다시피 이스라엘 백성들은 나라 없이 2,600년 동안이나 유랑하던 민족이었습니다. 그 정도라면 나라도 민족도 벌써 완전 소멸되어야 함이 마땅합니다. 그런데 그들은 나라를 잃은 지 2,600년 만에 다시 옛날의 그 땅에 이스라엘을 복원하고 전 세계에서 가장 강인한 민족으로 존속하고 있습니다. 그들은 언제 어디서든 안식일의 가치를 깨달아 철저하게 안식일을 준수함으로써 하나님의 질서 속에 거했기 때문입니다. 그들이 하나님의 질서 속에 있을 때 이 세상의 그 어떤 무질서도, 심지어는 히틀러의 광란의 무력도 그들을 영원히 쓰러뜨릴 수 없었음을 오늘도 이스라엘은 우리에게 웅변하고 있는 것입니다.

사랑하는 교우 여러분, 진정 부활하신 예수 그리스도를 믿으십니까? 삼위일체 되신 하나님을 믿으십니까? 그렇다면 어떤 경우에도 주일을 휴일 되게 만드는 어리석음을 범치 마십시오. 일주일에 한 번씩 주어지는 주일을 진정 주님의 날이 되게 하십시오. 주님 안에서 안식하며 주님의 질서로 자신을 바로 세우십시오. 주님의 생명의 질서가, 진리의 질서가 우리의 가정에, 우리의 일터에, 이 사회 속에, 모든 사람과의 관계 속에 충만케 하십시오. 여러분의 삶이 하나님의 코스모스가 되게 하십시오. 그 때 우리가 어디에 있든 그 곳은 찬란한 부활의 현장이 될 것입니다. 그 곳이 설령 무덤 속이라 할지라도 말입니다.

질서의 주님!
살아 있다는 것은 우리의 생명이 주님의 질서 속에 있는
것임을 깨닫게 해주신 주님!
오늘 우리를 주님의 질서 속에 바로 세워 주시기 위해
주일을 허락해 주시니 진정으로 감사합니다.
매주 돌아오는 이 주일이 결코 휴일이 되지 않고
언제나 질서의 주님의 날이 되게 하옵소서.
주일이 거듭될수록 우리의 생명 속에, 삶 속에
주님의 질서가, 생명의 질서가, 진리의 질서가
충만케 하옵소서.
그리하여 우리가 언제 어디에 있든 우리의 삶이,
우리로 인하여 우리가 있는 그 곳이,
새 생명의 역사가 질서정연하게 일어나는
영원한 부활의 현장이 되게 하옵소서. 아멘

4

돌아가나라

안식 후 첫날 이른 아침 아직 어두울 때에
막달라 마리아가 무덤에 와서 돌이 무덤에서 옮겨 간 것을 보고
시몬 베드로와 예수의 사랑하시던 그 다른 제자에게 달려가서
말하되 "사람이 주를 무덤에서 가져다가 어디 두었는지
우리가 알지 못하겠다" 하니, 베드로와 그 다른 제자가 나가서
무덤으로 갈새 둘이 같이 달음질하더니, 그 다른 제자가
베드로보다 더 빨리 달아나서 먼저 무덤에 이르러 구푸려
세마포 놓인 것을 보았으나 들어가지는 아니하였더니
시몬 베드로도 따라와서 무덤에 들어가 보니 세마포가 놓였고
또 머리를 쌌던 수건은 세마포와 함께 놓이지 않고 딴 곳에 개켜
있더라. 그 때에야 무덤에 먼저 왔던 그 다른 제자도 들어가
보고 믿더라. (저희는 성경에 "그가 죽은 자 가운데서 다시 살아나야
하리라" 하신 말씀을 아직 알지 못하더라.)
이에 두 제자가 자기 집으로 돌아가니라.
마리아는 무덤 밖에 서서 울고 있더니, 울면서 구푸려 무덤 속을
들여다보니 흰 옷 입은 두 천사가 예수의 시체 뉘었던 곳에
하나는 머리 편에, 하나는 발 편에 앉았더라.
천사들이 가로되 "여자여 어찌하여 우느냐?"

가로되 "사람이 내 주를 가져다가 어디 두었는지
내가 알지 못함이니이다."
이 말을 하고 뒤로 돌이켜 예수의 서신 것을 보나
예수신 줄 알지 못하더라. 예수께서 가라사대
"여자여 어찌하여 울며 누구를 찾느냐?" 하시니
마리아는 그가 동산지기인 줄로 알고 가로되
"주여, 당신이 옮겨 갔거든 어디 두었는지 내게 이르소서.
그리하면 내가 가져가리이다."
예수께서 "마리아야" 하시거늘
마리아가 돌이켜 히브리 말로 "랍오니여" 하니(이는 선생님이라.)
예수께서 이르시되 "나를 만지지 말라.
내가 아직 아버지께로 올라가지 못하였노라.
너는 내 형제들에게 가서 이르되
내가 내 아버지, 곧 너희 아버지, 내 하나님, 곧 너희 하나님께로
올라간다 하라" 하신대
막달라 마리아가 가서 제자들에게 "내가 주를 보았다" 하고
또 주께서 자기에게 이렇게 말씀하셨다 이르니라.

요한복음 20:1~18

　모래 속에서 꽃이 필 수 없는 것은 모래는 생명인 물을 머금지 못하기 때문입니다. 아무리 물을 뿌려 주어도 이내 흘러 내려가 버리거나 금방 말라 버리고 맙니다. 그래서 생명을 머금지 못하고 품지 못하는 모래밭은 언제 어디서나 황폐함과 죽음의 대명사일 뿐입니다. 만약 그 심령이 생명을 머금지 못하는 자가 있다면 그의 호칭과 직책과 경력과 지위에 상관없이 그의 인생은 황폐함 이상일 수는 없습니다. 생명을 품지 못하는 인간의 삶이란 황량한 사막과 전혀 다를 바가 없는 까닭입니다.

　그러므로 참으로 살아 있다는 것은 코끝의 호흡으로 판가름나지 않습니다. 그 심령이 참된 생명인 진리를, 영원한 진리이신 예수 그리스도를 품고 있는가 아닌가에 따라 결정되는 것입니다. 그 여부에 따라 인간의 삶이 제한된 시간과 공간 속에서 황량하게 소멸되어 버릴 수도 있고, 반대로 시공을 초월하여 영원한 참 생명을 누릴 수도 있는 것입니다.

안식 후 첫날 이른 새벽, 예수님의 시신에 향품을 발라 드리기 위하여 예수님의 무덤을 찾았던 막달라 마리아는, 무덤 문이 열린 채 마땅히 그 속에 있어야 할 예수님의 시신이 사라진 것을 발견했습니다. 소스라치게 놀란 그녀는 제자들이 있는 곳으로 단숨에 달려가 제자들을 향해 외쳤습니다.

"누가 주님을 무덤에서 가져갔어요! 어디에 두었는지 알 수가 없어요!"

예수님의 시신이 무덤에서 없어졌다는 것은 예수님께서 생전에 제자들에게 말씀하셨던 대로 죽음을 깨뜨리고 부활하신 것을 의미했습니다. 그러나 막달라 마리아의 이야기를 들은 사도들의 반응을 누가복음 24장 11절은 이렇게 전하고 있습니다.

사도들은 저희 말이 허탄한 듯이 뵈어 믿지 아니하나

사도들은 막달라 마리아의 말을 듣고 주님의 부활을 깨달아 기뻐한 것이 아니라, 오히려 그녀의 말을 허탄케 여기며 믿지 않았습니다. '허탄하다'는 말이 무슨 뜻입니까? 빌 허(虛), 즉 아무것도 없다는 '허'와 거짓 탄(誕), 혹은 속일 탄(誕)으로 이루어진 '허탄'이란 말은, 결코 있을 수 없는 거짓말이란 의미입니다. 예수님의 시신이 사라졌을 리가 없다는 것입니다. 그래서 그들은 막달라 마리아의 말을 전혀 믿으려 하지 않았습니다. 다시 말해 주님께서 생시에 그토록 강조하셨던 부활의 가능성에 대해서는 티끌만큼도 생각치 않았습니다. 그들의 심령이 모래밭이었던 것입니다. 주님의 말씀을 수없이 듣긴 들었으되, 그 말씀을 머금지 못했던 것입니다. 그 말씀을 다 흘려 버리고 말았던 것입니다. 그래서 황량한 사막과 같은 심령을 지니고 있던 그들은, 진실을 말하는 막달라 마리아를 허탄한 거짓말쟁이로 여길 수밖에 없었습니다. 그들의 심령은 진실을 담을 수 없는 밑빠진 독이었던 것입니다.

그러나 제자들 중에서 베드로와 요한만은 달랐습니다. 그들은 막달라 마리아의 말이 끝나자마자 즉시 일어나 주님의 무덤을 향해 달려갔습니다. 과연 무덤 속에는 예수님의 시신이 보이지 않았고, 예수님의 시신을 쌌던 세마포와 수건만 잘 정리되어 개켜 있었습니다. 막달라 마리아가 말한 대로였습니다. 두 제자들은 막달라 마리아의 말이 허탄한 거짓말이 아니라 진실이었음을, 그 현장에서 믿지 않을 수 없었습니다. 그렇다면 이번에는 막달라 마리아의 말을 뛰어넘어 '사흘 후에 부활할 것'이라던 주님의 말씀을 믿어야 할 차례였습니다. 부활하신 주님을 찾아야 할 때였습니다. 주님의 부활을 증언해야 할 때였습니다. 그들이 서 있는 곳은 바로 부활의 현장이었기 때문입니다. 그러나 본문은 이렇게 증거하고 있습니다.

> 저희는 성경에 그가 죽은 자 가운데서 다시 살아나야 하리라 하신 말씀을 아직 알지 못하더라. (20:9)

여기에서 '알지 못했다'는 것은 '깨닫지 못했다'는 의미입니다. 그들은 막달라 마리아 다음으로 부활의 현장에 들어간 두 번째 증인들이었음에도 불구하고, 그 현장에서조차 예수 그리스도의 부활을 생각지도, 깨닫지도, 생각하려 하지도, 없어진 주님을 찾아 볼 엄두를 내려 하지도 않았습니다. 그렇다면 그들은 도대체 무엇을 했습니까? 안타깝게도 본문 10절은 다음과 같이 전해 주고 있습니다.

이에 두 제자가 자기 집으로 돌아가니라.

그들은 그냥 집으로 되돌아가 버리고 말았습니다. 누가복음은 그 때의 상황을 더욱 상세하게 일러 주고 있습니다.

베드로는 일어나 무덤에 달려가서 구푸려 들여다보니 세마포만 보이는지라. 그 된 일을 기이히 여기며 집으로 돌아가니라. (눅 24:12)

밑줄의 '기이히 여겼다'는 것은 '이상하게 생각했다'는 말입니다. 예수님의 시신이 없어졌다는 사실을 확인하긴 했지만, 그것은 도무지 있을 수 없는 희한한 일이라 여기면서 그만 집으로 돌아가 버렸다는 것입니다.

이것은 베드로와 요한 역시 그 때까지만 해도 다른 제자들처럼 심령이 모래밭 같은 자들이었음을 의미하고 있습니다. 그 심령이 주님의 말씀을 머금지 못하는 사막이었을 때, 주님의 빈 무덤을 확인했다는 것 자체가 그들에게 아무런 의미를 가져다 주지 못했습니다. 그 두 사람은 막달라 마리아의 말을 허탄한 거짓말로 여기어 아예 무덤에 가보지도 않았던 다른 제자들처럼, 그냥 집으로 되돌아가 버리고 말았습니다.

황량한 심령밖에 지니지 못한 자가 거하는 집이란 어떤 곳입니까? 단지 생·로·병·사만 있는 곳입니다. 이 세상에 태어난 인간이 거하는 집이란 오직 늙음과 병듦과 죽음이 있을 뿐이기에, 그 심령 속에 생명을 머금지 못한 인간들이 사는 집이란 실은 미래의 무덤에 지나지 않습니다. 말씀을 소멸해 버렸을 때 베드로와 요한은 있어야 할 부활의 현장을 버린 채, 마땅히 떠나야 할 생로병사의 소굴, 내일의 무덤을 향해 되돌아가 버리고 말았습니다. 그 곳에 지상최대의 행복이 있는 양 착각하면서 말입니다.

반면에 베드로와 요한과는 전혀 다른 곳으로 되돌아간 사람이 있었습니다. 바로 막달라 마리아였습니다. 안식 후 첫날 이른 새벽 예수님의 무덤을 찾아 예수님의 무덤이 비어 있는 것을 처음으로 확인한 사람은 막달라 마리아였습니다. 제자들에게 뛰어가 그 사실을 알린 사람도 막달라 마리아였습니다. 막달라 마리아의 말을 듣고 대부분의 제자들은 그녀가 허탄한 말을 한다며 그녀의 말 자체를 믿지 않았고, 베드로와 요한은 예수님의 무덤을 찾아 막달라 마리아의 말이 사실임을 확인하였음에도 불구하고 있을 수 없는 기이한 일이라 생각하며 집으로 되돌아가 버리고 말았습니다. 그렇다면 막달라 마리아 역시 예수님의 제자들처럼 자기 집으로 되돌아가는 것이 마땅하였습니다. 예수님의 제자들이 자기 집으로 돌아가는 판에, 그녀에게 그 순간 달리 찾아갈 만한 곳이 어디 있을 수 있겠습니까? 우리 성경에는 나타나 있지 않지만, 원문 11절은 '그러나'로 시작되고 있습니다. 제자들과 달리 그녀는 집으로 돌아가지 않았음을 강조하기 위한 단어입니다.

그렇다면 그녀는 어디로 갔습니까? 본문 11절 상반절은 이렇게 증거하고 있습니다.

마리아가 무덤 밖에 서서 울고 있더니

막달라 마리아는 주님의 무덤으로 되돌아갔습니다. 그 곳은 막달라 마리아의 집이 아니었습니다. 보통 사람들이 꺼리는 묘지였습니다. 막달라 마리아는 주님의 시신이 사라져 버렸음을 모르고 있는 것이 아니었습니다. 아무리 가까운 사람의 무덤이라도 하루에 연거푸 두 번을 찾아가는 사람은 없습니다. 그런데도 막달라 마리아는 비어 있는 주님의 무덤으로 다시 돌아갔습니다. 그리고는 그 곳에서 하염없이 울었습니다. 왜 막달라 마리아는 자기 집으로 돌아가지 않았습니까? 왜 막달라 마리아는 예수님께서 부활하실 줄 알지 못했음에도 그 빈 무덤을 다시 찾아갔습니까? 왜 막달라 마리아는 그냥 집으로 되돌아가 버린 제자들과는 달리 홀로 주님의 무덤 앞에서 서럽게 울어야만 했습니까?

그녀의 심령만은 생명을 머금고 있었기 때문입니다. 그녀의 심령은 황량한 사막이 아니었습니다. 주님 생시에 주님께로부터 들었던 생명의 말씀들이 고스란히 그녀의 심령 속에 담겨 있었습니다. 그 생명이, 그 생명의 능력이, 그 생명의 힘이 그녀로 하여금 다시 주님의 무덤을 찾지 않고는 배기지 못하게 했습니다.

무덤이란 무엇입니까? 죽음의 현장입니다. 사망의 확인장입니다. 그러나 막달라 마리아가 다함 없는 생명을 머금은 심령을 지니고 다시 주님의 무덤으로 돌아갔을 때, 그 곳은 더 이상 무덤이 아니었습니다. 막달라 마리아는 거기에서 부활하신 주님을 친히 뵙고 주님의 음성을 들었던 것입니다. 그 곳은 죽음이 묻힌 무덤이 아니라, 영원한 생명의 진원지였던 것입니다.

베드로와 요한은 본래 주님을 따르던 자들이었습니다. 그러나 그들의 심령이 모래알처럼 생명을 잃었을 때, 그들은 주님의 무덤을 떠나 자기 집으로 돌아가 버리고 말았습니다. 막달라 마리아는 본래 막달라의 창녀였습니다. 원래 그녀의 심령은 사막처럼 황폐한 여인이었습니다. 그러나 그 창녀가 참 생명을 머금기 시작했을 때, 그녀의 심령이 생명으로 충만했을 때, 그녀는 자기의 집이 아니라 주님의 무덤으로 다시 돌아갔습니다.

겉으로만 본다면 집으로 돌아갈 제자들은 바른 곳으로 갔고, 다시 무덤을 찾은 막달라 마리아는 못 갈 곳으로 간 것처럼 보입니다. 그러나 그 속을 들여다보면 오히려 정반대입니다. 제자들은 미래의 무덤으로 돌아간 것이요, 막달라 마리아는 참 생명의 샘으로 나아간 것입니다.

이것은 제자들과 막달라 마리아에게만 국한된 이야기가 아닙니다. 이 땅에 있는 인간들이란 실은 모두 어디론가 돌아가고 있는 존재들입니다. 그렇다면 우리는 지금 어디로 돌아가고 있습니까? 베드로와 요한처럼 그리스도의 제자란 거창한 호칭은 지니고 있으되, 그 심령이 황폐한 사막이어서 보금자리같이 보이는 무덤으로 돌아가고 있습니까? 아니면 막달라 마리아처럼 창녀라는 오명과 전력을 쓰고 있으되, 생명을 머금은 심령으로, 무덤 같아 보이나 실은 생명의 근원으로 돌아가고 있습니까?

'두 제자가 자기 집으로 돌아갔다'는 본문 10절을 문자적으로 해석하면 '두 제자는 자기 자신에게로 돌아갔다'는 의미가 됩니다. 그들은 지난 3년 동안 주님을 따라다니긴 했지만 그러나 아

직까지 자기 자신을 버리지 못한 자들이었습니다. 그 심령이 생
명을 머금지 못했다는 것은 자기 자신을 버리지 못했음을 의미
합니다. 진리이신 주님이 아니라 자기 자신에게 집착하고 있음
을 뜻합니다. 자기 자신에게 집착하면 집착할수록 자신의 늙어
감과 병듦과 죽어 감을 확인할 뿐인데, 제아무리 아방궁으로 돌
아간다 한들 어찌 그 결국이 무덤으로 끝나지 않을 수가 있겠습
니까?

　반면에 막달라 마리아가 자기 집으로 돌아가지 않고 주님의 무
덤으로 되돌아갔다는 것은, 자기를 이미 버렸음을 의미합니다.
그 심령이 생명을 머금고 있다는 것은, 자기에게 집착하지 않고
영원한 진리의 말씀에 자기를 의탁하는 것입니다. 자기를 버리
고 길이요 진리요 생명이신 예수 그리스도께 자신의 삶을 온전
히 의탁할 때 어찌 무덤인들 영원한 생명의 호수가 되지 않겠습
니까?

　우리는 지금 무엇에 집착하고 있습니까? 나 자신에게입니까?
아니면 주님에게입니까? 우리는 지금 무엇을 버리고 있습니까?
나 자신입니까? 아니면 영원한 진리입니까? 우리는 이 아침에
다시 한 번 깊이 생각해 보지 않으면 안 됩니다.

　수십 년 전 일본 젊은이들 사이에 자살이 열병처럼 유행했던
적이 있었습니다. 그 때 대부분의 자살자들은 후지 산을 자살지
로 선택했습니다. 후지 산 정상에 있는 분화구 속으로 뛰어내려
자살하는 것이었습니다. 당국에서는 자살을 막기 위하여 분화구
곁에 경비원을 두기도 해보았지만, 관광객들 사이에서 갑자기 뛰
어내리는 사람을 제지할 방법은 없었습니다. 생각다 못한 당국

에서는 어느 날 분화구 입구에 다음과 같은 팻말을 설치한 적이 있었다고 합니다.

"다시 한 번 생각하라."

죽음의 노예 된 너 자신을 벗어나 생의 현장으로 돌아가라는, 간단하면서도 강력한 표어였습니다. 죽음에 사로잡혀 후지 산 꼭대기까지 올랐다가 그 팻말을 보고 되돌아가는 자들이 의외로 많았습니다.

그런데 하루는 어처구니없는 일이 벌어지고 말았습니다. 한 청년이 자살을 결행키로 하고 후지 산 정상으로 올랐습니다. 워낙 죽음에 몰두해 있느라 그 팻말을 보지 못했습니다. 그러나 막상 후지 산 정상에 서서 분화구 속으로 뛰어내리려 하니 갑자기 두려움이 엄습했습니다. 생각 끝에 비겁한 생각이 들긴 했지만 자살을 포기하고 뒤돌아섰습니다. 그 때 청년의 눈에 팻말이 보였습니다. 무슨 팻말인가 하고 자세히 살펴보았습니다.

"다시 한 번 생각하라."

그 팻말을 본 청년은 죽음의 노예 된 자신에 사로잡혀 다시 돌아섰습니다. 그리고 머뭇거림 없이 자살을 감행해 버리고 말았습니다.

사랑하는 교우 여러분.

우리는 이 아침에 정말 다시 한 번 생각해 보아야 합니다. 그러나 다시 생각하되 바르게 생각해야 하고, 그 기준은 언제나 진리의 말씀, 생명의 말씀이어야만 합니다. 그 말씀에 비추어 볼 때 우리는 지금 어디로 돌아가고 있습니까? 죽음의 분화구를 향해서입니까? 아니면 생명의 근원을 향해서입니까? 우리의 심령은 지금 무엇을 머금고 있습니까? 우리의 영혼은 지금 무엇에 집착하고 있습니까?

한 가지 분명한 사실은 우리가 본문 속의 막달라 마리아를 본
받지 않는다면, 우리가 억만금을 손에 쥐고 집에 돌아간다 한들,
온 나라의 권력을 한손에 움켜쥐고 귀가한다 한들, 그 곳에 참
생명과 평안은 결코 있을 수 없다는 것입니다. 주님 계시지 않는
곳의 결국은 죽음이요, 무덤일 따름이기 때문입니다.

오늘 아침 우리가 어디로 가고 있는지
다시 한 번 생각케 해주시니 감사합니다.
우리 모두 막달라 마리아가 되게 하옵소서.
생명을 머금은 막달라 마리아가 되게 하옵소서.
자신을 버릴 줄 알았던 막달라 마리아를 닮게 하옵소서.
길이요 진리요 생명이신 주님만을 끝까지 좇았던
막달라 마리아를 본받게 하옵소서.
그리하여 날마다 주님께로 돌아가는 우리의 이 작은 삶을
통하여 무덤 같은 우리의 가정이, 우리의 일터가, 우리의
사회가 영원한 생명의 진원지가 되게 하옵소서. 아멘.

5

울고 있더니

안식 후 첫날 이른 아침 아직 어두울 때에
막달라 마리아가 무덤에 와서 돌이 무덤에서 옮겨 간 것을 보고
시몬 베드로와 예수의 사랑하시던 그 다른 제자에게 달려가서
말하되 "사람이 주를 무덤에서 가져다가 어디 두었는지
우리가 알지 못하겠다" 하니, 베드로와 그 다른 제자가 나가서
무덤으로 갈새 둘이 같이 달음질하더니, 그 다른 제자가
베드로보다 더 빨리 달아나서 먼저 무덤에 이르러 구푸려
세마포 놓인 것을 보았으나 들어가지는 아니하였더니
시몬 베드로도 따라와서 무덤에 들어가 보니 세마포가 놓였고
또 머리를 쌌던 수건은 세마포와 함께 놓이지 않고 딴 곳에 개켜
있더라. 그 때에야 무덤에 먼저 왔던 그 다른 제자도 들어가
보고 믿더라. (저희는 성경에 "그가 죽은 자 가운데서 다시 살아나야
하리라" 하신 말씀을 아직 알지 못하더라.)
이에 두 제자가 자기 집으로 돌아가니라.
마리아는 무덤 밖에 서서 울고 있더니. 울면서 구푸려 무덤 속을
들여다보니 흰 옷 입은 두 천사가 예수의 시체 뉘었던 곳에
하나는 머리 편에, 하나는 발 편에 앉았더라.
천사들이 가로되 "여자여 어찌하여 우느냐?"

가로되 "사람이 내 주를 가져다가 어디 두었는지
내가 알지 못함이니이다."
이 말을 하고 뒤로 돌이켜 예수의 서신 것을 보나
예수신 줄 알지 못하더라. 예수께서 가라사대
"여자여 어찌하여 울며 누구를 찾느냐?" 하시니
마리아는 그가 동산지기인 줄로 알고 가로되
"주여, 당신이 옮겨 갔거든 어디 두었는지 내게 이르소서.
그리하면 내가 가져가리이다."
예수께서 "마리아야" 하시거늘
마리아가 돌이켜 히브리 말로 "랍오니여" 하니(이는 선생님이라.)
예수께서 이르시되 "나를 만지지 말라.
내가 아직 아버지께로 올라가지 못하였노라.
너는 내 형제들에게 가서 이르되
내가 내 아버지, 곧 너희 아버지, 내 하나님, 곧 너희 하나님께로
올라간다 하라" 하신대
막달라 마리아가 가서 제자들에게 "내가 주를 보았다" 하고
또 주께서 자기에게 이렇게 말씀하셨다 이르니라.

요한복음 20:1~18

예수님께서 십자가에 못 박혀 돌아가신 지 사흘 만에 예수님의 시신이 무덤에서 사라지고 말았습니다. 그 사실을 제일 먼저 발견한 사람은 이른 새벽 예수님의 시신에 향품을 발라 드리기 위해 예수님의 무덤을 찾았던 막달라 마리아였습니다. 깜짝 놀란 그녀는 예수님의 제자들에게 뛰어가 그 사실을 알렸고, 거의 모든 제자들이 막달라 마리아의 말을 허탄하게 여기며 믿지 않는 가운데, 베드로와 요한만은 예수님의 무덤으로 달려가 예수님의 무덤이 비어 있다는 마리아의 말이 사실임을 확인하였습니다. 그럼에도 불구하고 베드로와 요한은 별 생각 없이 자기 집으로 돌아가 버리고 말았습니다. 예수님의 시신이 없어졌다는 것이 무엇을 뜻하고 있는지를 깨닫지도, 깨달으려고 하지도 않았던 것입니다.

３년 동안이나 주님의 제자로 주님을 따랐건만, 그리고 주님의 시신이 사라졌다는 그 엄청난 사실을 자신들의 두 눈으로 직접 확인하였건만, 아무 생각 없이 베드로와 요한이 그냥 자기 집으로 되돌아가는 그 순간, 그들과 정반대 방향으로 향하는 한 여인이 있었습니다. 그 여인은 제자들이 등 뒤로 하고 오는 주님의 무덤을 되찾아가고 있는 막달라 마리아였습니다. 그녀만은 예수님의 시신이 사라진 것을 안 이상 그냥 자기 집으로 돌아갈 수가 없었습니다. 막달라의 비천한 창녀였던 그녀가 예수님을 만나 새로워진 자신의 삶을 생각할 때, 비록 비어 있을망정 주님의 무덤을 되찾아가지 않을 수가 없었던 것입니다. 마땅히 그 곳에 있어야 할 시신이 사라져 버린 무덤으로 되돌아간 막달라 마리아는 그 곳에서 무엇을 하였습니까? 본문은 이렇게 증거하고 있습니다.

마리아는 무덤 밖에 서서 울고 있더니 (20:11상)

그 곳에서 마리아가 할 수 있었던 것은 그저 우는 것뿐이었습니다. 여기에서 '울다'라는 동사 'klaio'는 단순히 울먹이거나 혹은 소리 없이 흘리는 눈물을 의미하지 않습니다. 그것은 땅을 치며 소리를 내어 통곡하는 것, 간장이 끊어지듯 애곡하는 것을 뜻하는 동사입니다. 예수님의 무덤으로 되돌아간 막달라 마리아는 땅을 치며 통곡하고 애곡하였습니다. 이른 새벽 거의 모든 예루살렘 사람들이 아직 잠들어 있을 시각에, 골고다 언덕으로부터 새벽의 정적을 찢으며 울려 퍼지는 막달라 마리아의 울음소리를 들어 보십시오. 이 세상에서 가장 천하다는 창녀였기에 남편도, 자식도, 번듯한 친구 한 명도 없었을 그 가련한 여인이 울부짖는 애곡 소리가 얼마나 애절했겠습니까? 막달라 마리아는 그렇게 통곡하고 또 애곡하기를 그치지 않았습니다.

그런데 지금 막달라 마리아는 왜 이렇듯 슬피 목놓아 울고 있습니까? 그 이유는 단 한 가지, 그녀가 구세주로 믿고 사랑하던 주님의 시신이 없어졌기 때문입니다. 그렇다면 이런 질문을 제기해 보겠습니다. 만약 이 날 새벽 예수님의 시신이 무덤 속에 그대로 있다면 어떻게 되었을까요?

그랬다면 그녀는 결코 이처럼 울부짖지는 않았을 것입니다. 그리고 본래 계획했던 대로 가지고 간 향품을 예수님의 시신에 정성스럽게 발라 드렸을 것입니다. 예수님의 장례식 후 예수님의 시신을 찾은 첫 번째 사람이 자신임을 알고서는 어쩌면 기뻐하며 집으로 돌아갔을 것입니다. 만약 이렇게 되었을 경우 그 다음에는 어떻게 되었겠습니까? 이 날 아침 통곡치도 않고 애곡치도 않는 대신 그녀에게는 영원한 소망도, 영원한 생명도, 영원한 구원도 결코 주어지지 못했을 것입니다. 무덤 속에 시체로 누워 썩어 가는 예수님이라면 절대로 영원한 길이요 진리요 생명일 수가 없기 때문입니다.

그래서 신학자 렌스키(Lenski)는 본문을 주석하면서 이렇게 말했습니다. "막달라 마리아는 예수님의 시신이 없어진 까닭에 울었으나 만약 그 날 예수님의 시신이 무덤 속에 있었더라면 그녀와 우리는 영원히 울게 되었을 것이다."

참으로 옳은 말입니다. 만약 예수님의 시신이 무덤 속에 그대로 있었더라면, 생명과 부활의 종교인 기독교는 존재하지 않을 것입니다. 예외없이 죽을 수밖에 없는 유한한 생명을 지닌 우리는 언젠가 슬피 울며 이 땅에서의 삶을 절망 가운데서 마감하고 말 것입니다. 이 땅은 소망도 구원도 없는 거대한 공동묘지 이상이 될 수 없을 것입니다.

그러나 막달라 마리아가 갔을 때 예수님의 시신은 보이지 않았고 무덤은 비어 있었습니다. 그것 때문에 막달라 마리아는 통곡하며 애곡하였습니다. 그러나 예수님의 시신이 그 곳에 없었기 때문에 그녀의 울부짖음은 그 날 그 한 시간만으로 족하였습니다. 예수님의 시신이 사라졌기 때문에 그녀의 통곡은 기쁨으로, 애곡은 찬양으로 바뀌었습니다. 예수님의 시신이 없어졌기 때문에 그녀는 부활하신 주님을 새로이 만났고, 그 주님으로부터 영원한 생명과 영원한 구원을 얻었습니다.

이런 의미에서 막달라 마리아가 한순간 목이 쉬도록 통곡할망정 예수님의 시신은 그 곳에 없어야만 했습니다. 예수님의 시신이 무덤 속에 없었기 때문에 그분은 무덤과 죽음을 뛰어넘어 우리의 부활, 우리의 생명이 되셨습니다. 예수님의 시신이 그 곳에 없었기 때문에 부활하신 그분은 지금 우리와 함께하고 계시는 것입니다. 주님의 시신이 그 곳에 없었기 때문에 그분은 우리 곁에서 우리의 눈물을 닦아 주시며, 그분의 기쁨으로 우리를 위로해 주시는 것입니다. 주님의 시신이 그 곳에 없었기에 그분은 절망에 빠진 우리를 일으키사 소망으로 채워 주시는 것입니다. 주님의 시신이 그 곳에 없었기에 주님은 오늘도 우리 앞에서 우리를 진리의 길로 인도하십니다.

만약 막달라 마리아가 예수님의 무덤을 찾았을 때 예수님의 시신이 그 곳에 있었더라면 이 모든 일은 전혀 불가능하였을 것입니다.

　　금년 1월 2일, 미국에서 걸려 온 전화를 한 통 받았습니다. 대학 동창생으로부터의 전화였습니다. 새해 첫날부터 목사인 제게 축복기도를 받고 싶어서라고 했습니다. 그 때가 미국시간으로는 1월 1일 이른 아침이었던 것입니다. 작년 5월, 대학을 졸업한 지 25년 만에 미국에서 만났을 때만 해도, 그 때가 자식을 잃은 직후였음에도 불구하고 신앙에 대해 별 반응을 보이지 않던 친구였기에, 새해 첫날 이른 아침부터 기도를 받기 위해 미국에서 한국으로 다이얼을 돌렸다는 그의 전화는 정말 뜻밖이었습니다. 저는 사랑하는 친구를 위하여 간절히 기도를 드린 다음 전화를 끊었습니다.

　　그리고 한 달여가 지났을 때 그 친구로부터 장문의 편지를 받았습니다. 십대 갱단의 총격으로 사랑하는 아들을 잃었을 때의 울분과 비통, 복수의 칼을 갈며 술독에 빠져 있을 때의 고통과 번민 등을 그는 다음과 같이 피력하고 있었습니다.

　　"친구여! 고백하건대 지난 1년 남짓 동안, 난 사실상 이 땅에서의 삶을 끝장내기 위해 나름대로 마음의 준비를 단단히 했었네.

　　혼자서 마음속으로 무수히 맹세하며 부르짖었지. '장렬한 최후를 갖자. 아들의 생명을 앗아간 갱 집단을 반드시 내 손으로 처단하고 내 생의 끝을 맺어 버리자. 비록 홀로 복수극을 벌일 힘과 자금과 조직이 내게 없을지라도, '늙어 가는 이 몸이나마 온 세포 마디마디를 갈고 닦고 곧추 세워 그 놈들을 죽인 뒤 장렬하게 사라져 버리자'고 말일세. 반드시 원수들의 간을 꺼내 내 입으로 씹어야겠다는 일념에 날이면 날마다, 밤이면 밤마다 절

치부심하면서 독주만을 퍼 마셨다네. 나이 들어 가는 몸에 밤낮 독주를 들이붓다 보니 오장육부마저 다 망가져 모진 설사와 구토가 계속되었지만, 그러나 술 없이는 도무지 견딜 수가 없었네. 그것도 아들녀석이 피살되었던 그 현장에 차를 세워 놓고는 차 속에서 독주를 들이켰네. 말하자면 나로서는 매일 죽은 아들을 위해 치르는 의식이었던 셈이지. '아가야, 내 꼭, 이 못난 아비가 반드시 네 원수를 갚아 줄거. 그리고 난 후 네가 있는 곳으로 가마. 암! 이 아비가 반드시 복수를 해주고 말고' 이런 독백을 안주 삼아서 말일세. 정신을 잃을 만큼 퍼마신 상태에서 차를 몰고 집으로 가다가 음주운전으로 적발되어 수갑을 차고서 수감된 것도 세 번씩이나 된다네. 그럴수록 아들을 죽인 놈들에 대한 증오심과 복수는 더욱 불타올랐지.

어느 날 불한당 같은 갱단의 총격으로 사랑하는 아들을 잃어버린 아비의 심정이 어찌 이와 같지 않을 수 있겠습니까? 그러나 제가 이 친구의 편지를 읽으면서 흐르는 눈물을 몇 번씩이나 닦아야 했던 것은, 아들을 빼앗긴 아비의 비통한 심정 때문만이 아니라, 그 절망적인 상황 속에서 이 친구가 만난 예수 그리스도, 아니 이 친구를 찾아오신 예수 그리스도 때문이었습니다. 무려 16장에 걸친 그 친구의 편지는 그를 찾아오신 예수 그리스도 안에서 얻은 주님의 사랑, 주님의 평강, 주님의 은총, 그리고 주님께서 주신 삶의 기쁨을 고백하는 것으로 끝을 맺고 있었습니다. 실로 믿기 어려운 대반전이었습니다.

올 4월 코스타리카를 다녀오는 길에 그 친구를 미국에서 다시 만났을 때, 그 친구는 작년에 만났을 때와는 전혀 다른 사람이 되어 있었습니다. 그는 더 이상 복수의 노예가 아니었습니다. 더 이상 증오의 화신도 아니었습니다. 그는 아들을 죽인 갱들을 이미 용서하고 있었습니다. 그들의 영혼을 사랑하며, 그들을 위하여 기도한다고 했습니다. 그는 비록 아들이 이 땅에서 비명에 갔을망정 영원하신 주님의 품 속에서 영원한 생명을 누리고 있음을 확신하고 있었습니다. 그는 진짜 그리스도인이 되어 있었습니다. 참으로 주님의 신비스럽기 짝이 없는 구원의 대역사였습니다.

만약 막달라 마리아가 안식 후 첫날 이른 새벽에 예수님의 무덤을 찾아갔을 때 예수님의 시신이 그 무덤 속에 그대로 있었다면, 그 친구에게 이 신비스러운 대역전극은 일어나지 않았을 것입니다. 만약 시신이 그 곳에 있었다면 막달라 마리아는 그 날 아침 통곡치 않았을 것이지만, 그러나 이 친구는 육체도, 마음도, 영혼도 영원토록 고통 속에서 번민하며 울어야만 했을 것입니다. 그러나 그 친구가 증오심과 복수심, 고통과 번민, 괴로움과 슬픔으로부터 진정 자유로운 그리스도인 된 기쁨을 누릴 수 있었던 것은 그 날 무덤에 계시지 않던 주님, 무덤을 이기신 예수 그리스도, 길이요 진리요 생명이신 부활의 예수 그리스도께서 그 친구의 곁에서, 그 친구의 앞에서, 그 친구의 안에서, 그 친구와 함께하고 계셨기 때문입니다.

전도자인 동시에 시인이었던 톰슨은 이렇게 노래하였습니다.

예수는 나의 힘이요 내 생명 되시니
구주 예수 떠나가면 죄 중에 빠지리
눈물이 앞을 가리고 내 맘에 근심 쌓일 때

위로하고 힘 주실 이 주 예수

예수는 나의 힘이요 내 소망 되시니
이 세상을 떠나갈 때 곧 영생 얻으리
한없는 복을 주시고 영원한 기쁨 주시니
나의 생명 나의 기쁨 주 예수

막달라 마리아가 예수님의 무덤을 찾았을 때 예수님의 시신이 여전히 그 무덤 속에 있었더라면 어찌 그분이 오늘 우리의 눈물을 닦아 주실 수 있겠습니까? 어떻게 그분이 지금 나의 힘, 나의 소망이 되어 주실 수 있겠습니까? 그 모든 이유는 하나, 그분은 무덤 속에 누워 계신 시신이 아니셨기 때문입니다.

그렇다면 이 세상에 즐비하게 널려 있는 무덤을 바라보는 우리의 인식 또한 새로워져야 합니다. 누구든지 무덤을 보면서 그 속에 누워 있는 시신만을 생각하며 슬퍼하는 자라면 그는 그리스도인이 아닙니다.

생각해 보십시오. 무덤 속에 누인 시체는 결코 시체 그대로 존속하는 것이 아닙니다. 땅 속에 묻힌 모든 시신은 썩어 흙으로 변하고 맙니다. 그러므로 이 세상의 모든 무덤은 언젠가는 시신이 소멸해 버린 빈 공간, 빈 무덤이 되는 것입니다. 오늘 시신을 안장한 무덤이라 할지라도 그것은 미래의 빈 무덤에 불과한 것입니다. 시신을 장사지내건만 언젠가는 그 속이 텅비어 버리게 될 무덤입니다. 이것은 예수 그리스도를 믿는 우리에게 얼마나 위대한 주님의 메시지입니까? 시신이 썩어 없어진 그 빈 공간이야말로 영원한 생명이 차고 넘치는 참 생명의 공간이 되는 것입니다. 그래서 무덤은 끝이 아니고 시작인 것입니다. 그렇기에 누구든지 무덤을 보고서 그 속에서 썩는 시체가 아니라, 그 육체를 떠난 영혼이 그리스도 안에서 누리고 있을 영원한 생명을 보고 느끼는 자가 있다면, 그는 두말 할 것도 없이 참 그리스도인입니다.

작년 말에 작고하신 저의 어머님은 생전에 당신이 입으실 수의를 친히 준비해 두셨습니다. 그리고 생각나실 때마다 당신의 수의는 어디에 들어 있노라 일러 주시곤 했습니다. 그러나 그 수의를 한 번도 직접 본 적이 없었던 저는 어머님의 수의도 일반 수의와 같으려니 생각하고 있었습니다. 그러다가 막상 어머님께서 작고하신 뒤 어머님의 수의를 직접 보고서는 깜짝 놀랐습니다. 비단으로 만들어진 그 수의의 색깔이 일반적인 통념을 깬 분홍색이었기 때문입니다. 그 연유를 아내는 알고 있었습니다. 어머님께서는 당신이 이 세상을 떠나는 그 순간이야말로 그토록 사랑하던 주님을 친히 뵙는 순간임을 분명히 믿고 알고 계셨습니다. 그래서 신랑을 맞는 신부의 심정으로 주님을 뵙겠다는 신앙 고백의 증표로 당신의 수의를 친히 분홍색 비단으로 만드셨던 것입니다.

저는 추석을 맞이하여 내일 부모님의 산소를 찾을 것입니다. 그러나 그 곳에서 35년 전에 돌아가신 아버님의 시신을 보지는 않을 것입니다. 어머님의 시신에 입혀졌던 분홍색 수의를 보지도 않을 것입니다. 그 시신과 수의를 뛰어넘어, 기도하시던 중 운명하실 정도로 주님을 사랑하셨던 아버님, 분홍색 수의를 친히 만드실 정도로 주님을 그리워하셨던 어머님—그 두 분이 그리스도 안에서 지금 누리고 계실 영원한 생명의 기쁨에 동참할 것입니다. 그것이 제가 부모님의 산소를 찾는 진정한 이유입니다.

사랑하는 교우 여러분!

추석을 맞이하여 단순히 조상의 죽음을 확인하기 위해 무덤을 찾는 어리석은 짓은 이제 그만둡시다. 8월 첫째 주일에 베드로전서 3장과 4장, 그리고 사도신경 원문을 통하여 깊이 생각해 보았듯이, 음부에 내려가시어 음부에 있는 영혼까지 품어 주신 참 구원의 주님, 영원한 생명의 주님을 만나기 위해 무덤으로 나섭시다. 돌아가신 분들이 우리 구주 예수 그리스도 안에서 누리고 있을 참 생명과 그 생명의 기쁨에 동참키 위해 무덤으로 향합시다. 우리는 그 곳에서 2,000년 전 무덤을 이기시고 부활하시사 지금 우리의 눈물을 닦아 주시는 주님, 나의 힘, 나의 소망, 나의 생명이 되신 주님을 친히 뵐 것입니다. 그래서 조상의 죽음을 통해 참 생명의 의미를 깨닫게 해주는 추석이야말로 주님께서 이 민족에게 주신 크나큰 선물입니다.

막달라 마리아는 주님의 시신이 없어진 것 때문에
통곡하고 애곡했습니다.
그러나 만약 그 날 주님의 시신이 그 곳에 있었더라면,
그녀와 우리는 영원히 울어야만 했을 것입니다.
우리 민족을 사랑하시사 추석을 허락하시고,
죽음과 무덤의 의미를 깊이 생각케 해주심을
진심으로 감사드립니다.
조상의 죽음을 확인하기 위해서가 아니라,

음부까지 품어 주신 생명의 주님을 만나기 위해
성묘길을 나서게 하옵소서.
고인들이 그리스도 안에서 누리고 있을 참 생명과
그 생명의 기쁨에 동참키 위해 귀향하는 자들이
되게 하옵소서.
거기에서 우리의 눈물을 닦아 주시며
우리의 힘, 소망, 생명, 기쁨이 되시는 주님을
친히 뵈옵게 하옵소서.
이 추석을 기하여 우리의 통곡이 그리스도 안에서
정녕 기쁨이 되게 해주시옵소서.
그리하여 이 추석이 단순한 민족명절이 아니라,
신앙인의 영원한 축제일이 되게 하옵소서. 아멘.

6

시체 뉘었던 곳

안식 후 첫날 이른 아침 아직 어두울 때에
막달라 마리아가 무덤에 와서 돌이 무덤에서 옮겨 간 것을 보고
시몬 베드로와 예수의 사랑하시던 그 다른 제자에게 달려가서
말하되 "사람이 주를 무덤에서 가져다가 어디 두었는지
우리가 알지 못하겠다" 하니, 베드로와 그 다른 제자가 나가서
무덤으로 갈새 둘이 같이 달음질하더니, 그 다른 제자가
베드로보다 더 빨리 달아나서 먼저 무덤에 이르러 구푸려
세마포 놓인 것을 보았으나 들어가지는 아니하였더니
시몬 베드로도 따라와서 무덤에 들어가 보니 세마포가 놓였고
또 머리를 쌌던 수건은 세마포와 함께 놓이지 않고 딴 곳에 개켜
있더라. 그 때에야 무덤에 먼저 왔던 그 다른 제자도 들어가
보고 믿더라. (저희는 성경에 "그가 죽은 자 가운데서 다시 살아나야
하리라" 하신 말씀을 아직 알지 못하더라.)
이에 두 제자가 자기 집으로 돌아가니라.
마리아는 무덤 밖에 서서 울고 있더니, 울면서 구푸려 무덤 속을
들여다보니 흰 옷 입은 두 천사가 예수의 시체 뉘었던 곳에
하나는 머리 편에, 하나는 발 편에 앉았더라.
천사들이 가로되 "여자여 어찌하여 우느냐?"

가로되 "사람이 내 주를 가져다가 어디 두었는지
내가 알지 못함이니이다."
이 말을 하고 뒤로 돌이켜 예수의 서신 것을 보나
예수신 줄 알지 못하더라. 예수께서 가라사대
"여자여 어찌하여 울며 누구를 찾느냐?" 하시니
마리아는 그가 동산지기인 줄로 알고 가로되
"주여, 당신이 옮겨 갔거든 어디 두었는지 내게 이르소서.
그리하면 내가 가져가리이다."
예수께서 "마리아야" 하시거늘
마리아가 돌이켜 히브리 말로 "랍오니여" 하니(이는 선생님이라.)
예수께서 이르시되 "나를 만지지 말라.
내가 아직 아버지께로 올라가지 못하였노라.
너는 내 형제들에게 가서 이르되
내가 내 아버지, 곧 너희 아버지, 내 하나님, 곧 너희 하나님께로
올라간다 하라" 하신대
막달라 마리아가 가서 제자들에게 "내가 주를 보았다" 하고
또 주께서 자기에게 이렇게 말씀하셨다 이르니라.

요한복음 20:1~18

　주님께서 십자가에 못 박혀 돌아가신 지 사흘째 되는 날 이른 새벽, 막달라 마리아가 예수님의 시신에 향품을 발라 드리기 위해 예수님의 무덤을 찾았을 때, 응당 그 곳에 있어야 할 예수님의 시신이 보이지 않았습니다. 단지 예수님의 시신을 쌌던 세마포와 수건, 즉 수의만 그 곳에 잘 정리된 채 개켜 있었습니다. 그것은 지난 8월 넷째 주에 살펴본 바와 같이 예수님의 시신이 도난 당한 것이 아니라, 예수님께서 친히 부활하셨음을 증명해 주는 부활의 증거품이었습니다.

　그러나 그것은 본래 예수님의 것이 아니었습니다. 다시 말해 돌아가신 예수님께서 남기신 예수님의 돈으로 구입한 것이 아니었습니다. 비참하게 십자가에 못 박혀 돌아가신 예수님께서는 단 1원의 유산도 남기지 못하셨습니다. 따라서 그 수의는 산헤드린 의원이었던 니고데모가 자기 돈으로 구하여 예수님의 시신에 입혀 드린 것이었습니다.

예수님의 시신이 안치되었던 돌무덤 역시 예수님의 것이 아니었습니다. 그 무덤은 아리마대 요셉이 자기를 위하여 예비해 두었던 새 무덤이었습니다. 예수닝의 시신이 사흘에 걸쳐 누워 있었던 그 무덤 속에 본래부터 예수님의 것이라고는 아무 것도 없었습니다. 이 세상에 인간으로 태어나시어 분명한 삶의 족적을 남기셨음에도 불구하고, 당신 자신의 것 하나도 없이 남이 제공한 수의를 입고 남의 무덤 속에 사흘 동안 누워 계신 예수님의 시신을 머리 속에 자세히 그려 보십시오. 그것 자체가 우리를 향하신 하나님의 위대한 메시지가 아닐 수 없습니다.

구약성경 욥기는 이렇게 증거하고 있습니다.

    내가 모태에서 적신이 나왔사온즉
    또한 적신이 그리로 돌아가올지라. (욥 1:21상)

여기에서 적신이란 붉을 적(赤), 몸 신(身), 즉 아무 것도 걸치지 아니한 벌거숭이를 의미합니다. 그래서 공동번역성경은 이 구절을 이렇게 번역하고 있습니다.

    벌거벗고 세상에 태어난 몸
    알몸으로 돌아가느니라.

표준 새번역은 그 의미를 더 구체적으로 번역하였습니다.

    모태에서 빈손으로 태어났으니,

죽을 때에도 빈손으로 돌아갈 것입니다.

한마디로 '공수래 공수거'란 말입니다. 당신의 것 하나도 지니시지 못한 채 남의 무덤에 누워 계신 예수님의 시신을 보십시오. 공수래 공수거는 누구도 피할 수 없는 하나님의 법칙입니다. 하나님의 아들이신 예수님마저 빈손으로 오셨다가 빈손으로 무덤에 누워 계시다면, 하찮은 우리가 어찌 공수래 공수거라는 하나님의 법칙에서 예외일 수가 있겠습니까?

진리란 결코 먼 곳이나 특별한 곳에 있지 않습니다. 늘 평범한 곳에, 우리 가까이에 있습니다. 우리가 주위에서 매일 접하고 있는 죽음 속에서 공수래 공수거라는 하나님의 진리는 오늘도 선포되고 있습니다. 이것을 보고 듣고 망각치 않는 자만 빈손으로 무덤 속에 눕기 전 살아 있는 동안에, 예수 그리스도를 본받아 이 세상에서 청빈의 도를 실천하며 살 수 있습니다.

이 세상에 계시는 동안 예수 그리스도께서는 철저하게 청빈하셨습니다. 그분은 재물의 유혹에 빠지신 적도 없고, 단 한 번이라도 물질로 인해 양심을 저버리고 불의와 타협하신 적도 없습니다. 그분은 한평생 청빈을 벗삼아 사셨습니다. 그것은 그분이 무능하셨기 때문이 아니라, 그분이 선택하셨던 바른 삶의 결과였습니다. 그렇기에 그분은 그 청빈 속에서도 당신의 생명을 송두리째 나누어 주실 만큼 부요하셨습니다.

그분의 삶이 이처럼 청빈으로 시작하여 청빈으로 끝날 정도로 청빈의 부요함 속에 거하셨던 것은, 그분이 누구보다도 공수래 공수거라는 하나님의 법칙을 분명히 알고 계셨던 까닭입니다. 이 세상에 있는 것 중 하나님 앞에 직접 들고 갈 수 있는 것이라고는 아무 것도 없음을 잘 아셨던 것입니다. 그래서 사탄이 자기에게 경배하면 천하만국의 부귀영화를 주겠노라고 예수님을 유혹했을 때 그분은 일언지하에 거절하셨습니다. 그런 것이 예수님의 삶의 목적이 될 수 없었던 것입니다. 우리가 주님으로 믿고 섬기는 예수 그리스도께서 한평생 그와 같은 청빈의 삶으로 일관하셨다면, 그리스도인 된 우리 역시 그분을 본받아 청빈의 도를 따르지 않을 수가 없습니다

그렇다면 우리가 이 세상에서 예수 그리스도를 본받아 청빈의 삶을 구현한다는 것은 구체적으로 무엇을 의미합니까? 일반적으로 청빈이라고 하면 사람들은 수도원을 먼저 떠올립니다. 청빈이란 세상을 등진 수도원에서나 가능하다는 인식 때문입니다. 그러나 그것은 근본적으로 잘못된 인식입니다. 청빈을 소유 정도의 문제, 혹은 가난하거나 부유한 상태의 문제로 받아들여서는 청빈을 수도사의 전유물로 오인할 수밖에 없습니다.

그리스도인들이 구현해야 할 청빈이란, 첫째로 까를로 까레또가 그의 저서 〈사막에서의 편지〉에서 밝힌 바와 같이 '자유' 입니다. 여기에서의 자유란 유행, 둔조, 허영, 헛된 체면으로부터의 자유와 해방을 의미합니다.

현대인들의 집안을 들여다보십시오. 계층에 따라 가구며 집기들이 어쩌면 그렇게도 똑같은지 놀라지 않을 수 없습니다. 그것은 모두 유행과 사치를 따른 결과입니다. 젊은이들의 혼수품도 예외는 아닙니다. 계층별로 거의 대동소이합니다. 이것 역시 풍조와 체면에 구속당해 있는 연고입니다. 필요하기 때문이 아니라 남으로부터 업신여김을 받지 않기 위하여, 인정받기 위하여 똑같은 것이나 좀더 나은 것들을 구입하는 어리석음과 낭비를 현

대인들은 얼마나 자주 저지르고 있습니까? 이처럼 그리스도인들을 청빈과 동떨어지게 하는 유행, 허영, 풍조, 헛된 체면은 그것 자체가 무서운 유혹입니다. 청빈이란 이 모든 유혹으로부터의 해방이요 자유입니다.

청빈이란 아무 것도 구입하지 않거나 소유하지 않고 그저 알몸으로, 빈손, 빈 주머니로 살아가는 것을 의미하지 않습니다. 얼마든지 물건을 살 수도 있고 지닐 수도 있습니다. 그러나 유행이나 체면 때문이 아니라 그것이 꼭 필요하기 때문에 구입하고 소유하는 것, 그것이 바로 청빈입니다. 무엇을 소유하고 있든 그 모든 것이 꼭 필요한 것들이기에 가진 모든 것들이 일상의 삶 속에서 사장됨이 없이 아름답게 이용되는 삶, 이것이 곧 청빈의 삶입니다. 물질의 노예가 되는 것은 최악이지만 물질을 아름답게 이용하는 것은 그 물질을 창조하신 하나님의 뜻입니다.

예수 그리스도를 보십시오. 요한복음 12장 6절은 예수님의 제자 중 가룟 유다가 돈을 관리하는 회계였음을 일러 주고 있습니다. 이것은 예수님에게도 돈이 있었음을 의미합니다. 다시 말해 당시 예수님을 따르던 무리 중에 예수님께 돈을 헌금하는 자들이 있었음을 뜻합니다. 죽은 자를 살리는가 하면 폭풍도 말 한마디로 잠재우는 능력을 베푸시는 주님이셨기에 헌금액수가 결코 적지 않았을 것임을 쉽게 짐작할 수 있습니다. 예수님께는 돈이 없었기 때문에, 예수님께서는 아무 것도 걸치거나 지니시지 않고 알몸으로 사셨기 때문에 청빈하셨던 것이 아닙니다. 예수님께는 분명히 돈이 있었습니다. 회계를 두지 않으면 안 될 정도로 돈이 많았습니다. 그 돈으로 옷도 사 입으셨을 것이고 먹을 것도 구입하셨을 것입니다. 전도여행을 다니시면서 경비로도 지출하셨을 것입니다. 그러나 예수님께서는 불필요한 것의 유혹에 빠지신 적이 없었기에, 유행과 사치, 그리고 허영과 헛된 체면으로부터 철저하게 자유한 분이셨기에, 우리 모두에게 청빈의 본보기가 되신 것입니다.

둘째로 그리스도인이 구현해야 할 청빈이란 곧 '봉사' 입니다. 만약 누구든지 필요한 것만을 소유하되 불필요한 것을 구입하지 않고 남는 여유분을 자기를 위하여 쌓아 두기만 한다면, 그 사람은 결코 청빈한 사람이 아닙니다. 그는 단지 구두쇠요 인색한 인간일 따름입니다.

청빈한 자가 필요한 것만을 소유하는 것은 그 나머지를 자기를 위해 쌓아 두기 위함이 아니라 타인을 위한 봉사의 도구로 선용하기 위함입니다. 아니 꼭 필요해서 자신이 소유하고 있는 것마저 자신의 것으로 생각지 않습니다. 그것 역시 언제나 봉사의 도구로 내놓을 준비가 기꺼이 되어 있는 자입니다. 이것이 진정 청빈한 자가 소유 가운데서 무소유의 부요함을 누릴 수 있는 이유입니다. 그렇기에 청빈과 봉사는 언제나 동의어요, 봉사를 떠난 청빈한 삶은 존재할 수가 없는 것입니다.

그러므로 대기업을 소유한 기업가라 할지라도 자신의 기업을 자신의 소유가 아니라 사회를 위한 봉사의 도구로 활용하고 선용한다면, 그는 청빈한 사람입니다. 학문이 깊은 학자가 자신의 학문으로 사람들에게 겸손히 봉사하며 산다면 거지보다 나은 옷을 입고 있을지라도 그는 청빈한 사람입니다. 권력을 한 손에 쥐고 있는 대통령이 권력을 진정으로 백성을 섬기기 위한 봉사의 도구로 사용하고 있다면, 그 나라에서 가장 웅장한 대통령궁에서 살고 그 나라에서 가장 큰 차를 타고 다닌다 할지라도 그는 청빈한 사람입니다. 그러나 가진 것이라고는 아무 것도 없을지라도 자기만을 위해 사는 자가 있다면, 그는 그저 가난한 사람일 뿐 청빈한 사람일 수는 없습니다.

셋째로 그리스도인이 구현해야 할 청빈이란 곧 '신앙고백'이어야 합니다. 좀더 많은 사람에게 봉사하기 위한다는 명분으로 부당하게 물질을 추구할 수는 없는 법입니다. 바르게 쓰는 것보다 바르게 얻는 것이 더 중요함은, 바르게 얻지 아니한 것은 결코 선한 봉사의 도구로 이용될 수가 없는 까닭입니다. 바르게 얻지 아니하였다는 것은 누군가에게 피해를 끼쳤음을 의미하는데, 그런 사람이 그렇게 얻은 것으로 어찌 남을 위해 바르게 사용할 수가 있겠습니까? 그렇기에 물질을 구하는 데에서부터 시작하여 사용하는 데 이르기까지 물질과 관련된 삶의 전과정이 하나님을 향한 바른 신앙고백이 될 때에만 청빈은 가능한 것입니다. 청빈이 있는 곳에만 정의와 진리와 사랑이 실천되는 이유가 바로 이것입니다. 물질을 불의하게 얻고 불의하게 사용하는 곳에는 정의와 사랑과 진리의 구호만 있을 뿐, 그 실체는 형성될 수가 없습니다.

에베소서 5장 8절과 9절은 이렇게 명령하고 있습니다.

너희가 전에는 어두움이더니 이제는 주 안에서 빛이라.
빛의 자녀들처럼 행하라.
빛의 열매는 모든 착함과 의로움과 진실함에 있느니라.

우리가 빛의 자녀로서 행하여야 할 착함과 의로움과 진실함이란 우리의 삶 중 어디에서 구체적으로 드러나야 합니까? 의식주는 인간의 삶을 가능케 해주는 기본적 요소이며, 그것은 물질을 떠나서는 불가능합니다. 인간의 삶 자체가 물질 가운데에서 물질과 더불어 영위되는 것입니다. 그렇다면 우리가 빛의 자녀로서 행하여야 할 착함과 의로움과 진실함이란 물질관계에서 반드시 결실되어야만 합니다. 바꾸어 말해 하나님 앞에서 진실함은 물질과의 관계에서 구체적으로 증명되는 것입니다. 우리가 물질관계에서 불량하고 불의하며 거짓되다면 우리는 하나님을 섬기는 하나님의 자녀가 아니라 물질을 숭상하는 우상숭배자에 불과한 것입니다. 그것은 빛이 아니라 단지 캄캄한 암흑일 뿐입니다. 우리가 하나님을 믿는 하나님의 자녀로서 청빈의 삶을 구현하지 않으면 안 될 까닭이 또한 여기에 있는 것입니다.

예수 그리스도의 착하심과 의로우심과 진실하심은 이 물질 세상 속에서, 물질과의 관계 속에서 실체화되었음을 잊어서는 안 됩니다. 예수님께서는 물질에 관한 한 유행과 허영, 풍조와 헛된 체면으로부터 완전히 자유로우셨을 뿐만 아니라, 당신의 생명마저 내놓으실 정도로 당신께 속한 모든 것을 봉사의 도구로만 선용하셨습니다. 그처럼 단 한 가지라도 당신만의 것으로 삼지 않으신 채, 남의 수의를 입고 남의 무덤 속에 시신으로 누워 계시는 예수 그리스도의 삶이야말로, 그 자체가 하나님을 향해 당신의 착하심과 의로우심과 진실하심을 보여 드리는 삶의 고백이었던 것입니다.

주님께서 그처럼 청빈의 삶을 몸소 실천하셨던 결과는 무엇이었습니까? 이에 대하여 본문 12절은 이렇게 증거하고 있습니다.

흰 옷 입은 두 천사가 예수의 시체 뉘었던 곳에

하나는 머리 편에, 하나는 발 편에 앉았더라.

검은 옷을 입은 악마가 언제나 어둠의 상징이라면 흰 옷 입은 천사는 광명, 하나님의 빛을 뜻합니다. 이 세상의 삶을 마감하는 무덤에서조차 청빈의 표상으로 누워 계셨던 바로 그 곳, 예수님의 시체를 뉘었던 그 곳, 죽음을 깨뜨리시고 부활하셨던 그 현장, 바로 그 곳에 하나님의 광명이, 하나님의 빛이 함께하고 계셨습니다. 이것은 진실로 진리를 위하여 선택한 청빈의 삶은 결코 사라지지 않는다는 것입니다. 사랑과 정의를 위하여 자발적으로 취한 청빈은 영원히 빛난다는 것입니다. 자유와 봉사와 신앙고백을 위하여 구현된 청빈보다 더 광명한 삶은 있을 수 없다는 것입니다.

우리는 불과 얼마 전 너무나도 대조적인 두 여인의 죽음과 장례식을 목격하였습니다. 한 여인은 영국의 다이애너 비였고, 나머지 또 한 명은 인도의 테레사 수녀였습니다. 한 여인의 삶이 얼마나 인간이 호사스럽게 살 수 있는지를 보여 주었다면, 또 한 여인의 삶은 인간이 얼마나 청빈하게 살 수 있는지를 보여 주었습니다. 한 여인의 삶이 인간이 얼마나 자기를 위해 살 수 있는지를 증거해 주었다면, 또 다른 여인의 삶은 인간이 얼마나 타인을 위해 봉사하며 살 수 있는지를 증거해 주었습니다. 한 여인의 죽음이 얼마나 인간의 삶이 허망한지를 증명해 주었다면, 다른 여인의 죽음은 인간의 삶이 얼마나 가치 있는지를 실증적으로 보여 주었습니다. 영국의 총리는 장례식에서 다이애너 비를 성자로 불렀고 영국의 언론도 그렇게 취급했습니다. 테레사 수녀 역

시 장례식에서 성자로 불리웠습니다. 적어도 그 면에서 두 여인
은 동일했습니다.

그러나 우리는 너무나 잘 알고 있습니다. 그 두 여인 중 누가
정말 하나님 앞에서 성자의 삶을 구현했는지를! 누구의 삶이 하
늘의 별과 같이 영원히 빛날 것인지를! 이미 하나님 앞에 섰을
두 사람의 영혼 중 어느 여인이 이 땅의 자신의 삶에 대해 가슴
을 치며 후회했겠는지를!

사랑하는 교우 여러분! 우리가 그 두 여인의 삶을 판단하고 평
가하듯이 우리 각자의 삶 또한 사람에 의해, 아니 하나님에 의해
반드시 판단된다는 사실을 잊지 마십시오. 내가 무엇을 소유하
고 있든 '공수래 공수거'는 하나님의 법칙임을 잊지 마십시오.
청빈의 삶을 추구하고 구현하십시오. 그 삶만이 영원한 빛으로
남습니다. 그 때에만이 후회없이 이 세상을 떠나 하나님 앞에 설
수 있습니다. 청빈을 추구하는 자만이 하나님과 사람을 진정으
로 사랑할 수 있기 때문입니다.

> 이 세상의 유행과 허영, 잘못된 풍조와 헛된 체면으로부터
> 진정 자유로워지게 해주십시오.
> 나의 소유가 모두 봉사의 도구로 선용되게 하시어
> 소유 속에서 무소유의 부요함을 누리게 해주십시오.
> 물질과 관련된 우리의 삶이 하나님을 향한
> 우리의 신앙고백이 되게 해주십시오.
> 진실로 청빈한 자가 되지 않고서는 하나님과 사람을
> 바르게 사랑할 수 없음을 잊지 않게 해주십시오.
> 청빈한 우리의 삶을 통하여 하나님의 정의, 하나님의 사랑,

하나님의 진리가 이 땅에 구현되게 해주십시오.
청빈한 우리의 삶이 이 세상을 밝히는 하나님의 빛이 되게
해주십시오. 아멘.

만지지 말라

안식 후 첫날 이른 아침 아직 어두울 때에
막달라 마리아가 무덤에 와서 돌이 무덤에서 옮겨 간 것을 보고
시몬 베드로와 예수의 사랑하시던 그 다른 제자에게 달려가서
말하되 "사람이 주를 무덤에서 가져다가 어디 두었는지
우리가 알지 못하겠다" 하니, 베드로와 그 다른 제자가 나가서
무덤으로 갈새 둘이 같이 달음질하더니, 그 다른 제자가
베드로보다 더 빨리 달아나서 먼저 무덤에 이르러 구푸려
세마포 놓인 것을 보았으나 들어가지는 아니하였더니
시몬 베드로도 따라와서 무덤에 들어가 보니 세마포가 놓였고
또 머리를 쌌던 수건은 세마포와 함께 놓이지 않고 딴 곳에 개켜
있더라. 그 때에야 무덤에 먼저 왔던 그 다른 제자도 들어가
보고 믿더라. (저희는 성경에 "그가 죽은 자 가운데서 다시 살아나야
하리라" 하신 말씀을 아직 알지 못하더라.)
이에 두 제자가 자기 집으로 돌아가니라.
마리아는 무덤 밖에 서서 울고 있더니, 울면서 구푸려 무덤 속을
들여다보니 흰 옷 입은 두 천사가 예수의 시체 뉘었던 곳에
하나는 머리 편에, 하나는 발 편에 앉았더라.
천사들이 가로되 "여자여 어찌하여 우느냐?"

가로되 "사람이 내 주를 가져다가 ㅇㄷ 두었는지
내가 알지 못함이니이다."
이 말을 하고 뒤로 돌이켜 예수의 서신 것을 보나
예수신 줄 알지 못하더라. 예수께서 가라사대
"여자여 어찌하여 울며 누구를 찾느냐?" 하시니
마리아는 그가 동산지기인 줄로 알고 가로되
"주여, 당신이 옮겨 갔거든 어디 두었는지 내게 이르소서.
그리하면 내가 가져가리이다."
예수께서 "마리아야" 하시거늘
마리아가 돌이켜 히브리 말로 "랍오ㄴ여" 하니(이는 선생님이라.)
예수께서 이르시되 "나를 만지지 말라.
내가 아직 아버지께로 올라가지 못하엿노라.
너는 내 형제들에게 가서 이르되
내가 내 아버지, 곧 너희 아버지, 내 하나님, 곧 너희 하나님께로
올라간다 하라" 하신대
막달라 마리아가 가서 제자들에게 "내가 주를 보았다" 하고
또 주께서 자기에게 이렇게 말씀하셨ㄷ 이르니라.

요한복음 20:1~18

하나님께서는 출애굽기 20장 23절을 통해 이렇게 명령하고 계십니다.

“너희는 나를 비겨서 은으로 신상이나 금으로 신상을
너희를 위하여 만들지 말고”

어떤 경우에도 하나님의 신상(神像), 즉 우상을 만들지 말라는 것은 십계명의 제2계명이기도 합니다. 모든 종교에는 신상이 있게 마련입니다. 없는 것보다 있는 것이 더 나아 보입니다. 그리고 자신이 믿는 신의 상을 지성을 다해 빚어 가는 인간의 모습은 숭고해 보이기까지 합니다. 그런데 왜 하나님께서는 당신의 우상을 만들지 말라 엄명하고 계십니까? 인간을 진정으로 사랑하시기 때문입니다.

　이 우주를 창조하셨기에 우주보다 더 크신 하나님께서는 인간이 만든 그 어떤 신상 속에도 갇힐 수가 없는 분입니다. 만약 누구든지 하나님의 상을 만들어 놓고 그것을 하나님이라 믿고 경배한다면, 그는 눈에 보이는 그 우상 때문에 하나님을 온전히 만날 수도, 알 수도 없게 되는 것입니다. 그의 하나님은 신상이 서 있는 그 곳에만 존재할 것인즉, 그런 하나님은 무소부재의 하나님일 수가 없습니다. 신상이 사람의 모습이라면 그 하나님은 사람 이상의 능력을 베풀 수 없을 것이요, 짐승의 형상이라면 짐승보다 나은 권능을 행사할 수 없을 것인즉, 그런 하나님이라면 전지전능한 하나님일 수도 없습니다. 그래서 하박국 선지자는 다음과 같이 증언하고 있습니다.

> 새긴 우상은 그 새겨 만든 자에게 무엇이 유익하겠느냐?
> 부어만든 우상은 거짓 스승이라.
> 만든 자가 이 말하지 못 하는 우상을 의지하니
> 무엇이 유익하겠느냐?
> 나무더러 '깨라' 하며 말하지 못하는 돌더러 '일어나라' 하는
> 자에게 화 있을진저, 그것이 교훈을 베풀겠느냐 보라.
> 이는 금과 은으로 입힌 것인즉
> 그 속에는 생기가 도무지 없느니라." (합 2:18~19)

　따라서 당신의 어떤 신상이나 우상도 새기지 말라는 하나님의 계명이야말로 이 세상 인간들에게 당신의 참 존재를 바로 알리시려는 하나님의 사랑인 것입니다.
　그렇다면 이 아침, 참된 신앙을 어떻게 정의할 수 있겠습니까?

참된 신앙이란 우리 자신들이 잘못 만든 하나님의 우상과 신상을 끊임없이 깨 나가는 것입니다. 아니, 그리스도인들이란 하나님의 신상을 만들지 않는 자들이 아닙니까? 우리 주위 어디를 둘러보아도 우리가 하나님이라며 경배하는 하나님의 신상, 우상은 없지 않습니까? 그럼에도 불구하고 우리가 날마다 깨 나가야 할, 우리 자신이 잘못 빚은 하나님의 우상이란 도대체 무엇입니까? 하나님 앞에서 참으로 하찮을 수밖에 없는 우리 자신의 경험이나 인식의 능력으로 하나님은 이런 분이시라고 단정해 버리는, 그리고 더 이상 하나님을 향해 열려 있지 않으려는 모든 잘못된 사고, 이것이 우상입니다. 다시 말해 하나님을 특정한 공간이나 시간 속에 묶어 두는 행동이나 생각 자체가 우상입니다.

이와 같이 형체가 없는 내적인 우상이 형체를 지닌 외적 우상보다 더 무서운 까닭은, 외적 우상은 만들지 않으면 그만이지만 내적 우상은 우상을 지니고 있으면서도 그것이 무서운 우상이라는 사실을 깨닫지도 못하기 때문입니다. 참된 신앙이란 이처럼 우리 내부에 자리잡고 있는 우상을 매일 깨 나가는 구체적인 행위인 것입니다.

사도 바울은 본래 무서운 우상숭배자였습니다. 손으로 외적 우상을 만들었기 때문에 우상숭배자였던 것이 아닙니다. 예수 그리스도가 결코 하나님의 아들일 수 없다는 자신의 생각을 신봉하여 그리스도인들을 돌로 쳐죽이는 일에 앞장 설 정도였기 때문입니다. 그의 심중에는 가공할 우상이 자리잡고 있었지만 자신은 그 사실을 알지 못하고 있었습니다. 그래서 그는 누구보다도 하나님을 더 잘 알고 더 잘 섬긴다는 자부심을 갖고 있었음에도 불구하고 그 심중에 있는 우상 때문에 하나님과 아주 동떨어져 있는 사람이었습니다.

　바울을 지배하던 그 무서운 우상이 언제 깨져 나갔습니까? 예수 그리스도를 직접 만나 뵘으로써였습니다. 예수님께서 육신을 입고 이 땅에 계시던 동안에 바울은 예수님을 뵙지 못했습니다. 십자가에서 돌아가신 예수님께서 부활 승천하신 이후, 그는 다메섹을 향해 가는 길 위에서 주님을 뵈었습니다. 그러나 바울이 보았던 예수님의 모습은, 예수님께서 이 땅에 계실 때와 같은 사람의 형체가 아니셨습니다. 사도행전 9장에 의하면 바울 앞에 나타나신 주님은 빛이셨습니다. 보통 빛이 아니라 바울이 며칠 동안 눈이 멀 정도의 강하고도 찬란한 빛이었습니다. 그 순간 예수님은 하나님의 아들일 수 없다는 바울의 우상이 깨져 나갔습니다.

　만약 이때 예수님께서 바울에게 사람의 형체로 나타나셨다면 어떻게 되었을까요? 바울이 그 동안 지니고 있던 예수님이 하나님의 아들일 수 없다는 기존의 우상은 마음속에 깨졌을지라도, 인간의 모습으로 나타난 예수님 때문에 또 다른 우상을 필히 심중에 만들었을 것입니다. 자신의 두 눈으로 보았던 예수님의 형체 이외의 모습으로 예수님께서 나타나셨다면, 바울은 그분을 예수님으로 인정하려 하지 않았을 것입니다. 자신이 본 형체와 다르기 때문입니다. 예수님께서 자신이 경험했던 것과 똑같은 모습으로 늘 나타나시지 않는 한, 예수님께서 자신과 함께하고 계신다는 사실을 믿을 수 없었을 것입니다. 그는 자신도 모르게 예수님을 자신이 예수님을 뵈었던 그 시간과 공간 속에 가두어 버리는 우를 범하고 말았을 것입니다.

　바울을 사랑하시는 주님께서는 이 사실을 잘 알고 계셨기에 사람의 형체가 아닌 빛으로 바울에게 나타나셨습니다. 빛의 특징이 무엇입니까? '빛이 있는 한 내가 어디를 가도 나는 빛 가운데 있다'는 것입니다. 바꾸어 말해 빛이 있는 한 그 빛은 계속 나와 함께하고 있다는 것입니다. 햇빛을 생각해 보십시오. 햇빛이 있는 동안 동서남북 어디로 가도 햇빛은 나와 함께하고 있습니다. 오전에도 오후에도 나와 함께합니다.

그러나 여기에는 문제가 있습니다. 햇빛이 있는 동안 햇빛이 나와 함께하긴 하지만, 그것은 햇빛이 있을 동안만이라는 것입니다. 다시 말해 태양의 빛은 시간과 공간의 제약을 받는 것입니다. 아무리 태양이 빛을 발하고 있어도 내가 땅 속에 들어가 있으면 그 빛은 나와 함께할 수가 없습니다. 내가 태양 빛 속에 거하기를 갈망한다 할지라도 밤이 되면 그것은 전혀 불가능한 일이 되고 맙니다. 만약 예수님께서 그 날 바울에게 이와 같은 햇빛으로 나타나셨다면, 그 햇빛은 바울의 마음속에 있는 우상을 깨뜨려 주지 못했을 것입니다.

그러나 그 빛은 햇빛이 아니었습니다. 바울이 그 빛을 본 시간은 바로 정오 한낮이었습니다. 태양의 빛이 가장 눈부시게 빛날 시간이었습니다. 바로 그 시간에 바울은 햇빛과는 전혀 다른 빛을 보았습니다. 이사야 선지자의 말처럼 그 빛 앞에서는 햇빛이 어둠이 될 정도였습니다. 오죽했으면 그 빛을 본 바울의 눈이 며칠 동안이나 멀었겠습니까? 그 강렬한 빛이 말씀하셨습니다.

"네가 어찌하여 나를 핍박하느냐?"

깜짝 놀란 바울이 땅에 엎드리며 떨리는 목소리로 물었습니다.

"주여, 뉘시오니까?"

다시 바울의 귓전을 때리는 음성이 들렸습니다.

“나는 네가 핍박하는 예수라.”

그는 바로 바울에게 빛으로 나타나신 예수 그리스도였습니다. 왜 주님께서 햇빛을 초월한 빛으로 바울에게 나타나셨습니까? 영으로 바울과 함께하고 계시는 주님께서는, 햇빛처럼 시간과 공간의 제약을 받지 않으시고 언제나 바울을 품고 계심을 일깨워 주시기 위함이었습니다.

그 순간부터 바울은 과거의 특정한 공간이나 시간 속에서 자신의 경험이나 인식으로 빚어 두었던 하나님에 대한 내적 우상을 깨 나가기 시작했습니다. 시간과 공간을 초월하여 영원한 빛으로 존재하시는 삼위일체 하나님께서는 결코 자신의 심중에 우상으로 가두어지실 분이 아님을 비로소 깨달았던 것입니다. 하나님에 대하여 무엇을 깨닫고 무엇을 경험하든 간에, 그것은 어떤 경우에도 종착역이 아니라 시발역이요, 하나님을 알아 가는 과정임을 터득했던 것입니다.

그래서 자신과 다른 생각을 가진 사람을 돌로 쳐죽이던 바울이 복음을 위하여 날아오는 돌을 기꺼이 감수하는 사람으로 변하게 되었습니다. 돌이 날아오는 그 현장에도 주님께서는 자신과 함께하고 계시며, 그 상황 속에서도 자신이 상상할 수 없는 주님의 뜻이 이루어지고 있음을 믿었던 것입니다. 만약 그가 영원한 빛으로서의 예수 그리스도를 만나지 못했던들 있을 수 없는 변화였습니다.

예수님께서 십자가에 못 박혀 돌아가신 지 사흘째 되는 날 이른 새벽, 예수님의 시신에 향품을 발라 드리기 위해 예수님의 무덤을 찾았던 막달라 마리아는 깜짝 놀랐습니다. 응당 그 곳에 있어야 할 예수님의 시신이 보이지 않았던 것입니다. 막달라 마리

아의 말을 듣고 황급히 달려온 제자 베드로와 요한은 사실 확인
만을 마친 뒤 그냥 집으로 돌아가 버리고 말았습니다. 그러나 막
달라 마리아만은 예수님의 무덤을 떠나지 못한 채 그 앞에서 통
곡하며 애곡하였습니다. 그러다가 몸을 구푸려 무덤 안을 다시
들여다보았을 때, 예수님의 시체를 뉘었던 곳에 흰 옷 입은 두
천사가 한 명은 머리 편에, 또 한 명은 발 편에 앉아 있는 것이
보였습니다. 마리아를 본 천사들이 마리아에게 왜 그토록 슬피
울고 있는지를 묻자, 마리아는 사람들이 주님의 시신을 어디로
치워 버렸는지 알지 못하기 때문이라고 사실대로 대답했습니다.
바로 그 순간 막달라 마리아는 자신의 등 뒤에 인기척을 느꼈습
니다. 그 순간을 본문은 이렇게 증거하고 있습니다.

> 이 말을 하고 돌이켜 예수의 서신 것을 보나
> 예수신 줄 알지 못하더라. (20:14)

　인기척을 느낀 마리아가 뒤를 돌아보았을 때 거기에는 놀랍게
도 부활하신 예수님께서 서 계셨습니다. 그런데 더 놀라운 것은
그토록 예수님을 사랑하고 그토록 예수님 때문에 통곡하고 애곡
하던 막달라 마리아가 예수님을 보고서도 예수님이시라는 생각
조차 하지 않았다는 사실입니다. 그래서 본문은 이렇게 계속되
고 있습니다.

> 예수께서 가라사대
> "여자여, 어찌하여 울며 누구를 찾느냐?" 하시니
> 마리아는 그가 동산지기인 줄 알고 가로되

"주여 당신이 옮겨 갔거든 어디 두었는지 내게 이르소서.
그리하면 내가 가져가리이다." (20:15)

지금 막달라 마리아는 부활하신 예수님의 얼굴을 쳐다보면서 예수님과 대화를 나누고 있습니다. 분명히 십자가에 못 박히시기 전 모습이었고 음성이었습니다. 그럼에도 불구하고 막달라 마리아는 예수님을 동산지기, 즉 묘지 관리인으로 잘못 알고 있는 것입니다. 실로 어처구니없는 일이었습니다.

이것은 우리에게 매우 중요한 사실을 일깨워 주고 있습니다. 이 순간 막달라 마리아는 심중으로 예수 그리스도에 대한 엉뚱한 우상을 지니고 있었다는 사실입니다. 그것은 돌아가신 예수님은 반드시 시체로만 무덤 속에 누워 있어야 한다는 우상입니다. 무덤 속에 시신으로 안장된 예수님이 살아 움직인다는 것은 결코 있었을 수 없는 일이라는 우상이었습니다. 그 우상에 사로잡혀 있을 때, 그녀는 부활하신 예수님 앞에서 예수님과 더불어 대화를 하면서도 예수님을 전혀 알아보지 못했습니다. 그래서 본문은 이렇게 증거하고 있습니다.

예수께서 "마리아야" 하시거늘
마리아가 돌이켜 히브리말로 "랍오니여" 하니
이는 선생님이라. (20:16)

그 때 예수님께서 다정하게 부르셨습니다.
"마리아야."
동산지기라면 마리아의 이름을 알 리가 없지 않습니까? 묘지 관리인이라면 설령 막달라 마리아의 이름을 알고 있다 할지라도 그처럼 허물없이 다정하게 부를 수는 없지 않습니까? 그제서야 막달라 마리아는 앞에 서 계신 분이 부활하신 예수님이심을 알아보았습니다. 다시 말해 그 순간에야, 십자가에서 돌아가신 예수님은 반드시 시신으로 무덤 속에 누워 있어야만 한다는 우상이 마리아의 심중에서 깨져 나갔던 것입니다. 본문 17절 상반절은 이렇게 계속되고 있습니다.

예수께서 이르시되
"나를 만지지 말라.
내가 아직 아버지께로 올라가지 못하였노라."

여기에서 '만지지 말라'는 것은 단순히 손을 대지 말라는 뜻이 아니라, 붙잡고 늘어지지 말라는 의미입니다. 마태복음 28장을 보면 부활하신 예수님을 만난 여인들이 예수님의 발 앞에 엎드려 예수님의 발을 붙잡았을 때 가만히 계시는 예수님의 모습이 나타나고 있습니다. 그런데 본문에서 막달라 마리아에게 유독 "나를 붙잡지 말라"고 말씀하셨다는 것은, 예수님을 알아본 막달라 마리아가 너무나 기쁜 나머지 계속 예수님을 붙잡고 있었음을 의미합니다.

예수님께서 마리아에게 당신을 계속 붙잡지 말라고 말씀하신 연유를 주님께서 '아직 아버지께로 올라가지 못하셨기 때문'이라고 친히 밝히셨습니다. 이 구절을 그대로 놓고 보면 예수님께서 하나님 아버지께로 승천하고 싶으셨지만 실패하신 것 같은 느낌을 줍니다. 그러나 원문은 '못 했다'가 아니라 '안 했다'는 것입니다. 승천하지 못하셨기 때문이 아니라 부활하신 예수님께서 아직 때가 되지 않아 승천하지 않으셨다는 말입니다. 실제로 부활하신 예수님께서는 이때로부터 40일 동안 더 이 땅에 계신 뒤에 승천하셨습니다.

그렇다면 이 모든 것을 종합해 볼 때 본문의 참뜻은 무엇이겠습니까? 예수님의 부활을 상상조차 못했던 막달라 마리아는 부활하신 예수님을 확인하고서 너무나 기뻐 예수님을 붙잡고 늘어졌습니다. 다시는 예수님을 놓치지 않겠다는 의지의 표현이었습니다. 그러나 예수님께서는 앞으로도 너와 함께 있을 것인즉 이 순간에 집착하거나 머무르려 하지 말라고 권고하신 것입니다.

그러나 예수님께서는 이에 그치지 않으시고 17절 하반절을 통해 이렇게 말씀하셨습니다.

"너는 내 형제들에게 가서 이르되 내가 내 아버지, 곧 너희
아버지, 내 하나님, 곧 너희 하나님께로 올라간다 하라"
하신대

지금은 육신을 가진 모습으로 함께 계시지만, 때가 되면 몸을 가지신 예수님께서는 하나님 아버지께로 승천하실 것임을 분명히 밝히셨습니다. 만약 이 말씀을 하시지 않았더라면, 막달라 마리아는 또 다른 우상숭배자가 되었을 것입니다. 육체를 가지신 예수님이 나타나시지 않는 한 그는 자신과 함께하시는 하나님을 믿지 못했을 것입니다. 육체를 가지신 예수님을 찾아 헤매느라 그녀의 남은 인생을 의미 없이 허비해 버리고 말았을 것입니다. 그러나 예수님으로부터 이 말씀을 들음으로 말미암아 막달라 마

리아는 예수님의 육체를 뛰어넘어, 시간과 공간을 초월하여 자신을 포함한 이 우주를 품고 계신 영이신 예수 그리스도, 빛이신 예수 그리스도를 인격적으로 만나게 된 것입니다.

막달라 마리아를 향하여 "나를 만지지 말라"고 하신 주님의 말씀은 '주님의 우상을 만들지 말라'는 뜻이었습니다. 이날 새벽이 막달라 마리아의 일생 중 가장 중요한 날이었다면, 그것은 단순히 부활하신 예수 그리스도를 만났기 때문만이 아니라, 부활하신 예수 그리스도에 의해 그 동안 막달라 마리아가 품고 있던 우상이 깨진 날이요, 또 다시 태동될 수 있는 우상의 뿌리가 아예 발본색원된 날이었기 때문입니다.

이 아침에도 하나님께서 우리에게 십계명을 통하여 '너를 위하여 새긴 우상을 만들지 말라' 명령하시는 것은, 나아가 타종교의 신상을 부수어 없애라는 말씀이 결코 아닙니다. 우리 마음속에 우리 자신이 만들어 낸 하나님의 우상을 타파하라는 말씀입니다.

내가 예전에 경험한 은혜의 순간에 멈추어 서서 그 경험으로만 모든 것을 판단하려 한다면, 그것은 하나님을 특정한 시간 속에 가두어 우상을 만드는 것입니다. 그 경험이 하나님의 또 다른 측면을 체험치 못하게 가로막는 장애물이 될 것이기 때문입니다. 내가 지금 실패한 것으로 인하여 하나님을 부정하고 절망하고만 있다면, 나는 하나님을 성공이라는 공간 속에 묶어 두고 있는 우상숭배자입니다. 그 우상으로 인해 실패의 현장 속에서 나와 함께하시며 오묘한 당신의 섭리를 이루어 가고 계시는 하나님을 볼 수 없기 때문입니다. 느닷없이 눈앞에 다가온 죽음을 절대 수용하려 하지 않는다면, 나는 하나님을 세상에 묶어 두려는 우상제

조자입니다. 그 우상 까닭에 영원한 나라, 영원한 생명을 볼 수
도, 얻을 수도 없기 때문입니다.

흘러가는 물이 멈추면 그 순간부터 물은 썩기 시작합니다. 시
간 역시 멈춤 없이 흘러갑니다. 만약 누군가의 시간이 멈추었다
면 그것은 그의 죽음을 의미합니다. 신앙도 마찬가지입니다. 앞
으로 계속 나아가야 합니다. 만약 한순간 멈춘다면 그것은 신앙
의 죽음이요 우상으로의 전락입니다.

성부, 성자, 성령 되신 삼위일체 하나님께서는 영으로 영원한
빛으로 우리와 함께하고 계십니다. 그렇기에 그분은 특정한 시
간이나 공간에 멈추어 계신 분이 아닙니다. 한순간의 은혜에 집
착하지 마십시오. 예전에 체험한 은혜의 순간으로 되돌아가려고
하지도 마십시오. 그 모든 은혜의 순간을 새로운 은혜를 위한 발
판으로, 징검다리로 삼으십시오. 날마다 우상을 깨 나가십시오.
그 때 부활하신 예수 그리스도를 만나고서도 자기가 품고 있는
우상 때문에 주님을 알아보지 못한 막달라 마리아의 어리석음으
로부터 벗어날 수가 있습니다. 그 때 쇠사슬에 묶여 로마의 토굴
속에 갇혀 죽음을 기다리면서도 삶의 기쁨을 노래했던 사도 바
울을 닮을 수 있습니다.

참된 평안도, 기쁨도, 소망도, 자유도, 우상을 타파한 사람의
심령 속에만 둥지를 틉니다. 그 사람만 시간과 공간을 초월하여
빛으로 영으로 나와 함께하고 계시는 주님의 품에 진정 안겨 있
는 사람이기 때문입니다.

막달라 마리아는 부활하신 주님을 만나 대화를
나누었음에도 동산지기인 줄로만 알았습니다.

돌아가신 예수님은 시신으로 무덤 속에만 누워 있어야
한다는 자신의 우상 때문이었습니다.
그러나 그녀의 잘못된 우상을 친히 깨 주셨던 예수님!
오늘 아침 우리의 우상을 깨기 위해 불러 주시니
감사드립니다.
빛이요 영으로 나와 함께하시는 주님을 온전히 믿음으로
모든 근심과 절망, 혹은 교만과 방종의 우상으로부터
진정 자유하는 참된 신앙인이 되게 하옵소서. 아멘.

8

내가 주를 보았다

안식 후 첫날 이른 아침 아직 어두울 때에
막달라 마리아가 무덤에 와서 돌이 무덤에서 옮겨 간 것을 보고
시몬 베드로와 예수의 사랑하시던 그 다른 제자에게 달려가서
말하되 "사람이 주를 무덤에서 가져다가 어디 두었는지
우리가 알지 못하겠다" 하니, 베드로와 그 다른 제자가 나가서
무덤으로 갈새 둘이 같이 달음질하더니, 그 다른 제자가
베드로보다 더 빨리 달아나서 먼저 무덤에 이르러 구푸려
세마포 놓인 것을 보았으나 들어가지는 아니하였더니
시몬 베드로도 따라와서 무덤에 들어가 보니 세마포가 놓였고
또 머리를 쌌던 수건은 세마포와 함께 놓이지 않고 딴 곳에 개켜
있더라. 그 때에야 무덤에 먼저 왔던 그 다른 제자도 들어가
보고 믿더라. (저희는 성경에 "그가 죽은 자 가운데서 다시 살아나야
하리라" 하신 말씀을 아직 알지 못하더라.)
이에 두 제자가 자기 집으로 돌아가니라.
마리아는 무덤 밖에 서서 울고 있더니, 울면서 구푸려 무덤 속을
들여다보니 흰 옷 입은 두 천사가 예수의 시체 뉘었던 곳에
하나는 머리 편에, 하나는 발 편에 앉았더라.
천사들이 가로되 "여자여 어찌하여 우느냐?"

가로되 "사람이 내 주를 가져다가 어디 두었는지
내가 알지 못함이니이다."
이 말을 하고 뒤로 돌이켜 예수의 서신 것을 보나
예수신 줄 알지 못하더라. 예수께서 가라사대
"여자여 어찌하여 울며 누구를 찾느냐?" 하시니
마리아는 그가 동산지기인 줄로 알고 가로되
"주여, 당신이 옮겨 갔거든 어디 두었는지 내게 이르소서.
그리하면 내가 가져가리이다."
예수께서 "마리아야" 하시거늘
마리아가 돌이켜 히브리 말로 "랍오니여" 하니(이는 선생님이라.)
예수께서 이르시되 "나를 만지지 말라.
내가 아직 아버지께로 올라가지 못하였노라.
너는 내 형제들에게 가서 이르되
내가 내 아버지, 곧 너희 아버지, 내 하나님, 곧 너희 하나님께로
올라간다 하라" 하신대
막달라 마리아가 가서 제자들에게 "내가 주를 보았다" 하고
또 주께서 자기에게 이렇게 말씀하셨다 이르니라.

요한복음 20:1~18

한 성도님이 이런 말을 했습니다. 우리 교회에서 주관되는 여러 행사가 그 나름대로 다 은혜스럽긴 하지만, 그 중에서도 가장 감동적인 것은 초신자들을 위한 학습·세례식이라고 말입니다. 그 이유는 만약 주님의 교회가 세워지지 않았더라면 본래 불신자였던 그분들이 언제 어떻게 그리스도 안에서 참 생명을 얻게 될지 알 수 없기 때문이라고 했습니다.

물론 주님의 교회로 인해 이미 주님을 믿던 분들의 믿음이 더 성숙해진 경우도 있습니다. 주님의 교회가 미래 교회의 새로운 모델을 제시한 측면도 없지 않습니다. 그러나 그런 것이 주님의 교회가 이 땅에 있어야 할 단 하나의 본질적인 이유가 되지는 못합니다. 이 땅에 이미 많은 교회가 있는데 주님께서 주님의 교회를 하나 더 세우신 것은, 주님의 교회를 통해서만 구원하실 영혼들이 따로 있기 때문입니다. 주님의 교회가 아니라면 참 생명을 알지 못한 채 오히려 자기의 생명을 갉아먹으면서 오래도록 방황할 영혼들이 있기 때문입니다. 이것이 주님께서 이 땅 위에 또 하나의 교회인 주님의 교회를 세우신 절대적인 이유입니다. 주님께서는 요한복음 3장 16절을 통해 이렇게 말씀하셨습니다.

하나님이 세상을 이처럼 사랑하사 독생자를 주셨으니
이는 저를 믿는 자마다 멸망치 않고 영생을 얻게 하려
하심이라.

주님께서 이 땅에 오신 절대적인 이유가 죄 가운데서 죽어가는 인간들에게 영원한 생명, 참 생명을 주시기 위함이었습니다. 그런가 하면 요한복음 20장 31절은 다음과 같이 증거하고 있습니다.

오직 이것을 기록함은 너희로 예수께서 하나님의 아들
그리스도이심을 믿게 하려 함이요,
또 너희로 믿고 그 이름을 힘입어
생명을 얻게 하려 함이니라.

하나님께서 우리에게 기록된 성경을 주신 이유 역시 예수 그리스도 안에서 참 생명을 얻게 하시기 위함이었던 것입니다. 따라서 이 땅에 있는 교회의 절대적인 존재 이유 역시 이 생명으로 사람을 살리는 것입니다. 자신도 모르게 욕망과 탐욕에 찌들어 하루하루 죽음을 향해 행진하고 있는 자들을, 예수 그리스도 안에 있는 이 생명의 한가운데로 인도하는 것입니다. 이런 의미

에서 교회의 행사 중 초신자를 위한 학습·세례식이 가장 감동
적이라는 그 성도님의 의견에 우리는 전적으로 동조하지 않을 수
없습니다.

그렇다면 하나님 보시기에 우리의 행위 중 무엇이 가장 아름
다워 보이겠습니까? 우리의 어떤 행동이 하나님께 가장 감동적
일 수 있겠습니까? 두말 할 것도 없이 이 생명으로 사람을 살리
는 것입니다. 진리로 사람들의 영혼을 흔들어 깨우는 것입니다.
하나님께서는 이를 위하여 우리에게 예수 그리스도를 보내 주셨
고, 생명을 주셨고, 교회를 주셨고, 가정을 주셨고, 일터를 주셨
고, 무엇보다 생명을 주셨습니다. 우리는 언제 어디서나 이 생명
의 증인, 이 생명의 도구가 되어야 합니다. 이에 따라 우리 생명
의 의미와 가치가 결정되는 것입니다.

예수님께서 십자가에 못 박히신 지 사흘째 되는 날 이른 새벽,
막달라 마리아는 예수님의 시신에 향품을 발라 드리기 위하여 예
수님의 무덤을 찾아갔다가, 응당 그 곳에 있어야 할 예수님의 시
신이 보이지 않음으로 인하여 무덤 앞에서 통곡하고 애곡했습니
다. 부활하신 예수 그리스도께서 그 측은한 막달라 마리아에게
친히 나타나셨지만 막달라 마리아는 주님의 부활은 상상치도 못
한 채 단순히 묘지 관리인인 줄만 알았습니다. 그 때 주님께서
마리아의 이름을 다정스레 불러 주셨습니다.

"마리아야!"

그제서야 막달라 마리아는 비로소 부활하신 예수님을 알아보
았습니다. 말하자면 부활하신 예수님을 직접 뵌 첫 번째 그리스
도인이 된 것이었습니다. 그 때 막달라 마리아의 기쁨이 얼마나

컸겠는지에 대하여는 지난 주일 상세히 생각해 보았습니다. 오늘 본문 18절은 그 이후의 일을 이렇게 증거해 주고 있습니다.

막달라 마리아가 가서 제자들에게 "내가 주를 보았다" 하고
또 주께서 자기에게 이렇게 말씀하셨다 이르니라.

막달라 마리아는 그 길로 제자들을 찾아가 외쳤습니다.
"내가 주를 보았다."
"주께서 이렇게 말씀하셨다."
막달라 지방의 천한 창녀였던 마리아는 이 전까지는 자기 자신만을 위해 주님을 믿던 사람이었습니다. 창녀였던 자신이 주님을 만남으로써 주님으로부터 얻게 되었던 평안, 위로, 소망, 새 삶으로 인해 주님을 사랑하고 주님을 따르는 자가 되었습니다. 그것은 자기를 위함이었습니다. 그러나 막달라 마리아는 이 순간부터 타인에게 부활하신 예수 그리스도를, 죽음을 깨뜨리신 예수 그리스도의 참 생명을 증거하는 자가 되었습니다.
"내가 주를 보았다."
"주께서 이렇게 말씀하셨다."
그녀는 거침없이 생명의 통로가 되었던 것입니다.
예수님 부활의 첫 증인이기에 주님의 부활을 이야기할 때 결코 빠질 수 없는 막달라 마리아는 본문 18절을 끝으로 요한복음에서 사라지고 맙니다. 다시 말해 요한복음은 이 이후 막달라 마리아가 어떻게 여생을 보내었는지에 대해서 더 이상 언급치 않고 있습니다. 그것은 요한복음의 카메라의 초점이 막달라 마리아에서 제자들에게 옮겨 갔기 때문이기도 하지만, 막달라 마리

아가 여생을 어떻게 살았겠는지를 보여주는 실례가 이미 요한복음에 소개되어 있기 때문입니다.

요한복음 4장에는 수가 성에 살던 한 여인의 이야기가 소개되어 있습니다. 그녀는 남편이 5명이나 되는 여자였습니다. 말하자면 창녀였던 막달라 마리아와 다를 바가 조금도 없는, 비천한 여인이었습니다. 이 여인이 어느 날 우물가로 물을 길러 갔다가 예수님을 만나게 되었습니다. 그녀는 예수님이야말로 유대인들이 그토록 갈망하던 구원자 되신 메시아, 길이요 진리요 생명이신 그리스도임을 알았습니다. 생명이신 예수 그리스도를 만남으로써 마치 시체와도 같이 부패했던 그녀의 삶은 무너져 내리고 말았습니다. 새 생명을 얻은 것입니다. 예수 그리스도께서 부어 주신 참 생명의 능력과 기쁨을 그녀는 도저히 자기 혼자 간직하고 있을 수가 없었습니다. 그래서 요한복음 4장 28절에서 30절은 다음과 같이 증거하고 있습니다.

> 여자가 물동이를 버려 두고 동네에 들어가서 사람에게
> 이르되, "나의 행한 모든 일을 내게 말한 사람을 와 보라.
> 이는 그리스도가 아니냐?" 하니
> 저희가 동네에서 나와 예수께 오더라."

여인은 물동이를 우물가에 버려 둔 채 동네로 뛰어들어가 외쳤습니다. 그 요지는 바로 두 가지였습니다.

"내가 예수 그리스도를 만났다."

"그분이 이렇게 말씀하셨다."

예수 그리스도의 생명을 담고 그 생명을 증거했을 때 동네 사

람들이 그녀를 따라 생명이신 예수 그리스도 앞으르 나아왔습니다. 그러나 그녀는 그 한 번의 증거로 만족하고 증언을 그쳐 버린 것이 아니었습니다. 요한복음 4장 39절은 이렇게 전해 주고 있습니다.

> 여자의 말이 "그가 나의 행한 모든 것을 내게 말하였다" 증거하므로 그 동네 중에 많은 사다리아인이 예수를 믿는지라.

그 여인은 한 번으로 그친 것이 아니라, 그 이후로 계속 그리스도 안에 있는 생명의 증인이 되었습니다. 그리고 그녀로 인하여 많은 사마리아인들이 생명이신 예수님을 믿고 구원 얻는 역사가 일어났습니다. 이처럼 예수 그리스도의 생명으로 사람을 살리는 일을 충실히 수행했다는 의미에서 한때 사람 같지 않았던 이 여인은 누구보다도 훌륭한 그리스도인이었던 셈입니다.

이 수가 성 여인의 모습에서 우리는 막달라 마리아의 여생을 넉넉히 짐작할 수 있습니다. 이 땅에 오신 하나님의 독생자 예수 그리스도를 만난 수가 성 여인이 그 정도로 사람을 살리는 역할을 해냈다면, 부활하신 예수 그리스도의 첫 증인이 된 막달라 마리아야 두말 해 무엇하겠습니까? 그 날 이후 그녀는 만나는 사람에게마다 말했을 것입니다.

"제가 주님을 뵈었습니다."

"그분이 이렇게 말씀하셨습니다."

그녀는 본래 인간의 생명을 갉아먹던 창녀였습니다. 그런데 이제는 인간을 살리는 생명의 증인이 되었습니다. 막달라 마리아의 그 변한 참 생명의 모습을 보고 얼마나 많은 사람들이 생명이신 예수 그리스도 앞으로 나아왔겠습니까? 사람을 살리는 그녀의 여생이 얼마나 값지고 보람되었겠습니까? 사람을 살리는 그녀의 삶이 얼마나 아름다웠겠습니까? 그런 의미에서 그녀야말로 진정한 교회요 참된 교회였습니다.

우리가 진정 하나님을 믿는 자들이라면 하나님 아버지께서 기뻐하시는 일을 즐겨 행해야 하지 않겠습니까? 서두에서도 말씀드린 바와 같이 하나님께서 가장 기뻐하시는 일이 무엇이겠습니까? 이 질문에 대하여 예수 그리스도께서는 누가복음 15장 4절에서부터 7절에 걸쳐 답변해 주고 계십니다.

"너희 중에 어느 사람이 양 일백 마리가 있는데
그 중에 하나를 잃으면 아흔아홉 마리를 들에 두고
그 잃은 것을 찾도록 찾아다니지 아니하느냐?
또 찾은즉 즐거워 어깨에 메고 집에 와서
그 벗과 이웃을 불러 모으고 말하되
'나와 함께 즐기자 나의 잃은 양을 찾았노라' 하리라.
내가 너희에게 이르노니, 이와 같이 죄인 하나가 회개하면
하늘에서는 회개할 것 없는 의인 아흔아홉을 인하여 기뻐하는
것보다 더하리라."

하나님께서 가장 기뻐하시는 일은 길을 잃고 죽음의 벌판을 방황하는 양 한 마리를 찾아 내는 것, 죄악의 구렁텅이에 빠진 죄인 한 명을 생명의 길로 인도해 내는 것, 즉 사람을 살리는 삶을 사는 것입니다.

잃어 버린 한 마리의 양을 찾기 위하여 계곡 낭떠러지마저 마

다 않고 찾아 나서는 목자의 모습을 생각해 보십시오. 얼마나 숭고하고 거룩한 사랑의 모습입니까? 내가 참 생명을 알지 못하는 자에게 생명이신 예수 그리스도를 전한다는 것은 하나님을 기쁘시게 하는 일일뿐만 아니라, 바로 나 자신을 거룩하고 숭고한 사랑의 사람으로 가꾸어 가는 것을 의미합니다. 그래서 사람을 살리는 일보다 더 귀한 일은 없습니다.

올 초에 한 구역장님이 이색적인 제의를 했습니다. 자기 구역에는 부부동반으로 참석하는 가정이 여섯 가정인데, 이 여섯 가정이 이런 목표를 세웠답니다. 올해 내로 각 가정이 반드시 한 가정씩을 주님께로 인도하기로 하고, 그 목표가 달성될 때 자축연을 갖기로 했는데 그 때 꼭 참석해 달라는 것이었습니다. 목표의 달성 여부를 떠나 그 뜻 자체가 얼마나 아름답습니까? 저는 흔쾌히 그러겠노라 대답했습니다.

지난주 초에 그 구역장님이 찾아왔습니다. 여섯 가정으로 출발한 구역이 목표를 초과하여 부부동반으로 참석하는 가정만 열일곱 가정이 되었답니다. 그래서 그분의 말을 들으면서 그 구역식구들의 아름다운 삶의 모습을 생각지 않을 수가 없었습니다. 불과 몇 달 동안 여섯 가정이 열일곱 가정으로 늘어나기 위해서는 구역식구들이 얼마나 기도했겠습니까? 모두 한 마음 한 믿음을 갖지 않고서야 한 가정도 빠짐없이 그 일을 해낼 수 있었겠습니까? 믿지 않는 가정을 주님 앞으로 인도하기 위하여 그 구역식구들이 얼마나 본이 되는 삶을 살았겠습니까? 본래 여섯 가정의 삶이 전혀 그리스도인답지 않았다면, 불신자들이 볼 때 배울 것이 아무 것도 없었다면, 그분들의 인도로 어찌 열한 가정이나 예수 그리스도 앞에 나아왔겠습니까? 여섯 가정이 수개월 만에 열일곱 가정으로 늘어났다는 것은 바로 그 구역식구들이 생명의 삶을 살았음을 증명하는 증거가 아닐 수 없습니다. 생명만이 생명을 깨웁니다. 생명만이 생명을 이끕니다. 생명만이 생명을 살립니다. 이제 월말이 되면 저는 그 구역의 자축연에 참석하여 그분들의 기쁨에 동참함과 아울러 그분들의 아름다운 삶의 모습을 직접 보게 될 것입니다.

사도 바울은 데살로니가전서 2장 19절과 20절을 통해 이렇게 고백하고 있습니다.

> 우리 주께서 오실 때에, 그분 앞에서 우리의 희망이나
> 기쁨이나 자랑할 면류관이 무엇이겠습니까?
> 그것은 여러분이 아니겠습니까?
> 여러분이야말로 우리의 영광이요 기쁨입니다. (표준새번역)

사도 바울은 주님 앞에 서는 날 주님을 향해 자랑할 수 있는 것은 오직 자신이 주님 앞으로 인도해 낸 사람들, 그리스도 안에서 생명을 얻게 한 사람들뿐이라고 고백하고 있습니다. 그것만이 하나님을 진정으로 기쁘시게 해드리는 일이요, 그것만이 자신의 삶을 숭고하고 아름답게 가꾸는 길임을 사도 바울은 분명히 알고 있었던 것입니다.

그렇다면 여러분들은 어떻습니까? 여러분들은 몇 사람이나 생명이신 그리스도 앞으로 인도해 냈습니까? 하나님께 자랑할 사람의 명단이 얼마나 됩니까? 혹 여러분에게 아직 하나님께 자랑할 명단이 없다면 그것은 여러분들이 주님의 진리와 생명을 입

으로만 전할 뿐, 여러분의 삶으로 증명해 보이지 않고 있기 때문은 아닙니까?

마태복음 25장에는 유명한 달란트 비유가 있습니다. 주인이 종들에게 각각 달란트를 나누어 준 뒤 세월이 흐른 뒤에 그 달란트로 얼마나 남겼는지 셈한다는 내용입니다. 자칫하면 이 비유를 달란트의 양적 관점에서만 잘못 이해하기가 쉬운데 그것은 본문과 전연 동떨어진 관점입니다. 마태복음 25장 전체의 주제는 '생명'입니다. 누가 참 생명을 소유하고 있으며 누가 얼마나 많은 사람을 생명으로 인도하는지를 설명하시는 가운데, 예수님께서는 '열 처녀 비유', '양과 염소의 비유', '마지막 심판 비유'와 더불어 '달란트 비유'를 말씀하신 것입니다.

따라서 달란트 비유의 핵심은 달란트 그 자체에 있는 것이 아니라, 하나님께서 우리에게 맡기신 달란트를 도구로 삼아 얼마나 많은 사람을 생명으로 인도하느냐 하는 데 있습니다. 하나님께서 우리에게 호흡을, 가정을, 일터를, 물질을 주신 까닭은 그 모든 것을 통해 사람을 살리시기 위함인 것입니다. 그러므로 하나님께서 마지막 날 셈하실 때에는 우리에게 맡기신 달란트 자체를 셈하시는 것이 아니라, 그 달란트를 선용하여 얼마나 많은 사람을 살렸는지 그 머릿수를 셈하시게 됨을 잊어서는 안 됩니다. 이것을 잊지 않을 때 우리는 최소한 비인격적인 물질 때문에 사람을 해치는 범죄를 저지르지 않을 수 있으며, 나아가 내게 맡겨진 모든 달란트를 동원하여 사람을 살리는 하나님의 기쁨에 동참할 수 있는 것입니다.

마태복음 25장의 달란트 비유를 우리 삶 속에 실제로 적용해 보기 위하여 올 봄 각 구역에 2C만원씩을 나누어 드렸고, 이제 그 마감일이 10월 말일로 다가오고 있습니다. 이것은 단순히 더 많은 달란트를 남기는 사업적 수완을 배양하기 위함이 아닙니다. 그 일을 통해 하나님께서 내게 맡겨 주신 모든 달란트가 어떻게, 무엇을 위해 사용되고 있는지 스스로 성찰하기 위함입니다. 내가 가진 것들이 얼마나 사람을 살리는 생명의 도구로 쓰이고 있는지 점검하기 위함입니다. 나의 궁극적인 관심이 사람을 살리려는 생명인지, 아니면 사람을 죽이려는 욕망인지를 가려 보기 위함입니다. 오늘이라도 하나님 앞에 서게 된다면 하나님 앞에서 자랑할 명단이 얼마나 되는지 따져 보기 위함입니다. 이 세상에서의 나의 삶이 하나님과 사람을 향한 신앙 간증인지 아니면 불신의 웅변인지를 확인키 위함입니다.

우리 주 예수께서 오실 때에, 그분 앞에서, 우리의 희망이나 기쁨이나 자랑할 면류관이 무엇이겠습니까? 그것은 여러분이 아니겠습니까? 여러분이야말로 우리의 영광이요 기쁨입니다.

내일이라도 하나님께서 우리를 부르신다면 우리는 과연 준비되어 있습니까? 우리가 정녕 지혜로운 믿음의 사람들이라면 지금부터 하나님 앞에서 자랑할 거리를 만들어야 합니다. 사람의 생명을 생명으로 살려야 하고, 그러기 위해서는 내가 먼저 참 생명의 사람이 되어야 합니다.

하나님께서 맡겨 주신 달란트로 사람을 살리기보다는,
그 달란트 때문에 오히려 사람을 해치는 우를 더 많이
범했습니다.
사람의 생명에 관한 한 우리 인생의 손익계산서는 언제나
붉은 적자투성이었습니다.

하나님께서 믿고 맡겨 주신 달란트로
한 사람이라도 더 사람을 살리는,
진정 사람을 낚는 어부가 되게 해주십시오.
한 사람이라도 더 많은 사람을 생명이신 주님 앞으로
인도하기 위하여 우리의 삶 자체가 '내가 주를 보았다',
'주께서 이렇게 말씀하셨다'는 생명의 간증이자
진리의 찬양이 되게 해주십시오.
세월이 흘러갈수록 하나님 앞에서
우리의 자랑거리가 쌓여 가게 하시고,
그로 인하여 하나님의 기쁨에 동참하는 자들이
되게 해주십시오.
사람으로 태어나서 사람으로 살다가 사람으로
떠나가기까지, 사람을 살리는 생명의 도구 되는 삶보다
더 값지고 더 거룩하고 더 아름다운 삶이 없음을,
오직 그 삶만이 영원함을 망각치 않고 살아가는
참된 그리스도인이 되게 해주시기를 예수 그리스도
이름으로 기도드립니다. 아멘.

9

주께서 말씀하셨다

안식 후 첫날 이른 아침 아직 어두울 때에
막달라 마리아가 무덤에 와서 돌이 무덤에서 옮겨 간 것을 보고
시몬 베드로와 예수의 사랑하시던 그 다른 제자에게 달려가서
말하되 "사람이 주를 무덤에서 가져다가 어디 두었는지
우리가 알지 못하겠다" 하니, 베드로와 그 다른 제자가 나가서
무덤으로 갈새 둘이 같이 달음질하더니, 그 다른 제자가
베드로보다 더 빨리 달아나서 먼저 무덤에 이르러 구푸려
세마포 놓인 것을 보았으나 들어가지는 아니하였더니
시몬 베드로도 따라와서 무덤에 들어가 보니 세마포가 놓였고
또 머리를 쌌던 수건은 세마포와 함께 놓이지 않고 딴 곳에 개켜
있더라. 그 때에야 무덤에 먼저 왔던 그 다른 제자도 들어가
보고 믿더라. (저희는 성경에 "그가 죽은 자 가운데서 다시 살아나야
하리라" 하신 말씀을 아직 알지 못하더라.)
이에 두 제자가 자기 집으로 돌아가니라.
마리아는 무덤 밖에 서서 울고 있더니, 울면서 구푸려 무덤 속을
들여다보니 흰 옷 입은 두 천사가 예수의 시체 뉘었던 곳에
하나는 머리 편에, 하나는 발 편에 앉았더라.
천사들이 가로되 "여자여 어찌하여 우느냐?"

가로되 "사람이 내 주를 가져다가 어디 두었는지
내가 알지 못함이니이다."
이 말을 하고 뒤로 돌이켜 예수의 서신 것을 보나
예수신 줄 알지 못하더라. 예수께서 가라사대
"여자여 어찌하여 울며 누구를 찾느냐?" 하시니
마리아는 그가 동산지기인 줄로 알고 가로되
"주여, 당신이 옮겨 갔거든 어디 두었는지 내게 이르소서.
그리하면 내가 가져가리이다."
예수께서 "마리아야" 하시거늘
마리아가 돌이켜 히브리 말로 "랍오니여" 하니(이는 선생님이라.)
예수께서 이르시되 "나를 만지지 말라.
내가 아직 아버지께로 올라가지 못하였노라.
너는 내 형제들에게 가서 이르되
내가 내 아버지, 곧 너희 아버지, 내 하나님, 곧 너희 하나님께로
올라간다 하라" 하신대
막달라 마리아가 가서 제자들에게 "내가 주를 보았다" 하고
또 주께서 자기에게 이렇게 말씀하셨다 이르니라.

요한복음 20:1~18

예수님께서 십자가에 못 박혀 돌아가신 지 사흘째 되는 날 이른 새벽, 예수님의 시신에 향품을 발라 드리기 위해 예수님의 무덤을 찾았던 막달라 마리아는 뜻하지 않게도 그 곳에서 부활하신 예수님을 만나뵘으로써 영광스런 부활의 첫 증인이 되었습니다. 그 후의 일을 본문은 이렇게 증거하고 있습니다.

> 막달라 마리아가 가서 제자들에게 "내가 주를 보았다" 하고
> 또 주께서 자기에게 이렇게 말씀하셨다 이르니라. (20:18)

막달라 마리아는 그 길로 제자들을 찾아가서 두 가지 사실을 고했습니다. 첫째는 "내가 주를 보았다"는 것이고, 둘째는 "주께서 이렇게 말씀하셨다"는 것이었습니다.
"내가 주를 보았다."

“주께서 이렇게 말씀하셨다.”

이 두 문장은 화법상으로는 모두 직접 화법입니다. 직접 화법이란 문장이나 언어 표현에서 남의 말을 재현할 경우 그 사람의 말을 직접 그대로 되풀이하는 표현법을 의미합니다. 그런데 헬라어 원문을 보면 요한복음의 기자인 요한 사도는 본문을 직접 화법이 아닌 간접 화법으로 기록하였음을 알게 됩니다. 따라서 본문을 원문에 충실하게 번역하면 이런 말이 됩니다.

막달라 마리아는 제자들에게 가서 자기가 주를 보았다는 것과, 주께서 자기에게 이런 말씀을 하셨다는 것을 전하였다.

본문과 같은 원문을 놓고 직접 화법으로 번역할 것인가 아니면 간접 화법으로 번역할 것이냐 하는 것은 순전히 번역 기술상의 문제일 뿐, 어느 쪽이 절대적으로 옳은 것은 아닙니다. 따라서 우리 개역 성경이 간접 화법인 원문을 직접 화법으로 번역한 것은 오류가 아닙니다. 아니 오류가 아닌 정도가 아니라 정말 탁월한 번역이 아닐 수 없습니다. 본문을 직접 화법으로 번역함으로써 간접 화법일 때에는 깨달을 수 없는, 신앙의 참된 의미를 알 수 있기 때문입니다.

제자들을 찾아간 막달라 마리아의 말은 이렇게 시작되었습니다.

“내가 주를 보았다.”

그러나 그녀의 말은 ‘내가 주님으로부터 이런 말을 들었다’로 끝나지 않았습니다. 그녀의 말은 다음과 같이 끝났습니다.

“주께서 이렇게 말씀하셨다.”

얼마나 놀라운 변화인지 알 수가 없습니다. "내가 주를 보았다"고 말할 때 주어는 막달라 마리아였습니다. 그러나 '내가 주님으로부터 이런 말을 들었다'가 아니라, "주께서 이렇게 말씀하셨다"고 말할 때 주어는 막달라 마리아로부터 주님께로 옮겨 가 있습니다. 주어란 모든 단어의 으뜸이 됩니다. 뒤에 아무리 많은 단어가 동원되어도 그것은 모두 주어를 위한 것입니다. 막달라 마리아가 자신을 주어로 삼았다는 것은 자신이 인생의 주인이 된 것이고, 주어를 주님으로 옮겼다는 것은 주인을 주님으로 바꾸었음을 의미합니다.

신앙의 참된 모습, 참된 신앙의 바른 진행 과정이 무엇인지 아십니까? 나를 주어로 삼는 삶으로부터 주님을 주어로 삼는 삶으로 중단 없이 옮겨 가는 것입니다. 그 사람만이 자기 중심에서 벗어나 주님 중심으로 살아갈 수 있고, 자기 말이 아니라 진리이신 주님의 말씀만을 절대적 기준으로 삼을 수 있기 때문입니다.

삼위일체 하나님께서는 예레미야 선지자를 통하여 이렇게 말씀하셨습니다.

"네 하나님 여호와를 버림과
네 속에 나를 경외함이 없는 것이 악이요 고통인 줄 알라."
주 만군의 여호와의 말이니라. (렘 2:19하)

여호와 하나님을 경외치 않는 것이 악일 뿐만 아니라 고통이라고 말씀하고 계십니다. 여호와를 경외치 않는 것은 곧 나 자신을 내 인생의 주어로 삼는 것입니다. 그 같은 삶은 악일 수밖에 없습니다. 내가 나 자신의 주어가 되어서는 결코 진리 안에 거할 수 없는 까닭입니다. 내가 나 자신의 주어가 되었다는 것 자체가 이미 진리 밖에 있음을 의미하는 것에 지나지 않습니다. 중요한 것은 내가 나의 주어가 되는 것은 악일 뿐만 아니라 고통이라는 것입니다. 왜 우리에게 고통과 괴로움과 슬픔과 근심이 끊일 날이 없습니까? 그 이유는 너무나 자명합니다. 주님을 내 인생의 주어로 삼는 것이 아니라, 내 자신이 주어가 되어 있기 때문입니다.

예수님의 시신이 사라진 빈 무덤을 떠나지 못한 채 그 앞에서 하염없이 통곡하고 애곡하던 막달라 마리아가 문득 몸을 구푸려 무덤 속을 다시 들여다보았을 때, 그 곳에 두 천사가 보였습니다. 천사가 막달라 마리아를 향하여 왜 그처럼 울고 있는지 연유를 물었을 때 그녀는 13절을 통하여 이렇게 대답했습니다.

"사람이 내 주를 가져다가 어디 두었는지
내가 알지 못함이니이다."

"내가 알지 못함이니이다."
이 때도 주어는 막달라 마리아 자신이었습니다. 도대체 인간이 무엇을 알 수 있단 말입니까? 한치 앞을 알기를 합니까, 죽을 날을 알기를 합니까? 인간이 안다는 것은 다 대수롭지 않은 것이요, 정작 중요한 것은 아무 것도 모르는 것이 인간의 실상입니다.

이윽고 부활하신 주님께서 친히 나타나시어 어찌하여 울며 누구를 찾는지 물어 보셨을 때 막달라 마리아는 15절을 통하여 또 이렇게 대답했습니다.

"당신이 옮겨 갔거든 어디 두었는지 내게 이르소서.
그리하면 내가 가져가리이다." (20:15하)

이 때에도 막달라 마리아가 자신의 주어였습니다. 자신을 주어로 떠받들고 있을 때 막달라 마리아는 부활하신 주님을 뵙고서도 동산지기, 즉 묘지 관리인으로 착각하고 말았습니다. 그리고 자신이 예수님의 시신을 가져가겠답니다. 만약 있다면 가져가서 무엇을 하겠다는 것입니까? 다시 정중하게 장례식을 치러 드리고 매일 묘지 앞에 꽃이라도 가져다 놓겠다는 것입니까? 그렇게 해서야 그가 어찌 영원한 생명, 영원한 구원을 얻을 수 있겠습니까? 자신이 주어가 되어서야 막달라 마리아는 구원도, 생명도 없이 계속되는 근심과 괴로움의 고통에서 결코 벗어나지 못했을 것입니다.

그런데 그녀는 이제 이렇게 말하기 시작했습니다.

"주께서 이렇게 말씀하셨다."

주어가 자신에서부터 주님으로 바뀌어진 것입니다. 주님을 자신의 주어로 삼았을 때 모든 악과 온갖 고통으로부터 진정 자유로운 자유인이 될 수 있었습니다. 주님을 주어로 삼는다는 것은 자기 부인과 동의어요, 자기 부인이란 참된 신앙의 첫걸음인 것입니다.

부활하신 주님께서 승천하시기 전 제자 베드로에게 이렇게 말씀하셨습니다.

"내가 진실로 진실로 네게 이르노니
젊어서는 네가 스스로 띠 띠고 원하는 곳으로 다녔거니와

늙어서는 네 팔을 벌리리니 남이 네게 띠 띠우고
　원치 아니한 곳으로 데려가리라. " (요 21:18)

여태껏 베드로가 자기 자신을 자신의 주어로 삼아 왔지만, 이
제부터는 주님을 주어로 삼지 않을 수 없음을 일깨워 주시는 말
씀이었습니다. 베드로 자신이 주어였을 때 그의 몸은 주님 곁에
있었음에도 불구하고 그는 주님을 부인하는 죄악과, 그 죄악의
고통 때문에 통곡해야만 했습니다. 그러나 주님을 주어로 삼았
을 때 그는 이렇게 외치는 자가 되었습니다.

　"너희가 회개하고 돌이켜 죄 없이 함을 받으라. 이같이 하면
　유쾌하게 되는 날이 주 앞으로부터 이를 것이요" (행 3:19)

회개란 무엇이겠습니까? 내가 주어 된 삶에서 돌이켜 주님을
주어로 삼는 것입니다. 그 때 모든 악과 고통의 족쇄에서 풀려나
비로소 유쾌한 인생을 구가할 수 있음을 베드로는 확실히 경험
하였던 것입니다.
사도 바울 역시 마찬가지였습니다. 그는 이렇게 탄식하였습니
다.

　내 지체 속에서 한 다른 법이 내 마음의 법과 싸워
　내 지체 속에 있는 죄의 법 아래로
　나를 사로잡아 오는 것을 보는도다.
　오호라! 나는 곤고한 사람이로다!
　이 사망의 몸에서 누가 나를 건져 내랴? (롬 7:23~24)

　여기에서 '곤고하다'는 것은 '비참하다'는 의미입니다. 바울의 학식과 경력과 의지는 타의 추종을 불허하였지만, 자신이 주어였을 때 그는 결코 죄의 고통으로부터 자유로울 수 없는 비참한 인간이었던 것입니다. 그래서 그는 마침내 자신의 주어를 바꾸었습니다.

　　내가 그리스도와 함께 십자가에 못 박혔나니
　　그런즉 이제는 내가 산 것이 아니요
　　오직 내 안에 그리스도께서 사신 것이라.
　　이제 내가 육체 가운데 사는 것은
　　나를 사랑하사 나를 위하여 자기 몸을 버리신
　　하나님의 아들을 믿는 믿음 안에서 사는 것이라. (갈 2:20)

　이처럼 바울이 자신의 주어를 확실하게 바꾸었을 때 그의 탄식은 발붙일 곳을 상실하고 말았습니다.

　　그러므로 이제 그리스도 예수 안에 있는 자에게는
　　결코 정죄함이 없나니,
　　이는 그리스도 예수 안에 있는 생명의 성령의 법이
　　죄와 사망의 법에서 너를 해방하였음이라. (롬 8:1~2)

　주님께서 바울의 주어가 되어 주실 때 바울은 참 생명과 자유와 구원의 기쁨을 진정으로 구가할 수 있었던 것입니다.
　다윗이 죽기 직전 사랑하는 아들 솔로몬에게 남긴 유언은 다음과 같습니다.

“내가 이제 세상 모든 사람의 가는 길로 가게 되었노니
너는 힘써 대장부가 되고,
네 하나님 여호와의 명을 지켜 그 길로 행하여
그 율법과 계명과 율례와 증거를 모세의 율법에 기록된 대로
지키라. 그리하면 네가 무릇 무엇을 하든지, 어디로 가든지
형통할지라.”(왕상 2:2~3)

한마디로 무슨 말입니까? ‘네가 네 자신의 주어가 되지 말고 주님을 주어로 삼으라’는 말입니다. 자신을 주어로 삼는 삶이 얼마나 패역한지 다윗은 스스로 경험해 알고 있었습니다.

지난 8월 말 우리 교회 정선일 집사님이 출연한 〈가마솥에 누룽지〉라는 제목의 연극을 관람했습니다. 가마솥의 누룽지처럼, 자신의 삶을 통해 더불어 살아가는 사람들의 삶을 진리로 구수하게 일구어 주는 한 크리스천 할머니가 연극의 주인공입니다.
남편을 일찍 여읜 할머니는 남편이 남기고 떠난 집에서 하숙을 치면서 살아 갑니다. 처음 그 집에 하숙방을 얻어 들어오는 사람들은 할머니의 까다로운 규칙과 간섭에 당황해 하지만 함께 생활해 가는 가운데 할머니로부터 참된 사랑과 삶의 의미를 배우게 된다는 내용입니다.
하루는 할머니가 예전 할머니 집 일을 도와주던 여인의 출산을 돕기 위해 집을 비웠습니다. 그 날 밤 할머니가 돌아오지 않을 것이라는 사실을 알게 된 하숙생들은 그 집의 금기 사항인 술판을 벌이게 됩니다. 하숙생들이 예상했던 것보다 훨씬 빨리 할머니가 귀가했을 때 집안은 온통 난장판이 되어 있었습니다. 술

병들이 이리저리 굴러다니고 만취한 하숙생들은 여기저기 쓰러져 있었습니다. 그 장면을 본 할머니가 이런 독백을 합니다.

"너희들 예수쟁이들 욕하지만 욕할 것 하나도 없다. 이 세상에 예수쟁이들이 없어 봐라. 세상이 이런 난장판밖에 더 되겠어? 그래도 세상이 이만큼이라도 지탱되는 것은 다 예수쟁이들 덕분인 줄 알아!"

쓰러진 하숙생들, 그리고 그들 한 가운데 서서 독백을 되뇌는 할머니―그 광경이야말로 이 세상의 실상과, 그리스도인이 이루어 가야 할 대조적인 모습이 아닐 수 없었습니다. 자기 자신을 자신의 주어로 삼는 인생이란 결국 난장판이 되어 가다가 어느 날 고목 쓰러지듯 쓰러지기밖에 더 하겠습니까? 그러나 주님을 주어로 삼는 자는 아무리 나이가 들어도 난장판 한가운데서 의연하게 서 있을 수가 있는 것입니다. 중요한 것은 할머니가 난장판을 벌이는 다수의 하숙생들에게 휩쓸려 간 것이 아니라, 엉망인 다수의 학생들이 한 분의 할머니에게 동화되어 갔다는 것입니다. 바로 이것이 성경의 원칙이요 메시지입니다. 자신을 주어로 삼는 자들에 의해 세상이 얼마나 난장판이 될 수 있는지, 하나님을 주어로 삼는 한 사람에 의해 난장판인 세상이 얼마나 교정될 수 있는지를 성경은 오늘도 웅변해 주고 있습니다.

연말 대통령 선거를 앞두고 작금 벌어지고 있는 정치판의 이 전투구(泥田鬪狗)를 보십시오. 참으로 한심한 추태들이요, 보기조차 고통스러운 작태들이 아닐 수 없습니다. 그러나 문제는 그것이 그들만의 행태가 아니라는 데 있습니다. 우리 자신을 삶의 주어로 삼고 있는 우리 모두의 실상이라는 데 사태의 심각성이 있는 것입니다. 오늘의 정치판이 연극 〈가마솥에 누룽지〉의 하숙생

들이 벌인 난장판의 확대판이라면, 우리의 가정과 우리의 일터
는 오늘날 정치판의 축소판이 아닙니까? 우리가 우리 자신을 주
어로 삼고 있는 한, 그 하숙생들이나 한심한 정치가들과 무슨 차
이가 있겠습니까?

사랑하는 교우 여러분! 우리가 진정 이 나라를 사랑하는 참된
그리스도인이라면, 아니 나 자신을 사랑할 줄 아는 지혜로운 자
라면 우리 모두 막달라 마리아가 됩시다. 〈가마솥에 누룽지〉에
나오는 하숙집 할머니가 됩시다. "내가 주를 보았다"에서 "주께
서 이렇게 말씀하셨다"로 우리 삶의 주어를 하나님으로 바꿉시
다. 우리 모두 주어 되신 그분의 동사, 목적어, 보어들이 됩시다.
우리의 삶이 하나님의 말씀에 지배당하게 합시다. 우리의 삶을
통하여 하나님의 말씀이 이 땅을 지배하게 합시다. 우리 자신이
주어 된 우리의 말로는 불가능하지만 하나님의 말씀으로는 가능
합니다. 하나님께서는 천지를 창조하신 절대자이시기 때문입니
다.

> 하나님의 말씀은 살았고 운동력이 있어
> 좌우에 날선 어떤 검보다도 예리하여
> 혼과 영과 및 관절과 골수를 찔러 쪼개기까지 하며
> 또 마음의 생각과 뜻을 감찰하나니,
> 지으신 것이 하나라도 그 앞에 나타나지 않음이 없고
> 오직 만물이 우리를 상관하시는 자의 눈앞에
> 벌거벗은 것같이 드러나느니라. (히 4:12~13)

이 난장판 같은 세상 속에서도 우리가 소망을 가지는 것은, 우

리가 하나님을 우리의 주어로 삼을 때 하나님께서 우리를 통하여 이 세상 사람들의 혼과 영과 및 관절과 골수를 찔러 쪼개시기까지 친히 수술해 주실 것을 믿기 때문입니다. 문제는 하나님께 있는 것이 아니라 언제나 우리에게, 스스로 주어 된 나 자신에게 있음을 잊어서는 안 됩니다.

주님, 이 시간 이 자리에 우리와 함께하고 계심을
감사드립니다.
나 자신을 주어로 삼음으로써 악과 고통의 속박에서
벗어나지 못하는 어리석음을 더 이상 범치 않게
도와주십시오.
이 세상을 난장판으로 만들어 가는 주범의 자리에서
내려오도록 우리를 끌어 주십시오.
우리 모두 지금부터 길이요 진리요 생명이신 주님을
우리 삶의 주어로 삼는 지혜로운 자가 되게 해주십시오.
주님을 주어 삼는 우리를 통해 이 세상을 맑히시고
밝히시는 주님의 기쁨에 동참하는 진정한 그리스도인이
되기를, 예수 그리스도의 이름으로 간절히 기도드립니다.
아멘.

10

평강이 있을지어다

이 날, 곧 안식 후 첫날 저녁 때에 제자들이 유대인들을
두려워하여 모인 곳에 문들을 닫았더니
예수께서 오사 가운데 서서 가라사대
"너희에게 평강이 있을지어다."
이 말씀을 하시고 손과 옆구리를 보이시니
제자들이 주를 보고 기뻐하더라.
예수께서 또 가라사대
"너희에게 평강이 있을지어다.
아버지께서 나를 보내신 것같이 나도 너희를 보내노라."
이 말씀을 하시고 저희를 향하사 숨을 내쉬며 가라사대
"성령을 받으라. 너희가 뉘 죄든지 사하면 사하여질 것이요
뉘 죄든지 그대로 두면 그대로 있으리라" 하시니라.

요한복음 20:19~23

예수님께서는 안식일 전날인 금요일에 십자가에 못 박혀 돌아
가셨습니다. 그리고 그 날로부터 사흘째 되는 안식일 후 첫날,
즉 주일 새벽에 부활하셨습니다.

우리는 지난 8주 동안 그 날 새벽에 무슨 일이 있었는지 자세
히 살펴보았습니다. 예수님의 시신에 향품을 발라 드리기 위해
예수님의 무덤을 찾았던 막달라 마리아는 뜻밖에도 부활하신 예
수 그리스도를 만나는 부활의 첫 증인이 되었습니다. 그리고 그
순간부터 그녀의 삶은 완전히 달라졌습니다.

"내가 주를 보았다."

"주께서 이렇게 말씀하셨다."

그녀의 삶 자체가 부활과 복음의 증인이 된 것입니다. 그 같은
그녀의 삶이 얼마나 밝고 빛났을는지는 충분히 짐작할 수 있습
니다.

그런데 오늘 본문은 이렇게 시작하고 있습니다.

이 날, 곧 안식 후 첫날 저녁 때에 (20:19상)

안식 후 첫날 저녁이란 주님께서 부활하신 그 날 저녁을 의미합니다. 이 때는 막달라 마리아가 만나는 사람에게마다 "내가 주를 보았다", "주께서 이렇게 말씀하셨다"며 기쁨으로 복음을 증거하고 있을 시각이었습니다. 바로 그 때 제자들은 도대체 무엇을 하고 있었는지를 본문은 이렇게 밝혀 주고 있습니다.

제자들이 유대인들을 두려워하여 모인 곳에 문들을 닫았더니 (20:19하)

그들은 예수님과 최후의 만찬을 했던 마가의 다락방에 모여 있었습니다. 거기서 무엇을 하고 있었습니까? 아무 것도 하지 않았습니다. 그저 두려워서 벌벌 떨고만 있었습니다. 왜입니까? 예수님을 못 박아 죽인 유대인들이 예수님의 제자였던 자기들에게도 위해를 가할까봐 겁을 먹고 있었기 때문입니다. 얼마나 겁을 먹고 있었던지 그들은 '문들을 닫고' 있었다고 본문이 증거하고 있습니다. 여기에서 '닫았다'는 동사 'kleío'는 걸어잠갔다는 뜻입니다. 단순히 하나의 문만을 잠가 놓은 것이 아니었습니다. 이중, 혹은 삼중으로 된 문들을 겹겹이 걸어잠그고 있었습니다. 그만큼 그들은 공포에 사로잡혀 있었습니다. 그들 역시 막달라 마리아로부터 예수님이 부활하셨다는 말을 듣긴 했지만 믿지 않았을 때, 그 결과는 참혹한 두려움뿐이었습니다.

다락방에 숨어 공포에 떨고 있는 제자들과 집 밖에서 "내가 주를 보았다", "주께서 이렇게 말씀하셨다" 증거하며 다니는 막달라 마리아의 모습을 비교하여 그려 보십시오. 얼마나 대조적입니까? 예수님의 제자라는 호칭이 중요한 것이 아닙니다. 과거에 막달라의 창녀였다는 전력이 중요한 것이 아닙니다. 지금 현재 부활하신 예수 그리스도를 만났느냐 아니냐, 부활하신 예수 그리스도를 믿느냐 아니냐, 부활하신 예수 그리스도 안에 있느냐 아니냐가 이처럼 엄청난 차이를 초래하는 것입니다.

제자들이 이중 삼중으로 겹겹이 걸어잠근 것은 단순히 문들만이 아니었습니다. 그들이 걸어잠갔던 것은 실은 그들의 마음이었습니다. 그들은 이중 삼중으로 마음의 빗장을 치고 있었습니다. 빗장을 친 마음속에는 두려움과 불안과 불신만이 판을 치는 법입니다.

신앙이 무엇이겠습니까? 두려움의 빗장을 걷어 내는 것입니다. 의심과 불신의 문을 열어젖히는 것입니다. 주님은 어떤 분입니까? 우리 마음에 들어오시어 두려움과 불안과 불신의 빗장을 걷어 내시고 밝은 세상을 향해 우리의 마음을 활짝 열어 주시는 분입니다.

본문은 이렇게 전하고 있습니다.

예수께서 오사 가운데 서서 (20:19하)

마침내 주님께서 제자들의 굳게 닫힌 내적, 외적 문들을 친히 열어 주시기 위하여 제자들을 찾아오셨습니다. 그러나 주님께서는 굳게 닫힌 문들을 열어 달라고 두드리시지 않았습니다. 손수

문을 열고 들어오신 것도 아니었습니다. 제자들이 문을 열어 주지 않는다고 문을 부수고 들어오신 것은 더더욱 아니었습니다. 그냥 예수님께서는 두려워 떨고 있는 제자들 한가운데 나타나신 것입니다.

이 상황을 한번 상상해 보십시오. 나 자신이 어떤 이유로 두려움에 떨며 문을 겹겹이 걸어잠근 채 다락방에 숨어 있다고 가정을 해보십시오. 그런데 문을 두드리는 소리가 없었음에도 불구하고, 아니 내가 문을 열어 준 적이 없었음에도 불구하고, 문은 여전히 꽁꽁 닫힌 채로 있음에도 불구하고 갑자기 누군가가 그 방 안에 나타난다면 기겁하지 않겠습니까? 사람으로서는 불가능한 일이기에 그것은 귀신임이 분명한 까닭입니다.

제자들 역시 마찬가지였습니다. 문이 굳게 닫힌 방안에 갑자기 예수님께서 나타나시자 그들의 두려움은 배가되었습니다. 그 때의 상황을 누가복음 24장 37절은 이렇게 묘사하고 있습니다.

저희가 놀라고 무서워하여
그 보는 것을 영으로 생각하는지라.

표현을 점잖게 해서 '영'이지 사실은 제자들이 '귀신'인 줄 알았다는 말입니다. 그렇지 않아도 겁에 질려 있는 제자들이 갑자기 나타나신 주님을 귀신이라 여겨 질겁을 했던 것입니다. 그 사실을 아신 주님께서 이렇게 말씀하셨습니다.

"어찌하여 두려워하며 어찌하여 마음에 의심이 일어나느냐?
내 손과 발을 보고 나인 줄 알라. 또 나를 만져 보라.

영은 살과 뼈가 없으되 너희 보는 바와 같이 나는 있느니라."
(눅 24:38~39)

귀신의 특성은 몸을 갖고 있지 않다는 것입니다. 그러나 부활하신 주님은 귀신이 아니셨습니다. 분명히 손과 발, 몸을 그대로 갖고 계셨고, 그 사실을 제자들에게 일깨워 주심으로써, 제자 가운데 계신 이는 귀신이 아니라 몸으로 부활하신 예수님이심을 직접 확인시켜 주셨습니다.

그렇다면 부활하신 주님께서는 왜 제자들을 찾아오시어 문을 두드리시지 않았습니까? 왜 문을 통해 들어오시지 않고 갑자기 나타나시어 제자들을 더더욱 놀라게 하셨습니까? 그것은 공연히 제자들을 골려 주시기 위함이 아니었습니다. 몸으로 부활하신 주님은 시간과 공간을 초월하시는 분이심을 제자들의 심령에 분명히 각인시켜 주시기 위함이었습니다.

자, 지금 이 방의 모든 문들이 이중 삼중으로 겹겹이 잠겨 있다고 칩시다. 이 방 안에 있는 누군가가 방문을 열어 주지도 않고, 밖에서 부수지도 않고서 귀신이 아닌 누군가가 이 방 안으로 들어올 수 있는 방법이 있다면 무엇이겠습니까? 그것은 시간과 공간을 초월하는 것뿐입니다. 20년 전, 이 건물이 세워지기 전으로 되돌아갑니다. 그 때는 이 곳이 허허벌판이었습니다. 그 벌판 위에서 이 방이 자리 잡고 있는 위치에 섭니다. 그리고 다시 오늘로 되돌아옵니다. 그러면 문은 잠긴 채 그대로이지만 그는 이 방에 서 있을 수가 있는 것입니다. 이것은 사람으로서는 절대 불가능한 일입니다. 오직 하나님만 시간과 공간을 초월하실 수 있습니다.

부활하신 예수님은 귀신이 아니었습니다. 그분은 분명히 제자들이 눈으로 보고 손으로 만질 수 있는 육체를 갖고 계셨습니다. 그럼에도 불구하고 문을 통해서가 아니라 그냥 그 방에 나타나신 것은, 부활하신 예수님은 시간과 공간을 초월하시는 하나님이심을 제자들에게 분명히 인식시켜 주시기 위함이었습니다. 그래서 부활하신 주님께서는, 십자가에 못 박혀 돌아가시기 전 당신을 가리켜 그토록 즐겨 사용하시던 '인자(人子)', 즉 '사람의 아들'이라는 호칭을 부활 후에는 다시는 사용치 않으셨습니다. 부활하신 예수 그리스도 그분은 시공을 초월하는 전능하신 하나님이셨던 것입니다.

본문 19절 종반절은, 시공을 초월하여 제자들이 있는 곳에 나타나신 주님께서 제자들에게 말씀하신 첫마디를 다음과 같이 기록하고 있습니다.

가라사대 "너희에게 평강이 있을지어다."

여기에서 평강이라는 단어 '에이레네'는 히브리말 '샬롬'을 옮긴 것으로서, '평안', '평화', '화평', '평강'이란 의미입니다. '샬롬'이란 이스라엘 백성들이 만나거나 헤어질 때 보편적으로 주고받는 인사말입니다. 그러나 부활하신 주님께서 제자들을 처음으로 만나 "너희에게 평강이 있을지어다"라고 말씀하신 것은 그저 의례적인 인사가 아니었습니다. 본문은 이렇게 전하고 있습니다.

이 말씀을 하시고 손과 옆구리를 보이시니

제자들이 주를 보고 기뻐하더라. (20:20)

"너희에게 평강이 있을지어다"라고 말씀하신 주님께서는 당신의 손과 옆구리를 보여 주셨습니다. 귀신이 아님을 증명해 보이셨던 것입니다. 그제서야 제자들은 주님께서 부활하셨음을 알고 기뻐하였습니다. 그런데 본문 21절 상반절은 이렇게 증거하고 있습니다.

예수께서 또 가라사대
"너희에게 평강이 있을지어다."

주님께서는 또 다시 "너희에게 평강이 있을지어다" 하고 말씀하셨습니다. 세상에 똑같은 인사말을 연거푸 두 번 하는 경우는 없습니다. 그러므로 주님의 이 말씀은 단순한 인사말이 아니었던 것입니다. 더욱이 본문 26절 역시 이렇게 증거하고 있습니다.

여드레를 지나서 제자들이 다시 집 안에 있을 때에
도마도 함께 있고 문들이 닫혔는데
예수께서 오사 가운데 서서 가라사대
"너희에게 평강이 있을지어다" 하고

8일 후에도 문들을 걸어잠근 방 안에 시공을 초월하여 나타나신 주님께서 제자들에게 제일 먼저 하신 말씀은, 역시 "너희에게 평강이 있을지어다"였습니다. 이것은 무엇을 의미하고 있습니까? 부활하신 주님께서 제자들에게 제일 먼저 주기를 원하셨던

것이 평안이었음을 뜻합니다. 부활하신 주님께서는 사랑하는 제
자들이 두려움과 불신과 불안에서 벗어나고, 그들의 심령 속에
참된 평강이 충만하기를 원하셨던 것입니다. 주님께서는 참 믿
음의 사람이란 어떤 상황 속에서도 평강의 사람이어야 함을 일
깨워 주기를 원하셨던 것입니다.

그렇다면 그 평강의 원천은 누구입니까? 두말 할 것도 없이 부
활하신 예수 그리스도, 성자 하나님이십니다. 인간이 가장 두려
워하는 죽음을 깨뜨리시고 부활하신 주님께서 함께하고 계시는
데 어떤 상황에선들 평강이 넘치지 않겠습니까? 시간과 공간을
초월하시는 하나님께서 지금 내 앞에, 우리 가운데 계시는데 우
리의 평강을 앗아갈 상황이 어찌 이 세상에 존재할 수 있겠습니
까? 천지를 창조하신 전능하신 하나님, 무소부재하신 하나님께
서 나와 함께하고 계시는데 어찌 그 하나님을 내 아버지로 믿는
내가 어떤 상황에서건 평강의 사람이 되지 않을 수 있겠습니까?

제자들은 두려워 문을 이중 삼중으로 걸어잠그고서도 두려움
에 벌벌 떨고 있었습니다. 그러나 부활하신 주님께서 그들 가운
데 계시면서 그들에게 평강을 부어 주셨을 때 그들은 굳게 잠겨
있던 문을 비로소 활짝 열어젖힐 수 있었습니다. 그것은 곧 두려
움의 문, 불신의 문, 불안의 문이었습니다. 그리고 그들은 그 골
방에서 뛰쳐나와 이 평강을, 진리의 평안을, 참 생명의 화평을
전하는 평강의 사도들이 되었습니다. 그래서 두려움에 떨던 베
드로는 이렇게 외치고 있습니다.

하나님과 우리 주 예수를 앎으로
은혜와 평강이 너희에게 더욱 많을지어다. (벧후 1:2)

> 그러므로 사랑하는 자들아,
> 너희가 이것을 바라보나니
> 주 앞에서 점도 없고 흠도 없이 평강 가운데서
> 나타나기를 힘쓰라. (벤후 3:14)

그런가 하면 사도 바울은 또 이렇게 권면하고 있습니다.

> 아무 것도 염려하지 말고
> 오직 모든 일에 기도와 간구로
> 너희 구할 것을 감사함으로 하나님께 아뢰라.
> 그리하면 모든 지각에 뛰어난 하나님의 평강이
> 그리스도 예수 안에서 너희 마음과 생각을 지키시리라.
> (빌 4:6~7)

이 글을 쓸 때 바울은 로마의 감옥 속에 갇혀 있었습니다. 로마의 감옥은 이중 삼중으로 철문이 굳게 닫혀 있었습니다. 지하에 있던 감옥은 암흑천지였습니다. 먹을 것이 제대로 제공될 리도 없었습니다. 모든 여건이 지옥과 다를 바가 하나도 없었습니다. 그러나 그 속에서도 바울은 평강을 간직한 평강의 사람이었습니다. 아무리 철문이 겹겹으로 잠겨 있다 할지라도, 아무리 암흑천지라 할지라도 시간과 공간을 초월하여 자기를 찾아와 자기 곁에 계시는 예수 그리스도, 성자 하나님을 생각할 때, 이 세상의 그 무엇도 그의 평강을 빼앗을 수 없었던 것입니다.

단순히 육체적으로만 생각해 볼 때 저와 여러분 중 누가 지금 더 평안하겠습니까? 두말 할 것도 없이 여러분입니다. 저는 거우 두 발만을 밑바닥에 맡긴 채 서 있는 반면에 여러분들은 저보다 훨씬 많은 부분을 의자에 맡기고 앉아 있기 때문입니다. 그러나 앉아 있는 것보다 더 평안한 자세가 있습니다. 아예 방바닥에 드러누워 버리는 것입니다. 그래서 사람이 안식을 위하여 잠을 잘 때 서거나 앉아서 자는 경우가 없습니다. 어떤 형태로든 드러누워서 잡니다. 그것이 인간이 취할 수 있는 가장 평안한 자세인 까닭입니다. 드러눕는다는 것은 무엇입니까? 온몸을 남김없이 온전히 방바닥에 맡겨 버리는 것입니다. 이처럼 우리의 몸을 바닥에 많이 맡기면 맡길수록 우리의 몸은 더 평안해지는 것입니다.

그러나 우리가 바닥을 믿지 못하면 우리를 맡길 수 없습니다. 만약 이 강단이 곧 무너질지 모른다는 두려움에 휩싸여 있다면, 저는 지금 두 발을 강단에 맡긴 채 평안하게 서 있지 못할 것입니다. 여러분이 곧 의자가 쓰러질 것이라는 강박관념에 사로잡혀 있다면 지금처럼 평안히 앉아 있지 못할 것입니다. 지진의 공포에 사로잡혀 있는 자는 평안히 누워 있을 수 없을 것입니다. 우리의 몸을 바닥에 많이 맡길수록 평안하지만 그것은 바닥에 대한 믿음이 있을 때에만 가능합니다. 바닥에 대한 믿음이 없을 때 몸의 평안은 그 어디에서도 얻을 수 없습니다.

하나님과 우리의 관계도 이와 똑같습니다. 하나님께 많이 맡기면 맡길수록 우리는 평안을 얻습니다. 그리고 적게 맡기면 맡길수록 그만큼 고통과 괴로움을 더 겪어야만 합니다. 오직 하나님을 온전히 믿는 사람만 하나님께 자신을 온전히 맡기고 하나님의 온전한 평강을 누리게 됩니다.

  여행을 하다 보면 호텔방 옷장 안에 조그만 금고가 놓여 있는
것을 보게 됩니다. 귀중한 것은 그 속에 넣어 두라는 것입니다.
그러나 그 방안에는 언제나 이런 경고문이 놓여 있습니다.

  더 귀중한 것은 호텔 프론트에 있는 금고에 맡기십시오.
  호텔 프론트에 맡기지 않은 물품에 대해서는
  분실시 책임지지 않습니다.

  맡긴 것만 책임져 준다는 것입니다. 맡길 수 있는데도 호텔 주
인을 믿지 못해 귀중품을 맡기지 않고, 스스로 책임질 수도 없으
면서 밤낮 불안해하는 투숙객이 있다면, 그보다 더 어리석은 사
람이 어디에 있겠습니까?
  사랑하는 교우 여러분, 우리는 모두 잠시 이 세상에 투숙하고
있는 여행객들입니다. 그렇다면 우리는 이 세상의 주인 되시는
주님께 모든 것을 맡겨야 합니다. 맡기는 그만큼만 평안합니다.
그분께 맡긴다는 것은 그분이 결과를 선하게 책임져 주실 것을
믿고, 어떤 상황 속에서건 그분의 법도대로 살아가는 것을 의미
합니다.
  맡기려면 손과 발만이 아니라 여러분의 삶 자체를 송두리째 맡
기십시오. 평강의 하나님께서 평강의 삶으로 책임져 주실 것입
니다. 그분은 시간과 공간을 초월하여 우리와 함께하고 계시는
전능하신 하나님이시기 때문입니다.

  "평안을 너희에게 끼치노니
  곧 나의 평안을 너희에게 주노라.

내가 너희에게 주는 것은 세상이 주는 것 같지 아니하리라.
너희는 마음에 근심도 말고 두려워하지도 말라."(요 14:27)

우리는 지금 문을 꼭꼭 닫고 예배를 드리고 있습니다.
그러나 시간과 공간을 초월하여
지금 주님께서 우리 가운데 오시어
우리에게 평강을 부어 주시니 감사합니다.
평강의 주님이시요, 전능하신 하나님께
온전히 나 자신을 맡기는 자 되게 도와주십시오.
그리하여 모든 두려움과 불안과 불신의 빗장을 열어
젖히고, 주님과 더불어 참 평강의 삶을 누리게 해주시기를
평강의 주님이신 예수 그리스도의 이름으로 기도드립니다.
아멘.

II

너희를 보내노라

이 날, 곧 안식 후 첫날 저녁 때에 제자들이 유대인들을
두려워하여 모인 곳에 문들을 닫았더니
예수께서 오사 가운데 서서 가라사대
"너희에게 평강이 있을지어다."
이 말씀을 하시고 손과 옆구리를 보이시니
제자들이 주를 보고 기뻐하더라.
예수께서 또 가라사대
"너희에게 평강이 있을지어다.
아버지께서 나를 보내신 것같이 나도 너희를 보내노라."
이 말씀을 하시고 저희를 향하사 숨을 내쉬며 가라사대
"성령을 받으라. 너희가 뉘 죄든지 사하면 사하여질 것이요
뉘 죄든지 그대로 두면 그대로 있으리라" 하시니라.

요한복음 20:19~23

　오래 전 3개 부처의 장관을 역임한 원로가 사석에서 이런 말을 했습니다.

　"사람들은 제가 각각 다른 부처의 장관을 세 번씩이나 했다고 해서 절더러 능력 있는 사람이라고들 합니다만, 실은 전혀 그렇지 않습니다. 저 같은 사람을 발굴하여 적재 적소에서 활용하신 대통령께서 위대하셨던 겁니다.'

　훌륭한 지도자란 숨어 있는 인재를 발굴하여 중용할 줄 아는 자라는 의미에서 그분의 말씀은 제 가슴에 와 닿았습니다. 그런데 이야기가 다 끝나고 자리에서 일어나기 직전 그분은 이렇게 결론을 맺었습니다.

　"실은 대통령보다 더 위대한 분이 계십니다. 바로 주님이십니다. 주님께서 절 이렇게 만들어 주시지 않았더라면, 오늘날의 저는 존재하지 않았을 것입니다. 이미 수십 년 전 중국 땅에서 죽어 없어지고 말았을 것입니다. 주님은 정말 위대하신 분입니다."

주님은 정녕 위대하십니다. 그 원로의 말씀 때문만이 아니라, 제 자신의 삶을 되돌아볼 때에도 주님의 위대하심을 고백치 않을 수 없습니다. 20대에 암흑 속에서 허랑방탕하던 저를, 30대 중반까지 쓰레기 같은 삶을 살던 저를 오늘의 저로 가꾸어 주신 분이 바로 주님이시기 때문입니다. 우리 주님이 아니셨던들 오늘도 저는 어디에선가 저의 귀한 인생, 생명을 덧없이 탕진하고 있을 것입니다. 주님이 아니셨다면 제 아내나 자식들은 어디선가 저로 인해 남몰래 괴로움의 눈물을 흘리고 있을 것입니다. 사람을 살리기는커녕 오늘도 저로 인해 수많은 영혼들이 저와 더불어 타락의 나락으로 떨어져 내리고 있을 것입니다. 이런 의미에서 주님은 정말 위대하시다는 그 원로의 말씀에 저는 100% 동의하지 않을 수 없습니다.

그 위대하신 주님께서 부활하시어, 두려움에 떨며 문들을 걸어 잠근 채 다락방에 숨어 있는 제자들을 찾아오셨습니다. 그 제자들은 가장 결정적인 순간에 주님을 배신했던 인간 같지 않은 인간들이었습니다. 그럼에도 불구하고 주님께서는 그 배신자들을 꾸짖지 않으시고 그들에게 당신의 평강을 부어 주셨습니다. 생각할수록 위대하신 분입니다. 그리고 우리는 본문 21절을 통하여 주님의 더욱 큰 위대하심을 발견케 됩니다.

예수께서 또 가라사대
"너희에게 평강이 있을지어다.
아버지께서 나를 보내신 것 같이 나도 너희를 보내노라."

배신자였던 그들에게 평강을 부어 주셨을 뿐만 아니라, 계속하여 당신의 제자로 변함없이 중용해 주시겠다는 약속이었습니다. 여전히 부족하지만, 여전히 허물투성이지만, 여전히 문제 덩어리지만, 그러나 당신의 제자로 계속 신뢰해 주시겠다는 언약이었습니다. 위대한 주님께서는 그들을 교정해 주실 능력을 갖고 계셨기 때문입니다.

우리는 사도행전을 통하여 사도들의 행적을 잘 알고 있습니다. 핍박이나 환란은 물론이요 죽음마저 두려워하지 않았던 사도들은 참으로 위대한 신앙인들이었습니다. 그러나 정말 위대한 분은 한때 형편없던 배신자들을 그런 사도로 만들어 주신 주님이셨습니다.

그 위대하신 주님께서 우리의 주님이심을 알고 계십니까? 그 위대하신 주님께서 오늘의 우리를 있게 하셨습니다. 그분이 아니셨던들 우리 같은 죄인이 어찌 이 구원의 자리에 앉아 있을 수가 있겠습니까? 그 위대하신 주님께서 지금 우리와 함께하고 계십니다. 그리고 우리의 중심이 그분을 향하는 한, 앞으로도 계속 우리를 가꾸어 가실 것입니다. 뿐만 아니라 우리를 통하여 당신의 생명의 역사를 이루어 가실 것입니다. 믿음이란 이 위대한 주님의 은혜를 깨달아 그 은혜에 적극적으로 응답하는 삶을 사는 것입니다.

이제 위대하신 주님께서 우리 한 사람 한 사람을 어떻게 가꾸시며, 어떻게 역사해 가시는지 구체적인 실례를 들어 보기로 하겠습니다. 이것은 한 특정인의 이야기가 아니라, 실은 위대하신 하나님을 향한 우리 모두의 공통된 고백이 될 것입니다.

"안녕하십니까? 저는 교육전임을 맡고 있는 김효숙입니다. 저는 오늘 하나님께서 저를 이 자리에 세워 주시기 위해 얼마나 열심히 일하셨는지를 말씀드리려고 합니다. 모든 하나님의 사람들이 그러하듯 저는 어느 날 갑자기 태어난 사람이 아니라, 날마다 드러나는 모나고 형편없는 부분들을 하나님께서 갈고 닦으셔서 겨우 세움 받은 사람이기 때문입니다.

저는 막내아들을 얻기 위해 4명의 딸을 먼저 얻으셔야 했던 부모님의 셋째 딸로 태어났습니다. 어릴 적 아버지께선 첫째 딸도, 막내 딸도, 그렇다고 귀하게 얻은 막내아들도 아니지만, 유난히 몸이 약해 병치레가 잦았던 셋째 딸인 저를 특별히 사랑해 주셨습니다. 아버지께선 다른 식구들이 미처 가보지 못한 멋진 곳에도 자주 데려가 주셨고, 매일 저녁 간식을 사들고는 으레 저를 먼저 찾으시곤 하셨습니다. 이 모습을 지켜보시던 어머니께서 다른 형제들을 생각해 아이들을 편애하지 마시라는 말씀을 자주 하시게 되었음에도, 아버지께선 어머니와 다른 형제들이 모르는 여러 가지 방법으로 다른 형제들보다 더 많은 용돈과 그 위에 사랑을 얹어 주셨습니다. 이렇듯 어릴 적부터 저는 다른 형제들의 마음은 헤아리지 못한 채 아버지의 편애를 즐기기만 하던 이기적인 사람이었습니다. 마치 장자만이 입을 수 있었던 채색옷을 입고 마냥 즐거워했던 요셉처럼 말입니다.

또한 어릴 적 저의 모난 모습을 분명하게 보여 주는 것이 제가 사용하고 난 공책입니다. 제 공책은 어느 것 하나도 처음 살 때만큼의 양이 남아 있질 않았습니다. 글자 모양이 조금만 마음에 들지 않아도, 두 글자 이상만 지운 흔적이 있어도 그 한 장 전체를 찢어 버리는, 이상하리만큼 완벽주의적인 성격 때문이었습니다. 그래서 제가 사용한 공책들은 대개 10장을 넘기지 못한 채 남겨졌습니다. 그 완벽주의는 다른 사람들을 해치는 모양으로 나타나기도 했습니다.

이렇듯 모난 저의 어릴 적 모습을 떠올릴 때면 또 하나 생각나는 곳이 있습니다. 바로 교회 마당입니다. 동네에 넓은 뜰이라곤 교회 뒤뜰밖에 없었기에 자연스레 매일같이 해거름이 질 때까지 교회 뒤뜰에서 놀았습니다. 또한 이렇듯 교회에 자주 가다 보니 교회학교 발표회가 있을 때엔 항상 주역을 독차지하게 되었습니다. 평소 이기적이고 완벽주의적인 성격에 사람들의 시선과 칭찬까지 받게 되면서부터 점점 교만해지기 시작했습니다. 자연적으로 저는 또래들보다는 저를 인정해 주는 선배들이나 어른들과 어울리는 것이 더 편하게 느껴졌습니다. 정확히 말하면 저는 적어도 또래의 친구들보다는 훨씬 성숙한 사람이라고 생각했고, 결국 수준이 맞지 않는 또래들보다는 윗사람들과 사귀려는 교만한 마음이 있었던 것입니다.

그러는 가운데 고1 겨울방학 때가 되었습니다. 그 당시 제가 다니던 교회는 무엇보다도 성령체험에 강하게 사로잡혀 있었고, 그로 인해 산상기도와 수련회를 목적으로 한 기도원행이 잦았습니다. 그 때 저는 또래들이 가는 겨울등산이나 기차여행이 아닌, 어른들과 선배들이 참여하는 기도원행을 택하게 되었습니다. 그 또한 또래들보다 우월함을 나타내고자 하는 교만함에서 비롯한 선택이었습니다. 무엇에도 지기 싫어했던 저는 은혜받는 데에도 지기 싫었습니다. 그래서 집회장소엔 이미 수많은 사람들이 자리잡고 있었지만 맨 앞자리까지 갔습니다. 집회를 인도하시는 목사님께선 늘 들었던 그 말씀을 전하시기 시작했습니다.

'하나님이 세상을 이처럼 사랑하사 독생자를 주셨으니.'

그런데 그토록 익숙하게 들었던 그 말씀이 들려오자마자 제 눈과 마음 깊은 곳에서 눈물이 흘러내리기 시작했습니다. 어디서 시작한 눈물인지 닦아도 닦아도 흘러내리는 눈물을 도저히 감출 수가 없었습니다. 그 때 하나님의 음성이 들려왔습니다.

'바로 너를 위해 내가 죽었단다. 다른 사람들을 생각지 않는 이기주의자, 자신을 해치며 다른 사람들까지 위협하는 완벽주의자, 무엇보다도 자신만을 섬기는 너를 위해 내가 죽었단다. 그러한 네 모습까지도 사랑하기에 내가 죽었단다.'

그 때 저는 몇 천 명이 앉아 있는 그 큰 홀의 사람들이 다 들을 것 같은 소리로 엉엉 울고 말았습니다. 그 이전에도 그토록 울어본 적이 없었고, 이후에도 없을 제 인생에서 단 한 번 있을 울음이었습니다. 얼마를 정신없이 울다 보니 제 마음속엔 말로 표현할 수 없는 기쁨이 솟아오르기 시작했습니다. 그 자리에서 저는 저 같은 사람까지도 사랑하시는 그 하나님을 전하는 사람으로 평생을 살겠노라고 서원기도를 드렸습니다.

이후 저는 하나님의 사랑이 너무 감사해서 주어지는 봉사의 기회를 놓치지 않고 그것조차 욕심스럽게 감당해 갔습니다. 봉사의 기회가 전혀 없어 교회에 가지 않아도 되는 날에도, 그저 교회에 가 의자라도 한 번 쓸고 왔던 기억이 있습니다. 대입학력고사 전날까지도 학교 도서관에서 몰래 빠져 나와 성가연습을 했던 기억도 있습니다.

그런데 생각했던 것보다 훨씬 자유롭고 넓은 세계인 대학생활이 시작되었고, 그 생활에 몰두하기 시작하면서부터 이제는 제 스스로 무언가 해볼 수 있을 것 같았습니다. 그래서 제 삶의 방

향은 뒤틀리게 되었습니다. 하늘에서 비롯한 눈물이 제 교만의
탑을 녹이는가 싶더니, 다시 그 탑엔 하늘을 찌를 듯한 교만의
벽돌이 쌓여가고 있었습니다. 물론 외형적으로는 아직도 주일 성
수하고 봉사 많이 하는 별 문제 없는 모범적인 크리스천이었습
니다. 그럼에도 일부러 기독교 서클엔 가지 않으려고 애썼고, 마
치 하나님을 속일 수 있는 것처럼 하나님 보시기에도 애매한 약
속을 하여 몇 번을 교회에 가지 않았던 적도 있었습니다. 이렇듯
마음 한 켠엔 끊임없이 자유를 넘어선 방종으로의 욕구가 있었
고, 또 다른 한 켠엔 그러한 방종으로 인한 무거움이 점점 더해
갔습니다.

　그러는 가운데 4학년 2학기가 되었습니다. 어느 날 교수님의
연락을 받고 찾아간 저는 거의 하나님의 뜻 같은 돌파구를 발견
하게 되었습니다. 졸업생 중 단 한 명만이 채용될 수 있는 아동
학과 부설 유아원에서 교사로 일하라는 제안을 받은 것이었습니
다. 결국 졸업도 하기 전에 취직이 된 셈이고, 하나님의 말씀을
전하는 사람으로 평생을 서원한 것을 잊어 버리기에 좋은 기회
였습니다. 그러나 하나님과의 약속을 그럴 듯하게 변명하고 도
망치려는 저에게 유아원 교사로 있었던 10개월의 기간은, 마치
큰 물고기 뱃속에서 철저히 고독해야만 했던 요나의 시간과도 같
았습니다.

　더 이상 그 괴로움을 견딜 수 없었던 그 해 여름, 유아원 방학
을 이용해 고1 겨울방학 때 하나님을 만나 서원기도를 드렸던 기
도원으로 올라갔습니다. 어떻게 해서든지 이 서원의 짐을 내려
놓고 와야만 편히 살 수 있을 것 같았습니다. 한여름의 굵은 소
나기가 천둥 번개와 함께 세차게 내린 날이었습니다. 평소 천둥

번개가 칠 때면 이중 창문을 잠근 채 커튼을 치고, 이불을 머리 끝까지 쓴 후 생각나는 잘못들을 다 아뢴 후에야 잠들곤 했었습니다. 그런데 그 날은 평소 그토록 무섭게만 느껴지던 천둥 번개가 전혀 무섭지 않았습니다. 굵은 소낙비를 맞아도 아프지 않았습니다. 마치 하늘을 향해 결판이라도 내려는 듯이 산 위에 앉아 그 비를 다 맞으며 기도하기 시작했습니다. 어릴 적, 철도 들지 않고 사고의 폭도 좁았던, 아무런 세상경험도 하지 못했던 그 때의 서원을 제발 잊어 달라고 기도하기 시작했던 것입니다. 그런데 얼마 후 하늘이 맑게 개이면서 한 환상을 보여 주셨습니다.

'내가 너를 이런 사람으로 만들었단다.'

그 음성과 더불어 하나님께서 환상으로 보여 주신 것은 국자였습니다. 절대로 모양이 변하지 않을 것 같은 튼튼한 쇠국자였습니다. 그 환상을 본 제가 하나님께 드린 첫마디는 '이게 저라구요, 하나님?' 하는 질문이었습니다. 그 때까지 저는 만약 하나님께서 이 땅을 살아갈 나의 인생을 그릇으로 표현하신다면 아무렇게나 사용되는 값싼 그릇이 아니라, 귀한 잔치에서만 볼 수 있는 고급 그릇일 것이라고 생각했습니다. 그것은 바로 제 이기적인 마음과 교만함이 빚어낸 환상의 그릇이었던 것입니다. 그래서 전 순간적으로 불평했습니다.

'어째서 제가 제대로 된 그릇에 속하지도 않는, 또 혼자서는 절대로 귀한 음식을 담고 있지도 못하는 바보스런 국자란 말인가요?'

저는 그 당시 국자라는 저의 삶의 형태를 도저히 이해할 수 없었습니다. 하나님께서 절 배신하신 것 같기도 하고, 너무 열심히 기도하는 가운데 기도응답을 잘못 받은 것 같기도 했습니다. 그

또한 오히려 저 자신에 대해서 만큼은 저를 만드신 하나님보다
제가 더 잘 알고 있다고 생각하는 오만의 확신이었습니다.

불평 가운데 기도를 마친 저는 어릴 적부터 신앙에 대해 이야
기를 나눈 선배에게 그 기도응답에 대해 이야기하기 시작했습니
다. 그러자 이 이야기를 들은 선배는 '결국 하나님께서 너를 쓰
시겠다는 거로구나' 하는 것이었습니다. 그 때 저는 하나님께서
제가 가지고 있던 환상의 그릇을 깨시고 국자를 보여 주신 의미
를 깨닫게 되었습니다.

국자는 귀한 음식들, 귀한 그릇들이 놓여 있는 곳에는 꼭 필요
한 도구입니다. 이 국자는 혼자서는 제대로 설 수도 없는 볼품없
는 그릇이기에 반드시 주인의 손이 닿아야만 사용될 수가 있습
니다. 그리고 국자는 생명을 살리는 음식을 담고 있는 것으로서
는 아무 의미가 없는 그릇입니다. 다만 귀하게 놓여 있는 그릇
속에 주인이 담아 주는 생명의 음식을 담아 그 그릇에 옮겨 주
는 도구인 것입니다. 바로 그것이 제 인생이라는 것을 알게 된
것입니다. 혼자서는 볼품 없지만 하나님 손에 붙들리기만 하면
제대로 살아갈 수 있는 인생, 하나님께서 주시는 생명의 음식을
그릇 그릇마다 옮기는 국자 인생이라는 것을 깨닫게 된 것입니
다.

그 깨달음을 가지고 산길을 내려온 저는 유아원 교사 사직서
를 제출했습니다. 그리고 3개월 후에 있을 신학대학원 시험을 준
비하기 시작했습니다. 제가 가야 할 길이 어떤 길인지, 제 몫의
인생그릇이 어떤 것인지를 확실히 알았기 때문입니다. 시험을 준
비하기 위해 장신대 도서관을 매일같이 다니며 하루 14시간씩 공
부했습니다. 저에게 주어진 3개월이라는 시간이 너무 짧은 시간

이기도 했지만, 그 당시 다른 신학생들은 도와주시면서도 이미 아들을 서원기도로 드린 상태에서 당신의 딸마저 목회자의 길을 걷게 할 수 없다는 부모님의 반대 때문에라도, 꼭 그 해에 합격해야만 했습니다. 그 당시 제가 원하는 일, 제가 결정하는 일이라면 한 번도 가로막거나 반대하지 않으셨던 아버지마저도, 이 길만은 가지 말라고 만류하셨습니다. 그것이 사랑하는 아버지의 처음이자 마지막 반대였습니다. 저를 도와줄 마지막 분이셨던 아버지마저 포기하라고 하셨기에 저는 더 이상 기댈 곳이 없었습니다. 제 곁에는 아무도 없는 것 같았고, 그 고독함 때문에 그 때처럼 제 모습이 초라하게 느껴졌던 적이 없었습니다. 그러나 제 곁을 한 번도 떠나신 적 없으시고, 버리시지도 않으시겠다는 하나님의 약속을 믿었기에 저는 포기하지 않을 수 있었습니다.

이후 하나님의 치밀하신 계획하심과 신실한 인도하심 가운데 신학대학원에 입학하게 되었고, 본격적으로 신학수업을 받게 되었습니다. 신학수업을 하는 동안에 하나님께서는 참 값진 깨달음과 귀한 만남의 시간을 허락하셨습니다. 그 깨달음 가운데 가장 절실했던 것은, 신학교가 자기 나름대로 열심히 하나님의 뜻을 좇아 사는 사람들이 모인 곳이지만 얼마나 많은 불신앙의 모습과 연약함이 있는지를 발견하는 것이었습니다. 저를 포함한 모든 사람이 변하기란 얼마나 어려운 것인지, 더불어 그 사람을 날마다 변화시켜서 당신의 사람으로 만드시려는 하나님이 얼마나 성실하신지, 또 얼마나 열심히 일하시는지 확실히 알 수 있었습니다.

신대원 2학년이 되면서부터는 신학수업과 더불어 어느 교회에서 교육전도사로서 사역을 시작했습니다. 사역을 시작하게 되자

하나님께서 저의 모난 부분들을 다듬어 가시는 속도는 더 빨라
졌고, 그로 인한 성숙의 아픔도 더해 갔습니다. 하나님의 사도로
서 모양을 갖추기 위해 부수고 깨야 할 부분들이 많았던 것입니
다. 이렇듯 교역자로서 준비되어야 하는 어려움에, 그 때까지 전
혀 겪지 않았던 여성으로서의 경험, 여성교역자만이 겪어야 할
일들 또한 있었습니다. 어릴 적부터 외아들이 있었지만 아버지
의 사랑을 독차지하였고, 교회에서나 학교에서 여자이기 때문에
불공평한 대접을 받아본 일이 없었는데, 오히려 사역하면서부터
그 불공평이 무엇인지 구체적으로 알게 되었던 것입니다.

불공평한 일은 아주 사소한 일에서부터 시작되었습니다. 어느
주일 저녁, 교육전도사들이 저녁예배 전 찬양인도를 맡기로 한
교육회의 결과에 따라 제 순서가 되어 찬양인도를 하고 내려왔
습니다. 그런데 여교역자를 본당의 단 위에 세운 일이 없는 그
교회의 오랜 전통에 따라 저는 그 날 이후 다시는 찬송인도를 할
수 없었습니다.

그 날 밤 저는 하나님께서 하시는 일에 회의를 품기 시작했습
니다. 끊임없이 비참해지는 저 자신이 불쌍해 견딜 수 없었습니
다. 결국 전 설 자리도 없는데 왜 제게 신학을 하게 하셨고, 또
이 곳에 세우셨는지에 대해 밤새 괴로워해야만 했습니다. 힘든
그 밤을 보내고 다음날이 되어 저는 한 통의 전화를 받게 되었
습니다. 제1남선교회 회장님이었습니다. 전화의 내용은, 어제 찬
양인도할 때 너무나 큰 은혜를 받았으니 이번 주에 있을 제1남
선교회 주최 철야집회 때 찬양만을 인도해 달라는 것이었습니다.
특별한 찬양의 달란트를 받지 않았음을 잘 알고 있는 저에게 그
전화는, '너 혼자서가 아니라 내 손에 붙들려야만 살 수 있다'는

하나님의 위로의 전화였던 것입니다.

　그러나 쌓였던 교만의 탑이 높았던 만큼이나 저는 종으로서의 삶을 살아가기 위해 더 많은 계단을 내려와야 했습니다. 물론 때때로 닥친 어려움이 모두 하나님의 선한 뜻에 의한 것은 아니었습니다. 그러나 돌아보면 믿지 않는 사람들을 통해서도 하나님의 역사를 이루어 가시는 하나님이시듯, 의롭지 못한 사건들과 사람들을 만나게 하심으로도 저는 또 부수어질 수밖에 없었습니다.

　많은 분들의 축하를 받고 신혼여행에서 돌아온 그 다음 주일의 일입니다. 교회로부터 다른 사역지를 알아보라는 일방적인 통고를 받게 되었습니다. 이제 결혼을 했으니 아기를 낳을 텐데 교회가 산후휴가를 주는 비효율적인 운영은 할 수 없다는 것이 그 이유였습니다. 이후 여교역자 모임에서 많은 교회들이 여성교역자들의 능력을 인정해 청빙하면서도 산후휴가는 주지 않는 일들이 비일비재하다는 것을 알게 되었습니다.

　이후 그 일이 계기가 되었지만 무엇보다도 하나님의 빈틈없는 예비하심 가운데 사역지를 옮기게 되었습니다. 그 곳에서 딸아이를 낳고 키우면서 한 아이의 엄마로서만이 아니라 맡겨진 모든 아이들의 영적인 엄마가 되는 좀더 넓은 가슴을 키울 수 있었습니다. 그리고 시간이 흐르자 제게 주어진 시간과 주어진 건강, 주어진 삶의 여건들이 파트타임 사역자로서 헌신하기엔 너무 넘치기 시작했습니다. 바로 그 때 하나님께서 주님의 교회에서 전임사역자로 일하게 해주신 것입니다.

　한 집안의 며느리, 한 가정의 주부, 한 아이의 엄마로서 전임사역을 한다는 것은 결코 쉬운 일이 아니었습니다. 그럼에도 이

재철 목사님과 여러 동역자들을 통해 하나님의 참된 종으로서의
자세를 배우고, 또 성도님들과 그리스도 안에서만 가능한 사랑
을 나누는 기쁨은 말할 수 없이 큰 것이었습니다. 그러한 가운데
전임 사역자로 온전히 헌신한다는 것이 무슨 의미이고, 얼마나
힘든 일인지를 알게 되었습니다.

　한 달 전쯤 아버지께서 작고하시던 날 새벽의 일입니다. 아버
지께서 작고하시기 그 전날, 다음날 새벽기도 인도를 위해 일찍
잠자리에 든 저는 급한 전화벨 소리를 듣고 일어났습니다. 갑자
기 아버지께서 호흡곤란을 일으키셔서 응급실에 계시다는 연락
이었습니다.

　막 CT 촬영을 마치고 실려 나오시는 아버지는 호흡곤란과 허
리통증으로 매우 고통스러워하고 계셨습니다. 평소 혈압이 높으
신데 심적 스트레스가 겹쳐서 심장의 대동맥이 파열되어 버렸다
는 것입니다. 그래서 피가 몸 손으로 계속 흐르고 있는 상태여서
수술도 불가능하고, 상태가 어떻게 진전될지는 아무 예측도 할
수 없다는 것이었습니다. 고통스러워하시는 아버지 곁에서 이제
까지 못했던 이야기도 드리고 싶고, 함께 기도도 드리고 싶었습
니다. 그러나 밤새 병원에 있던 저는 그 날 새벽기도를 인도하기
위해 눈물을 닦고 교회로 떠나와야 했습니다. 전임 사역자로서
개인의 일들을 접어 둔 채 하나님의 일들에 우선적으로 헌신해
야 했기 때문입니다.

　시간이 되어 새벽기도를 인도하기 위해 예배실로 올라가려는
바로 그 때 교회 전화벨이 또 한 번 급하게 울렸습니다. 제가 교
회로 떠나온 지 얼마 후 아버지께서 임종하셨다는 연락이었습니
다. 마음 같아선 서둘러 가서 아버지의 마지막 온기 남은 손이라

도 잡아 보아야 할 것 같았습니다. 아버지의 시신 앞에서 서둘러 하나님께 기도해야 할 것 같았습니다. '하나님! 아버님의 영혼을 부탁드립니다' 하고 말입니다. 그러나 저는 어떤 강한 힘에 이끌려 예배실로 올라갔고, 이제껏 살아오면서 키웠던 온 힘을 다해 눈물을 참으며 말씀을 전했습니다.

겨우 새벽기도를 마친 저는 뒤도 돌아보지 않고 병원으로 달렸습니다. 그러나 아버지는 이미 따뜻함이 남아 있을 마지막 모습조차 볼 수 없는 냉동실에 안치되신 상태였습니다. 며칠 후 하관식을 마친 그 날, 식구들은 그제서야 제게 물었습니다. 왜 그 날 빨리 오지 않았느냐고. 식구들은 임종 소식을 들은 제가 서둘러 올 줄 알고 병원측의 양해를 얻어 40분이나 중환자실에 시신을 둔 채 기다렸던 것입니다. 아버지께서 특별히 사랑하셨던 저로 하여금 아버지께 고맙다고 말씀드릴 마지막 기회를 주고 싶었던 것입니다.

그 안타까움이야 세상에 있는 어떤 말로도 표현할 수 없이 큰 것이지만, 저는 제게 여전히 괜찮다고 하시며 웃으실 아버지의 모습을 떠올릴 수 있었습니다. 제가 살아오는 동안 어느 것 하나도 반대치 않으셨던 아버지, 그러나 사랑하는 딸이 너무 고생스러울까봐 목회자의 길만은 반대하셨던 아버지께서 끝내 묵묵히 바라보시다가, 엊그제 추석에 마지막으로 하신 말씀이 '언제 목사고시 합격자 발표가 나느냐'는 물음이었기 때문입니다. 딸의 고생스러움이 마음아파 묵묵히 계실 수밖에 없었던 아버지, 그러나 딸의 길이 바로 그 길임을 받아들여야 하기에 더 열심히 하길 바라셨던 아버지였습니다. 아버지는 제가 서야 할 그 자리를 지키고 내려오느라 마지막 인사를 드리지 못한 것을 결코 섭섭

해하지 않으셨을 것입니다.

아버지가 계셨던 이 땅의 자리는 이제 비어 있습니다. 그러나 제 마음의 자리는 오히려 새로운 소망으로 가득 차 있습니다. 그 소망은 이 땅에서 다 하지 못한 아버지의 사랑의 몫을 아버지께 가장 많은 사랑의 빚을 진 제가 감당하며 살아가리라는 것입니다.

사랑하는 성도님!

저는 가장 먼저 사랑해야 할 형제들의 아픔을 외면한 채 아버지의 사랑만을 즐겼던, 세상 누구보다도 이기적인 사람이었습니다. 자신을 해치면서까지도 완벽하려 했던 형편없는 사람이었습니다. 별 볼품 없으면서도 하늘을 찌를 듯한 교만의 탑을 쌓아온 사람이었습니다. 그토록 저 자신만을 생각하며, 자신의 것에 머무르기만을 좋아했던 형편없는 저를, 하나님께선 다른 사람들을 위해 생명의 양식을 나르는 국자 인생으로 인도하셨습니다. 지금까지 저를 인도하신 하나님께선 앞으로도 결코 쉬지 않으실 것입니다. 저의 부족함을 날마다 가르치고 고치시면서 저를 통해 일하실 것입니다.

바로 그 하나님께서 저를 이 자리에 세우셨듯이 성도님들 또한 지금의 삶의 자리에 세우신 것입니다. 저를 세우고 보내신 하나님께서 그 열심과 신실함으로 성도님들을 인도하고 계신다는 것을 믿으신다면, 성도님들을 통해선 얼마나 놀랍고 아름다운 일들이 펼쳐지겠습니까?

여전히 부족하고, 여전히 허물투성이지만 위대한 주님께서는 우리의 중심이 그분을 향하는 한 날마다 우리를 가꾸어 주시고, 우리를 통하여 생명의 역사를 이루어 가실 것입니다."

고마우신 하나님!
여전히 부족하고, 여전히 허물투성이인 저희들을
주님의 제자로 인정해 주시니 감사드립니다.
저희들은 부족하지만 위대하신 주님께서
날마다 교정해 주시고 가꿔 주시기에
오늘도 믿음의 사람들로 살아갈 수 있습니다.
하나님!
우리들의 중심이 늘 우리를 우리 삶의 자리로 보내신
하나님을 향하게 하셔서,
지금 서 있는 삶의 자리에서 하나님의 생명의 역사를
이루어 가는 사람으로 살아가게 인도해 주시옵소서. 아멘.

12

나를 보내신 것같이

이 날, 곧 안식 후 첫날 저녁 때에 제자들이 유대인들을
두려워하여 모인 곳에 문들을 닫았더니
예수께서 오사 가운데 서서 가라사대
"너희에게 평강이 있을지어다."
이 말씀을 하시고 손과 옆구리를 보이시니
제자들이 주를 보고 기뻐하더라.
예수께서 또 가라사대
"너희에게 평강이 있을지어다.
아버지께서 나를 보내신 것같이 나도 너희를 보내노라."
이 말씀을 하시고 저희를 향하사 숨을 내쉬며 가라사대
"성령을 받으라. 너희가 뉘 죄든지 사하면 사하여질 것이요
뉘 죄든지 그대로 두면 그대로 있으리라" 하시니라.

요한복음 20:19~23

〈성공하는 사람들의 7가지 습관〉(*The 7 Habits of Highly Effective People*)이라는 책의 저자로 우리 나라에도 잘 알려진 스티븐 코비(Steven R. Covey)는 새로 출간된 〈첫 번째 것들을 제일 먼저〉(*First things First*)라는 명상록에서 이런 말을 하고 있습니다.

"그대는 바른 일을 하기 원할 수도 있고, 또 그 일을 바른 명분으로 행하기를 소망할 수도 있다. 그러나 만약 그대가 바른 원칙을 지니고 적용하지 않는다면, 그것은 손으로 벽을 치는 것처럼 헛된 일이 될 것이다."

거의 대부분의 사람들은, 자신이 항상 옳고 바르다는 신념 속에서 살아가고 있습니다. 오죽하면 예수님께서 우리를 향해 "어찌하여 형제의 눈 속에 있는 티는 보고 네 눈 속에 있는 들보는 깨닫지 못하느냐"고 탄식하셨겠습니까? 자신의 눈 속에 들보가 들어 있음에도 불구하고 자신의 그릇됨을 알지 못하는 것이 인간의 실상입니다. 그러다 보니 심지어는 범죄자들마저도 자기 나름대로 정당한 명분과 이유를 다 갖고 있습니다. 이처럼 모든 사람들이 다 스스로 자신은 옳고 바르다 여기고 있음에도 불구하고 왜 이 사회는 정의롭지 못합니까? 한 사람 한 사람에게 물으면 다 자신은 옳고 바르다 주장함에도 불구하고 왜 이 사회에는 오히려 불의가 더 기승을 부리고 있습니까? 그것은 코비의 지적처럼 바른 원칙을 갖고 있지 못하기 때문입니다.

독일의 나치를 보십시오. 2차세계대전을 일으켰을 때 그들에게는 정당한 명분이 있었습니다. 수백만 명의 유대인들을 학살할 때 그들은 정당한 사유를 갖고 있었고, 독일 신학자와 교회는 그 명분을 성경적으로 뒷받침하기까지 했습니다. 그럼에도 불구하고 그들이 반인류적 범죄 집단이 될 수밖에 없었던 것은, 그들이 바른 원칙을 갖고 있지 못했던 까닭입니다. 그들이 스스로 지니고 적용했던 게르만적 원칙은 그릇된 야망과 폭력의 원칙에 지나지 않았습니다. 그와 같은 거짓된 원칙으로 그런 만행을 저지르지 않는다면 그것이 오히려 이상한 일일 것입니다.

내가 옳다고 생각하는 것도 중요합니다. 바른 일을 바른 명분으로 행하는 것도 중요합니다. 그러나 그 이전에 바른 원칙을 소유하고 자신에게 적용하는 것이 더 중요합니다. 여기에서 바른 원칙이란 두말 할 것도 없이 진리입니다. 진리로 이 땅에 오시어 진리의 원칙을 삶으로 보여 주셨던 분이 예수 그리스도입니다. 이 바른 원칙이 없을 때 내가 무엇을 행하든지 그것은 만행일 수 있고, 내가 아무리 많은 지식을 지니고 있어도 실은 나치군과 다를 바 없을 수 있음을 깨닫는 것이야말로, 그리스도인들이 반드시 지녀야 할 마음 자세가 아닐 수 없습니다.

주님께서 부활하신 날 저녁, 그 때까지 주님의 부활을 믿지 못한 채 두려움에 떨면서 문들을 꼭꼭 걸어잠그고 다락방에 숨어 있는 제자들을 친히 찾아오신 주님께서 제자들에게 하신 말씀을 본문 21절은 이렇게 증거하고 있습니다.

예수께서 가라사대
"너희에게 평강이 있을지어다.
아버지께서 나를 보내신 것같이 나도 너희를 보내노라."

이것은 가장 결정적인 순간에 제자들이 주님을 배신한 후 주님과 가진 첫 대면이었습니다. 그러나 주님께서는 그 배신자들을 꾸짖지 않으셨습니다. 오히려 그들에게 당신의 평강을 부어 주시면서 이렇게 말씀하셨습니다.
"너희를 보내노라."
이 말씀은, 제자들이 여전히 허물투성이지만, 여전히 부족하지만, 여전히 문제 덩어리이지만, 그러나 계속 주님의 제자로서 중용하시고 변함없이 신뢰해 주시겠다는 주님의 언약이었음은, 이미 지난 주일 살펴본 바가 있습니다. 그것은 실로 위대한 주님의 사랑이요 은혜였습니다. 그 큰 사랑과 은혜를 입은 제자들이 그 이후 복음 증거의 현장으로 주저하지 않고 나아간 것은 너무나 당연한 결과였습니다.
그렇다고 해서 제자들이 아무 원칙도 없이 자기 신념으로 간 것이 아닙니다. 주님께서 제자들을 그냥 마구 보내신 것이 아님

니다. 만약 그랬더라면 제자들은 세상의 빛은커녕 오히려 세상
을 해치는 무서운 이기 집단이 되었을는지도 모릅니다.

주님께서 제자들을 보내실 때 거기에는 분명한 원칙이 있었습
니다. 주님께서는 이렇게 말씀하셨습니다.

"아버지께서 나를 보내신 것같이 나도 너희를 보내노라."

아버지께서 주님을 이 땅에 보내신 것같이 제자들을 보내시는
것이 주님의 원칙이었습니다. 다시 말해 주님께서 하나님 아버
지에 의해 이 땅에 오신 것처럼 주님에 의해 가는 것이, 제자들
이 지켜야 할 원칙이었습니다. 한마디로 주님의 보내심을 받은
제자들이 지켜야 할 원칙이란 바로 예수 그리스도께서 이 땅에
서 하나님의 명령에 따라 보여 주셨던 진리의 삶이었습니다.

주님께서 제자들을 보내시는 목적은 제자들을 통해 당신의 삶
을 보여 주시기 위함이었습니다. 참 진리의 삶, 참 생명의 삶, 영
원한 구원과 사랑의 삶을 제자들의 일거수 일투족을 통하여 만
방에 확인시켜 주시기 위함이었습니다. 실제로 이 이후 제자들
은 철저하게 이 원칙을 지켰습니다. 그들은 자신들을 온전히 주
님 안에 감추었습니다. 그들을 통하여는 오직 길이요 진리요 생
명이신 예수 그리스도만 보였습니다. 그래서 사도 바울 같은 이
는 "오직 전과 같이 이제도 담대하여 살든지 죽든지 내 몸에서
그리스도가 존귀히 되기를 원한다"고 고백할 정도로 원칙에 투
철하였습니다. 그 결과 그들을 통하여 생명과 구원의 역사가 그
들의 발길이 닿는 곳마다 일어날 수 있었습니다.

만약 제자들이 이처럼 주님께서 주신 원칙에 충실치 않았더라
면 그들이 아무리 주님을 사랑하고 아무리 많은 사람들에게 그
리스도의 복음을 증거했다 할지라도 인류의 역사가 BC에서 AD

로 전환되는 대변혁은 일어나지 못했을 것입니다. 예수 그리스도의 원칙이 없는 곳에 남는 것은 인간의 이기심뿐이고, 인간의 이기심과 이기심이 부딪치는 곳에는 대통령 선거를 앞둔 오늘날의 정치판에서 보듯이 그 열정의 도가 심할수록 끝없는 다툼과 분열로 귀결되고 마는 것입니다.

"나도 너희를 보낸다"는 주님의 말씀은 2,000년 전 제자들에게만 국한된 말씀이 아닙니다. 2,000년이라는 시간과 공간을 초월하여 주님을 믿는 우리 모두에게 주어진 주님의 명령입니다. 우리는 주님의 구원과 생명, 그리고 진리를 이 세상에 보여 주기 위해 삶의 현장에 보내진 주님의 제자들입니다.

그럼에도 불구하고 우리의 삶이 불신자들에게 거부감을 주고 있다면, 우리의 신앙 행위가 믿지 않는 사람들 사이에서 위화감을 조성하고 있다면, 그 이유는 한 가지, 우리의 삶이 반드시 지켜야 할 바른 원칙을 결여하고 있기 때문입니다.

그렇다면 우리가 주님의 제자들로서 삶의 현장에서 보여야 할 원칙을 적용하는 삶이란 구체적으로 어떤 모습으로 드러나야 하겠습니까? 예수 그리스도께서 이 땅에서 우리에게 분명히 보여 주셨던 삶은 한마디로 어떤 모습이었습니까? 열매를 보고 나무를 판단할 수 있듯이 우리는 그 해답을 성령의 열매 속에서 찾을 수 있습니다. 갈라디아서 5장 22절에서 24절은 이렇게 증거하고 있습니다.

오직 성령의 열매는 사랑과 희락과 화평과
오래 참음과 자비와 양선과 충성과 온유와 절제니
이 같은 것을 금지할 법이 없느니라.

그리스도 예수의 사람들은 육체와 함께
그 정과 욕심을 십자가에 못 박았느니라.

이 성령의 열매야말로 예수 그리스도께서 이 땅에서 실천하신 삶의 모습이요, 우리에게 주신 절대적 원칙인 것입니다. 따라서 그리스도를 따른다는 것은 우리의 정욕을 십자가에 못 박는 것이요, 우리의 정욕을 십자가에 못 박는다는 것은 바로 그분의 사랑으로, 그분의 희락으로, 그분의 화평으로, 그분의 오래 참음으로, 그분의 자비로, 그분의 양선으로, 그분의 충성으로, 그분의 온유로, 그분의 절제로 사는 것을 의미합니다. 그 때 진리와 복음은 절로 증거되는 것입니다. 그와 같은 삶을 통해서 예수 그리스도가 보일 수밖에 없는 까닭입니다.

이 성령의 열매에 대하여는 너무나 잘 알려져 있기에 새삼 언급할 필요조차 없을 정도입니다. 그러나 너무나 잘 알려져 있기에 그리스도인들이 가장 소홀히 여기는 것 또한 이것입니다. 그 결과 삶의 현장에서 반드시 실현되어야 할 이 원칙이 많은 그리스도인들의 삶 속에서 결여되고 있다는 것이 부인할 수 없는 현실입니다.

그렇다면 도대체 어떤 사람이 구체적으로 성령의 열매를 맺으며 살아갈 수 있겠습니까? 부끄러워해야 할 것과 부끄러워하지 말아야 할 것을 구별할 줄 아는 자입니다. 예수 그리스도께서 바로 그와 같이 그 원칙을 실행하셨기 때문입니다.

믿음의 주요 또 온전케 하시는 이인 예수를 바라보자.
저는 그 앞에 있는 즐거움을 위하여 십자가를 참으사

부끄러움을 개의치 아니하시더니
하나님 보좌 우편에 앉으셨느니라. (히 12:2)

　여기에서 중요한 것은, 예수 그리스도께서 '부끄러움을 개의치 않으셨다'는 것입니다. 예수님이 누구십니까? 그분은 임마누엘 하나님, 즉 우리와 함께하시기 위하여 이 땅에 오신 성자 하나님이셨습니다. 신이신 하나님이 하찮은 인간의 모습으로 이 땅에 태어난다는 것은 신에게 수치일 수 있습니다. 그러나 주님께서는 조금도 부끄러워하지 않으셨습니다. 성자 하나님이 빈민촌 나사렛에서 비천한 목수일을 하신다는 것은 말할 수 없이 부끄러운 일일 수 있겠으나 예수님께서는 가난을 단 한 번도 수치로 생각지 않으셨습니다. 신이신 예수님께서 인간의 손에 벌거벗기운 채 못 박혀 죽으신다는 것은 참을 수 없는 모독일 수 있으나 예수님은 십자가의 고난을 전혀 부끄러워하지 않으셨습니다. 만약 주님께서 그런 것을 부끄러워하셨다면 우리같이 가난하고 죄많은 인간들을 구원하시려는 하나님의 사랑과 화평과 자비와 온유와 절제 등을 결코 보여 주시지 못했을 것입니다. 주님께서 구원자로서 그리스도의 길을 걸어가시는 한, 성육신이나 가난이나 고난은 자랑일망정 전혀 부끄러움일 수가 없었습니다.

　오히려 주님께서는 그리스도로서 그리스도의 길에서 벗어나는 것을 가장 큰 수치로 생각하셨습니다. 그래서 사단이 교묘한 술책으로 주님을 유혹했을 때 일언지하에 거절하셨을 뿐만 아니라, 십자가를 향하시는 주님 앞을 가로막는 수제자 베드로를 향하여 "사단아, 물러가라"고 단호히 질책하셨습니다. 그 결과 우리는 그분을 통하여 사랑과 자비의 하나님을 만나며, 그분을 통하여 하나님의 구원과 참 생명을 얻게 된 것입니다. 만약 예수님께서 부끄러워하지 말아야 할 것을 부끄러워하시고 부끄러워해야 할 것에 우둔하셨다면, 이와 같은 생명과 구원의 역사가 그분을 통해 일어나지는 못했을 것입니다.

그렇다면 이 아침, 우리는 그리스도인과 그리스도인이 지켜야 할 원칙을 어떻게 쉽게 정의할 수 있겠습니까? 부끄러워하지 말아야 할 것에 언제나 당당하고 부끄러워해야 할 것에 늘 민감한 자가 참된 그리스도인이요, 바로 그것이 그리스도인들이 실천해야 할 삶의 원칙입니다.

가끔 작은 차 타고 다니는 것을 부끄러워하는 사람을 볼 수 있습니다. 간혹 작은 평수의 아파트나 상대적으로 적은 수입을 수치스럽게 생각하는 사람을 만날 수 있습니다. 이따금 병든 것을 부끄럽게 여기는 사람을 만날 수 있습니다.

사랑하는 교우 여러분! 여러분을 사랑하는 여러분의 목회자로서 간곡히 말씀드립니다. 그런 것을 부끄러워해서는 결코 바른 그리스도인이 될 수 없습니다. 그런 것은 절대로 부끄러운 일이 아닙니다. 오히려 내가 정직하고 진실하게 산 결과가 가난이요 육체의 연약함이라면 그것은 수치가 아니라 하나님 앞에서 크나큰 자랑거리입니다.

정작 우리가 부끄러워해야 할 것은 뇌물이요, 탈세요, 불의요, 까닭 없는 분노요, 무절제한 탐욕이요, 무분별한 이기심이요, 이유 없는 분열이요, 끝없는 다툼이요, 진리에서 벗어난 거짓된 삶입니다. 거룩하신 하나님 앞에서 그보다 더 큰 수치는 없습니다.

너희는 열매 없는 어두움의 일에 참예하지 말고

도리어 책망하라. 저희의 은밀히 행하는 것들은
말하기도 부끄러움이라. (엡 5:11-12)

정말 말하기조차 부끄러울 정도로 부끄러운 삶을 살면서도 전혀 부끄러움을 모른 채 살아가는 사람들이 이 세상에는 얼마나 많습니까? 그들이 이 세상 사람들로부터는 수치를 당치 않을지 모르나, 오히려 그 부끄러운 것들로 더욱 큰소리치며 살지 모르나, 주님 앞에서는 반드시 수치를 당한다는 사실을 우리는 잊지 말아야 합니다. 그래서 요한 사도는 이렇게 권면하고 있습니다.

그러므로 사랑하는 나의 자녀인 여러분은
그리스도와 함께 살아가시오.
그러면 그리스도께서 다시 오시는 날,
우리가 자신을 갖게 되고
다시 오시는 그분에게 부끄러움을 당하지 않을 것입니다.
(요일 2:28)

주님 앞에서 부끄러움을 당하지 아니할 수 있는 유일한 길은 부끄러운 것과 부끄럽지 아니한 것을 명확하게 구분하셨던 예수 그리스도 안에서 살아가는 것입니다.

제주 조천 초등학교 6학년생인 안현숙 양은 〈우리 아빠〉라는 제목으로 다음과 같은 동시를 썼습니다.

다섯 여섯 살 적엔가

처음 알았다
아빠가 말을 못 하신다는 것을

어디엔가 갈 때면
초라한 추리닝을 입고
한마디 말도 못 하시는 아빠가
정말 싫었다

그런데……

내가 손을 크게 다쳤을 때
정신없이 추리닝을 입고
나를 등에 업고
병원으로 달려가신 아빠

말은 못하고
아빠 등 뒤에서
엉엉 울어 버렸다

아빠가 말을 못 한다는 것은 전혀 부끄러운 일이 아니었습니다. 어떤 모습이든 나를 책임져 줄 아빠가 있다는 것은 자랑거리였습니다. 오히려 그런 아빠를 사랑하지 못하는 것이 부끄러움이었습니다. 그 잘못을 겨우 초등학교 6학년 때에 벌써 깨달았으니 이 소녀는 얼마나 지혜롭습니까? 만약 소녀가 자신의 잘못을 수십 년 후, 아버지가 돌아가신 다음에야 깨닫고 땅을 치며 통곡한들 무슨 소용이 있겠습니까?
　사랑하는 교우 여러분! 다시 간곡히 부탁드립니다. 그리스도

안에서 살아가십시오. 그리스도 안에서 부끄러운 것과 부끄럽지
아니한 것을 구별하며 살아가십시오. 그 때 우리는 주님께서 하
나님의 보내심을 받은 것같이 우리 삶의 현장으로 주님의 보내
심을 받은 참된 그리스도인이 될 것이며, 이 세상을 변화시키는
한 알의 밀알이 될 것입니다. 한 알의 밀알은 지극히 작으나 그
결과는 상상을 초월합니다.

우리의 삶에 바른 원칙이 없었음을
일깨워 주시니 감사합니다.
부끄러워하지 말아야 할 것을 부끄러워했고,
부끄러워해야 할 것에 오히려 당당했던
우리의 어리석음을 깨우쳐 주시니 감사합니다.
이 땅에 사는 동안 그리스도 안에서 부끄러워해야 할 것과
부끄러워하지 말아야 할 것을 바르게 구별하는 자가
됨으로써, 이 다음 주님 앞에서
부끄러움을 당치 않게 해주십시오.
그리하여 아버지께서 주님을 보내신 것처럼
우리도 주님의 보내심을 받은 참다운 그리스도인이 되고
세상의 빛이요 소금 되게 해주시기를
예수님의 이름으로 기도드립니다. 아멘.

13

숨을 내쉬며

이 날, 곧 안식 후 첫날 저녁 때에 제자들이 유대인들을
두려워하여 모인 곳에 문들을 닫았더니
예수께서 오사 가운데 서서 가라사대
"너희에게 평강이 있을지어다."
이 말씀을 하시고 손과 옆구리를 보이시니
제자들이 주를 보고 기뻐하더라.
예수께서 또 가라사대
"너희에게 평강이 있을지어다.
아버지께서 나를 보내신 것같이 나도 너희를 보내노라."
이 말씀을 하시고 저희를 향하사 숨을 내쉬며 가라사대
"성령을 받으라. 너희가 뉘 죄든지 사하면 사하여질 것이요
뉘 죄든지 그대로 두면 그대로 있으리라" 하시니라.

요한복음 20:19~23

저는 여태껏 상대가 특별히 요구하지 않는 한 제 나이를 만(滿)
으로 대답해 본 적이 없습니다. 한국 사람끼리는 한국 나이로 답
하는 것이 자연스럽다는 생각과 더불어, 나이를 먹어 가는 데 대
하여 조금도 거리낌이 없기 때문입니다. 따라서 1949년생인 저
는 올해 들어 누가 물어도 스스럼없이 49살이라고 답하곤 했습
니다. 그런데 얼마 전 나이와 관련하여 엉뚱한 해프닝이 벌어지
고 말았습니다.

귀가 길에 마침 시간이 남아 막내를 데리러 유치원에 갔습니
다. 아이들이 노는 방으로 들어가자 저를 발견한 승주가 "아빠"
하고 달려왔습니다. 그러자 승주와 함께 놀고 있던 조그마한 여
자아이가 뛰어오더니 느닷없이 묻는 것이었습니다.

"아저씨! 몇 살이에요?"

아마 저희들끼리 나이에 관한 놀이를 하고 있었던 모양이었습

니다. 저는 평소대로 "49살" 하려다가 그만 입을 다물어 버리고
말았습니다. 그 순간 불현듯 작년에 있었던 일이 생각났던 것입
니다.

　작년 봄 유치원에서는 '아빠와 함께하는 날'을 실시한 적이 있
었습니다. 말하자면 아이와 아빠가 함께 어우러져 노는 시간이
었습니다. 그 날 갔더니 아빠들이 거의 모두 30대의 젊은이들이
었습니다. 이를테면 제가 제일 연장자였습니다. 하기야 대한민국
에서 제 나이에 유치원 다니는 아이를 가진 남자가 몇이나 되겠
습니까? 그런데 제가 "49살" 하고 대답하면 승주가 아이들로부
터 '나이 많은 아빠의 아들'이라며 놀림을 받을 것만 같았던 것
입니다. 평소에는 단 한 번도 그런 생각을 해본 적이 없는데 그
날 불현듯 그런 생각이 떠올랐습니다. 제가 대답을 못 하고 머뭇
거리자 그 아이가 다시 채근했습니다.

　"아저씨! 몇 살이냐니까요?"

　그래서 이번에는 제가 물었습니다.

　"도대체 넌 몇 살이니?"

　질문만 던지고 승주를 데리고 얼른 나올 심산이었습니다. 그랬
더니 그 아이는 저의 심중을 꿰뚫어본 듯 재차 물었습니다.

　"5살. 근데 아저씨는요?"

　그 순간 옆에 있던 남자아이가 끼어들었습니다.

　"아저씨! 몇 살이에요?"

　그러는 사이 그 방 안에 있는 아이들의 시선이 온통 저에게 집
중되었습니다. 도저히 대답을 않고는 그 자리에서 빠져나올 수
없는 상황이 되었습니다. 그 때 제 입에서 나온 대답이 무엇인지
아십니까?

"음…… 만으로 48살이야!"

그리고 승주의 손을 잡고 돌아서는데 얼마나 얼굴이 화끈거리는지……. 겨우 5살짜리 꼬마들에게 한 살이라도 더 적게 보이려고 "만으로 48살!"이라고 했으니 도대체 어른 꼴이 그게 뭡니까?

그러나 사랑하는 막내아들과 함께 집으로 돌아가면서 이런 생각들이 제 속에서 꼬리를 물고 이어졌습니다. '그래, 자식을 위해서 한 살이라도 젊어 보이려 하는 이런 마음이 자식에 대한 부모 사랑이구나. 그렇다면 하나님 아버지의 우리에 대한 사랑은 얼마나 지극하실까? 이제껏 나의 산 날보다 살 날이 분명히 짧은 만큼 승주에 대한 나의 사랑은 언젠가는 끝나고 말겠지. 그러나 결코 늙지 않으시는 하나님의 우리에 대한 사랑이 영원하다는 것은 얼마나 황홀한 사실인가? 그렇다면 자식 사랑과 관련하여 지혜란 무엇일까? 언젠가 끝날 나의 사랑으로 사랑하는 것이 아니라 영원하신 하나님의 사랑으로 사랑하는 것이겠지.' 그 날은 참으로 유익한 날이었습니다.

지난 9월 27일 밤 이탈리아의 볼로냐에서는 35만여 명의 젊은 이들이 환호하는 가운데 록 콘서트가 열렸습니다. 그 정도의 콘서트라면 간혹 있을 수 있는 대형공연이었지만 그 날의 공연이 유독 사람들의 관심을 끈 것은, 60년대에 기성체제에 저항하는 노래들을 불러 젊은이의 우상이 되었던 미국 가수 밥 딜런(Bob Dylan)이 출연했기 때문만은 아니었습니다. 바로 그 젊은이들의 축제에 교황 바오로 2세가 참석했기 때문이었습니다. 밥 딜런은 자신의 히트곡들을 부르던 중 그 유명한 'Blown in the Wind'(바람 속에 실려 있다)를 열창하여 35만 명의 젊은이들을 열광시

컸습니다. 그 노래의 내용을 번역하면 다음과 같은 노랫말이 됩
니다.

한 인간이 인간으로 불리기 위해서는
얼마나 많은 길들을 거쳐야만 하는가?
하이얀 비둘기가 모랫가에서 안식을 얻기까지는
얼마나 많은 바다를 거쳐야만 하는가?
평화가 정착되기까지는 얼마나 많은 포탄들을
쏘아 대야만 하는가?
친구여, 그 해답은 바람 속에 실려 있다네
인생의 해답은 바람 속에 실려 있다네

바다로 씻기어 사라지기까지
저 산은 몇 년이나 버텨 낼 수 있을까?
참된 자유를 얻기까지 인간은 몇 년이나 더 버텨 낼 수 있을까?
한 인간이 도대체 몇 번이나 보고서도 못 본 척
고개를 돌려 버릴 수 있을까?
친구여, 그 해답은 바람 속에 실려 있다네
인생의 해답은 바람 속에 실려 있다네

진정으로 하늘을 볼 수 있기까지
인간은 몇 번이나 머리를 치켜들어야만 하는가?
울부짖는 사람들의 소리를 들을 수 있기까지
인간은 도대체 얼마나 많은 귀를 가져야만 하는가?
너무나 많은 사람들이 살상되고 있음을 깨닫기까지

얼마나 많은 사람들이 더 죽어야만 하는가?
친구여, 그 해답은 바람 속에 실려 있다네
인생의 해답은 바람 속에 실려 있다네

교황 바오로 2세는 딜런의 노래를 주의 깊게 들은 뒤 노래가 끝나자 그와 악수를 나눈 다음, 35만 명의 관객 앞에서 그에게 이렇게 말했습니다.

"당신은 이제 방금 한 인간이 인간으로 불리기 위해서는 얼마나 많은 길들을 거쳐야만 하는가라고 물었습니다. 인간이 참된 인간이 되기 위하여 걸어가야 하는 길은 오직 하나입니다. 그것은 바로 예수 그리스도, 즉 진리와 생명의 길입니다."

그리고 교황은 이번에는 관객들을 향하여 이렇게 말했습니다.

"조금 전 밥 딜런은 인생의 해답은 바람 속에 실려 있다고 노래했습니다. 그것은 진실입니다. 모든 인생의 해답은 언제나 바람 속에 실려 있습니다. 그러나 그 바람은 이리저리 흩어져 망각 속으로 사라져 버리는 바람이 아닙니다. 그 바람은 바로 주님의 숨결이자 음성입니다."

교황의 그 말에 35만여 명의 젊은이들은 열화와 같은 환호와 박수로 응답했습니다. 그러나 교황의 그 말은 단순히 그 날 밤 록 콘서트의 분위기를 고조시켜 주기 위한 말치레가 아니었습니다. 인생의 해답이 바람 속에 실려 있으며 그 바람은 주님의 숨결이라는 그 말은, 바로 오늘의 본문에 기초한 탁월한 강론이었던 것입니다.

주님께서 이미 부활하셨음에도 불구하고, 그 사실을 막달라 마리아로부터 들었음에도 불구하고, 베드로와 요한은 주님의 빈 무덤을 두 눈으로 확인까지 하였음에도 불구하고, 단지 믿지 못하여 두려움에 떨며 문을 꼭꼭 걸어잠근 채 겁에 질려 있는 제자들을 부활하신 주님께서 친히 찾아오셨습니다. 그리고 그들에게 말씀하셨습니다.

"너희에게 평강이 있을지어다."

제자들은 갈릴리의 하찮은 인간들이었습니다. 그들은 결코 특별한 사람들이 아니었습니다. 그렇기에 주님과 함께 3년이나 동거하였음에도 불구하고 지금 다락방에 숨어 두려움에 떨고 있는 것입니다. 그처럼 보잘것없는 인간들이 어찌 참 평안을 누릴 수 있겠습니까? 부활하신 주님을 뵙고 평안을 누린다 한들 그것은 일시적인 것이요, 주님의 모습이 보이지 아니하면 다시 불안과 공포의 나락으로 추락하고 말지 않겠습니까?

주님께서는 또 이렇게 말씀하셨습니다.

"아버지께서 나를 보내신 것같이 나도 너희를 보내노라."

제자들은 가장 결정적인 순간에 주님을 배신했던 배신자들 아니었습니까? 그런데도 주님께서는 그 배신자들을 계속 신뢰해 주시고 중용해 주시겠다고 말씀하시는 것입니다. 한 번 배신한 사람은 반드시 또 다른 배신을 행하는 법이거늘 과연 제자들이라고 해서 예외일 수가 있겠습니까? 왜 주님께서는 겁쟁이들에게 평안을 빌어 주시고 배신자들을 계속 중용하시겠다는, 얼핏 생각하면 시간 낭비요 헛일처럼 보이는 일을 조금도 주저하지 않고 오히려 당당하게 행하고 계십니까? 우리는 그 해답을 본문 22절 속에서 찾아볼 수 있습니다.

이 말씀을 하시고 저희를 향하사 숨을 내쉬며 가라사대
"성령을 받으라."

그렇습니다. 성령의 사람이 되기만 하면 아무리 겁쟁이였다 할지라도 어떤 상황에서든 참 평안의 삶을 누릴 수 있습니다. 성령 안에 거하기만 하면 씻을 수 없는 배신의 전과자라 할지라도 주님의 제자로 중용될 수 있는 법입니다.
그렇다면 성령의 사람이 된다는 것은 구체적으로 무엇을 의미합니까? 본문은 이렇게 증거하고 있습니다.

저희를 향하여 숨을 내쉬며 가라사대
"성령을 받으라."

여기에서 숨을 내쉰다는 동사 'emphusáo'는 숨을 불어넣는다는 뜻입니다. 주님께서는 그냥 성령을 받으라는 말씀만 하신 것이 아닙니다. 당신의 숨결을 저자들에게 불어넣어 주시면서 성령을 영접하라고 말씀하셨습니다. 하나님의 영이신 거룩하신 영, 즉 성령이란 예수 그리스도의 숨결, 삼위일체 되신 하나님의 숨결인 것입니다.
이 헬라어 동사는 신약에서는 본문에 단 한 번 사용되었으며, 같은 뜻의 히브리어 동사는 구약에서 두 번 사용되고 있습니다. 그 첫 번째 구절은 창세기 2장 7절입니다.

여호와 하나님이 흙으로 사람을 지으시고
생기를 그 코에 불어넣으시니 사람이 생령이 된지라.

하나님께서 흙으로 사람을 빚으시고 그 흙 속에 하나님의 숨결을 불어넣어 주심으로 비로소 살아 있는 영적 존재가 된 것입니다. 두 번째로 이 동사는 구약 에스겔 37장에서 한 번 더 사용되고 있습니다.

또 내게 이르시되
"인자야 너는 생기를 향하여 대언하라.
생기에게 대언하여 이르기를
주 여호와의 말씀에 생기야, 사방에서부터 와서
이 사망을 당한 자들에게 불어서 살게 하라 하셨다 하라."
이에 내가 그 명령대로 대언하였더니
생기가 그들에게 들어가매 그들이 곧 살아 일어나서 서는데
극히 큰 군대더라. (겔 37:9~10)

에스겔 선지자가 하나님의 인도에 따라 어느 골짜기에 다다랐을 때 그 곳에는 마른 뼈, 해골만 가득하였습니다. 그러나 에스겔이 하나님의 명령대로 행하였을 때 하나님의 생기, 하나님의 숨결이 그 마른 뼈에 들어가매 마른 뼈들이 살아 일어나 큰 군대가 되었습니다.

그렇다면 누가 참다운 성령의 사람, 성령 충만한 사람이겠습니까? 하나님의 숨결 속에 있는 사람, 하나님의 숨결로 호흡하는 사람입니다. 하나님의 숨결은 영원한 숨결이요, 진흙을 생령으로, 마른 뼈를 군대로 변화시키시는 창조의 숨결이요, 전능하신 숨결이기 때문입니다. 그 영원하신 하나님의 숨결 속에 있을 때 겁쟁이가 평강의 사람이 되며, 배신자가 참 제자로 변화될 수 있

는 것입니다.

전도서 1장 1절은 이렇게 전하고 있습니다.

전도자가 가로되
"헛되고 헛되며 헛되고 헛되니 모든 것이 헛되도다."

이것은 그 유명한 솔로몬의 고백입니다. 솔로몬은 지혜와 부귀영화의 상징입니다. 그럼에도 인생이 너무나도 헛되다고 탄식했습니다. 그런데 여기에서 중요한 것은 헛되다는 히브리 동사 'habal'은 숨결을 나타내는 히브리어 'hebel'에서 유래되었다는 것입니다. 이 때의 숨결이란 두말 할 것도 없이 하나님의 숨결이 아닌 인간의 숨결을 의미합니다. 인간이 자신의 숨결을 의지할 때 그 인생은 부귀영화와 주지육림 속에 빠져 있다 할지라도 헛되고 헛되며 헛되고 헛될 수밖에 없습니다. 교황 바오로 2세의 지적처럼 인간의 숨결이란 이내 이리저리 흩어져 버리는 헛바람인 까닭입니다.

지금 우리는 모두 살아 있습니다. 그래서 우리는 모두 숨쉬고 있습니다. 그러나 우리가 지금 내뱉고 있는 이 숨결은 어디에 남아 있습니까? 내뱉는 즉시 흔적도 없이 사라져 버릴 뿐입니다. 생명이란 곧 호흡이요 호흡이란 숨결일진대, 우리의 인생이 지금 헛바람이 되어 매초마다 이티저리 헛되게 날아가고 있는 것입니다. 이처럼 형체도 없이 순식간에 사라져 버릴 헛바람을 의지하는 인생이 어찌 헛되고 헛되며 헛되고 헛되지 않을 수 있겠습니까? 이런 헛된 숨결로야 누구를 제대로 사랑할 수 있으며, 무슨 가치 있는 일을 행할 수 있으며, 어찌 영원을 지향하며 나아갈 수 있겠습니까? 이런 헛바람을 의지하고서야 어찌 불안에 떠는 겁쟁이가 되지 않을 수 있으며, 어찌 상황에 따라 배신의 길을 걷지 않을 수가 있겠습니까?

그러나 오늘 아침, 우리 주님께서는 우리를 향하여 당신의 숨결을 불어넣어 주시면서 성령을 받으라고 말씀하십니다. 죽음을 깨뜨리시고 부활하신 당신의 그 영원한 숨결, 진흙을 생명으로 만드시는 그 창조의 숨결, 마른 뼈를 군대 되게 하시는 그 전능하신 사랑과 생명의 숨결을 말입니다.

겨우 70~80년 헛바람만 일으키다 끝나 버릴 우리의 숨결 속에서는 이해되지 않는 일들이 너무나 많습니다. 그러나 영원하신 그분의 숨결 속에서는 의문날 것이 하나도 없습니다. 그분의 숨결 속에 인생의 모든 해답이 실려 있습니다. 그분의 숨결 속에서 사랑치 못할 사람이 없습니다. 그분의 숨결이 곧 사랑입니다. 그분의 숨결 속에서는 두려울 것이 없습니다. 그분의 숨결이 평강입니다. 그분의 숨결 속에서는 진리의 사람이 되지 않을 수 없습니다. 그분의 숨결이 진리 그 자체입니다. 그분의 숨결 속에서는 능치 못할 일이 없습니다. 그분의 숨결이 능력입니다. 그분의 숨결 속에서 우리는 비로소 영원한 생명의 삶을 누릴 수 있는 것입니다. 그분의 숨결 속에서는 만으로 48살이든, 우리 나이로 49살이든 아무런 차이가 있을 수가 없습니다. 그 숨결은 헛바람이 아니라 영원한 바람, 하나님의 생명이기 때문입니다.

왜 주님께서 부활하셨습니까? 왜 주님께서 오늘 우리를 부르셨습니까? 왜 주님께서 지금 우리 가운데 계십니까? 바로 당신의 영원하신 숨결, 성령의 바람을 우리에게 불어넣어 주시기 위함입니다.

저희를 향하여 숨을 내쉬며 가라사대
"성령을 받으라."

사랑의 주님!
이제껏 헛바람에 불과한 우리의 숨결만을 의지했기에,
우리의 인생은 참으로 헛되고 헛되며
헛되고 또 헛되었습니다.
그러나 이 시간 우리를 사랑하시사 불러 주시고
영원하신 주님의 숨결로, 주님의 생명으로
우리를 충만케 하시니 감사합니다.
일평생 이 숨결로 살아가게 하소서.
이 숨결로 사랑하게 하소서.
이 숨결로 영원을 살게 하소서.
이 숨결로 사는 우리의 삶이 진정 하나님 보시기에
아름다운 성령 충만한 삶이 되게 하옵소서. 아멘.

14

뉘 죄든지

이 날, 곧 안식 후 첫날 저녁 때에 제자들이 유대인들을
두려워하여 모인 곳에 문들을 닫았더니
예수께서 오사 가운데 서서 가라사대
"너희에게 평강이 있을지어다."
이 말씀을 하시고 손과 옆구리를 보이시니
제자들이 주를 보고 기뻐하더라.
예수께서 또 가라사대
"너희에게 평강이 있을지어다.
아버지께서 나를 보내신 것같이 나도 너희를 보내노라."
이 말씀을 하시고 저희를 향하사 숨을 내쉬며 가라사대
"성령을 받으라. 너희가 뉘 죄든지 사하면 사하여질 것이요
뉘 죄든지 그대로 두면 그대로 있으리라" 하시니라.

요한복음 20:19~23

한국 연극계의 원로인 장민호 선생의 연기 인생 50주년을 기념하는 연극 〈파우스트〉(*FAUST*)가 지금 국립극장에서 공연중에 있습니다. 이를 위하여 국립극장 홍보실에서 제작한 팜플렛을 보면, 특별히 눈길을 끄는 내용이 나옵니다.

몇 년 전 모 일간지 기자의 인터뷰 중 다음과 같은 대목이 인상적이다.

"연극배우 장민호에게 그가 우리나라 연극·방송·무대의 원로 중 한 사람임을 염두에 두고, 교육기관에서 연기 이론을 강의한 경험이 있느냐고 물었다. 그는 딱 잘라서 '없다'고 대답했다. 분장하지 아니한 상태에서 대중 앞에 서 본 적이 없으며, 또 그런 의도도 가져 본 적이 없었노라고 했다. 그래서 50년이나 배우 생활을 하면서도 TV쇼는 물론, 대담 프로그램과 같은 교양물

에도 일체 출연해 본 적이 없다고 한다. 프로페셔널리즘을 철저
하게 추구하고자 하는 집념이자 무대관이 아닐 수 없다.”

오늘날 장민호 선생님이 한국 연극의 정신적 지주로 대접받고
있는 것은 결코 우연한 일이 아닙니다. 이것은 분장을 하지 않고
서는, 다시 말해 무대 위 배우로서가 아니고서는 결코 대중 앞에
서려 하지 않았던 투철한 프로 의식의 소산이었습니다. 그 프로
의식이 그분을 프로 연극인이 되게 했고, 그 결과로 그분은 오늘
날 한국 연극계의 상징적인 원로가 된 것입니다.

2주 전에 뉴질랜드 오클랜드 주님의 교회를 다녀왔습니다. 창
립된 지 겨우 2년밖에 되지 않았는데 장년 180명, 학생 120명,
총 300명이 출석하는 견실한 교회로 성장하고 있었습니다. 이동
규 목사님은 오클랜드에 있는 많은 목사님 중 가장 인품이 높은
목사님으로 존경받고 있었습니다. 그 모든 사실을 확인하면서 이
동규 목사님과 함께 신앙생활을 했던 사람으로서, 이 목사님에
대해 얼마나 큰 긍지를 느꼈는지 모릅니다.

하루는 그 곳 교우님들 사이에서 골프가 화제에 올랐습니다.
우리나라에서 골프란 경비가 많이 드는 운동이지만, 거의 대부
분의 국토가 초원인 뉴질랜드에서는 골프가 볼링보다 더 싼 대
중 스포츠입니다. 그래서 뉴질랜드에서 골프를 친다는 것은 지
극히 정상적인 삶의 한 부분이요, 조금도 이상하거나 특출한 일
이 아니기에 실제로 상당수의 그 곳 목회자들 역시 골프를 즐기
고 있습니다.

서로 골프 이야기를 나누던 한 교우님이 이동규 목사님에게
“목사님도 건강을 생각하셔서 골프를 시작하십시오” 하고 권했

습니다. 뉴질랜드에 간 지 2년이 되기까지 이 목사님은 골프채에 손 한 번 대 본 적이 없었던 것입니다. 이 목사님은 잠시 머뭇거리다 "생각해 보지요" 하고 대답했습니다. 그 날 저녁 단 둘이 있게 되었을 때, 혹 앞으로 다른 목사님처럼 골프 칠 의사가 있느냐고 묻자 이 목사님은 아니라고 대답했습니다. 그래서 제가 이렇게 말했습니다.

"목회를 쉬거나 하지 않으면 모르지만 목회를 하는 동안만큼은 정말 프로 목회자가 되기를 원한다면, 주위에서 아무리 많은 사람들이 권해도, 아무리 많은 목회자들이 골프를 쳐도 목사님만은 지금처럼 골프에 손을 대지 마십시오."

제가 그렇게 말한 이유는 한 가지였습니다. 골프란 운동은 다른 운동처럼 30분이나 1시간 내에 끝낼 수 있는 운동이 아닙니다. 최소한 4시간, 경우에 따라서는 하루종일이 소요되는 운동입니다. 그 긴 시간 자체도 문제지만, 그처럼 긴 시간이 소요되기에 끝난 뒤에도 반드시 잔영이 길게 남는 법입니다. 그 잔영을 갖고 그 날 저녁 성경을 본다 한들 무슨 영성의 샘물을 퍼올릴 수 있겠습니까? 눈앞에서 푸른 잔디밭의 골프 공이 왔다갔다 하는데 어찌 영적인 설교를 준비할 수가 있겠습니까? 그렇기에 골프가 모든 현대인들에게 유익한 운동이라 할지라도 프로가 되고자 하는 현직 목회자에게만은 금물일 수밖에 없는 것입니다.

오늘날은 전문가의 시대입니다. 프로의 시대가 된 것입니다. 어떤 분야에서건 프로만이 살아남을 수 있고 그 분야를 이끌어 나갈 수 있습니다. 그렇다고 해서 아무나 프로가 되는 것은 아닙니다. 프로가 되기 위해서는 투철한 프로 의식이 있어야 하고, 그 의식을 행동화할 수 있는 실천력이 있어야 합니다.

이것은 신앙의 세계에서도 마찬가지입니다. 참된 신앙인이 되려면 프로 신앙인이 되어야 합니다. 어설픈 신앙으로는 안 됩니다. 어설픈 신앙으로는 이 세상의 혼란과 어둠을 가중시킬 뿐입니다. 프로 신앙인만이 무너져 내리는 이 세상을 바로 세우는 한 알의 밀알이 될 수 있고, 썩어 가는 이 세상을 살리는 소금이 될 수 있고, 이 세상을 삼키려는 흑암을 몰아내는 빛일 수 있고, 언제라도 하나님 앞에 부끄럼없이 설 수 있습니다.

길이요 진리요 생명이시며 만물을 새롭게 하시는 예수 그리스도를 믿는 참된 그리스도인, 프로 그리스도인이란 두말 할 것도 없이 성령 충만한 자, 즉 지난 주일에 살펴본 바와 같이 영원하신 주님의 숨결, 주님의 생명 속에서 살아가는 자입니다. 그렇다면 주님의 숨결 속에서 살아가는 성령 충만한 프로 그리스도인이 되기 위하여 지녀야 할 프로 의식은 대체 무엇이겠습니까?

공포에 질린 채 마가의 다락방에 숨어 있던 제자들을 찾아오신 주님께서는 그들에게 성령, 곧 당신의 숨결을 불어넣어 주셨습니다. 그리고는 그냥 그 곳을 떠나 버리신 것이 아니었습니다. 주님께서는 그들에게 성령을 불어넣어 주시면서 한마디 당부의 말씀을 덧붙이셨습니다. 바로 그 말씀이야말로 성령 충만한 참된 그리스도인, 주님을 따르는 프로 그리스도인들이 지녀야 할 프로 의식인 것입니다. 그 내용을 본문 23절은 이렇게 밝혀 주고 있습니다.

"너희가 뉘 죄든지 사하면 사하여 질 것이요,
뉘 죄든지 그대로 두면 그대로 있으리라" 하시니라.

여기에서 '그대로 둔다' 는 동사 'krateo' 는 '붙잡고 있다', '쥐고 있다' 는 의미입니다. 누구의 어떤 죄든지 사하면 그가 용서함을 받을 것이요, 누구의 죄든지 내 손에 쥐어 잡고 그의 죄인 됨을 즐기기만 한다면 그는 결코 용서받지 못하는 죄인이 된다는 것, 이것이 프로 그리스도인들이 품어야 할 프로 의식입니다.

그렇다고 해서 이 말씀을 주님께서 죄 사함의 권세 자체를 우리에게 위임해 주신 것으로 오인해서는 안 됩니다. 죄 사함의 권세는 오직 삼위일체 되신 하나님의 전유물입니다. 성부, 성자, 성령 하나님만 인간의 죄를 용서하실 수 있습니다. 그러므로 본문의 말씀은 우리의 호불호(好不好)에 따라 죄 사함을 임의로 선포하라는 뜻이 아니라, 누구든지 그리스도 앞으로 인도하여 우리의 구원자 되신 그리스도 안에서 하나님으로부터 죄사함을 얻게 해주라는 의미인 것입니다.

이 세상에는 길이요 진리요 생명이신 주님을 알지 못한 채 죄의 수렁 속에서 허덕이고 있는 사람들이 너무나 많습니다. 내가 그들을 주님 앞으로 인도하면 그들이 주님으로부터 죄 사함의 구원을 받을 것이요, 내가 그들을 방치하고 그들의 죄 지음을 즐기기만 한다면 그들은 영락없이 심판받고 말리라는 것, 다시 말해 내 주위에 있는 사람들이 그리스도 안에서 죄 사함을 받고 영원한 생명을 얻을 수 있느냐 아니냐는 전적으로 나의 책임임을 통감하는 것, 바로 이것이 프로 그리스도인들에게 요구되는 프로 의식입니다.

기독교는 생명의 종교입니다. 죄 가운데서 죽어 가는 사람들을 살리는 종교입니다. 그리스도인들이란 그처럼 죽어 가는 사람들을 살리는 생명의 도구들입니다. 죄 가운데서 죽어 가는 그들을 그리스도 앞으로 인도할 책임이 자신에게 있다는 이 프로 의식 없이 어찌 참된 그리스도인, 사람을 살리는 프로 그리스도인들이 될 수 있겠습니까? 왜 주님께서 다른 불신자들보다 전혀 나을 것 없는, 아니 오히려 그들보다 더 못한 우리를 먼저 구원하시고 불러 주셨습니까? 사람을 살리는 당신의 도구로 쓰시기 위함입니다. 왜 주님께서 오늘도 말할 수 없이 크나큰 당신의 은총으로 우리를 품어 주고 계십니까? 이 세상 사람을 구원하는 생명의 통로로 사용하시기 위함입니다. 그것이 아니라면 이 세상에 살아 있을 명분이 없습니다. 바로 이것이 그리스도인이 품어야 할 프로 의식입니다.

그러므로 한평생 교회를 다녔다 할지라도 아직까지 단 한 사람을 위해서도 참 생명의 도구가 되어 본 적이 없다면, 그는 아직까지 프로 그리스도인은 아닙니다. 그러나 이제 막 주님을 영접한 초신자라 할지라도 죄 가운데 있는 자들에 대하여 책임을 통감하는 자가 있다면, 그는 이미 프로 그리스도인이 된 것입니다.

시편 23편은 다윗이 지은 시로서 그리스도인들이 가장 좋아하는 노래입니다. 그 노래를 읊으면 우리의 심령은 금세 평강과 소망으로 가득 차오릅니다.

여호와는 나의 목자시니
내가 부족함이 없으리로다.
그가 나를 푸른 초장에 누이시며
쉴 만한 물가으로 인도하시는도다.
내 영혼을 소생시키시고

자기 이름을 위하여 의의 길로 인도하시는도다.
내가 사망의 음침한 골짜기로 다닐지라도
해를 두려워하지 않을 것은
주께서 나와 함께하심이라.
주의 지팡이와 막대기가 나를 안위하시나이다. (시23:1~4)

아무리 읊어도 지루하기는커녕 나와 함께하시는 하나님의 사랑을 온몸으로 절감케 해주는 영혼의 노래입니다. 그런데 이 노래는 이 이후 이렇게 계속되고 있습니다.

주께서 내 원수의 목전에서 내게 상을 베푸시고
기름으로 내 머리에 바르셨으니
내 잔이 넘치나이다. (시23:5)

주님께서 내게 큰 잔칫상을 배설하시고 내 머리에 향기로운 기름을 부어 주시매, 잔이 넘치는 그 은혜와 사랑과 풍요로움을 주님께서 내 원수의 목전에서 행하여 주셨다는 것입니다. 원수의 목전에서 내가 그처럼 존귀케 되었으니 얼마나 통쾌합니까? 그래서 우리는 이 구절을 읊조릴 때마다 머지않아 나를 괴롭히는 원수의 코가 주님 앞에서 납작하지는 모습을 그리면서 주님을 찬양하곤 합니다.

그런데 지난달 세례를 받은 한 성도님은 하나님을 향한 자신의 신앙고백에서 바로 이 구절을 인용한 뒤 다음과 같이 고백하였습니다.

"주님께서는 제게 큰 상을 차려 주시고 풍요로움이 넘치게 하여 주셨습니다. 그러나 주님께서는 그 자리에 나의 원수들도 함께하도록 하셨습니다. 내가 어찌 그 원수들 앞에서 나 혼자 풍요로움을 누릴 수 있겠습니까? 저의 갈 길은 오직 하나뿐입니다. 하나님께서 내게 차려 주신 그 큰 상 주위에 원수와 더불어 모두 모여 함께 나누고 사랑을 베푸는 것입니다.”

주님께서 원수의 목전에서 내게 잔칫상을 배설하신 것은 내 앞에서 원수의 기를 꺾으시고 원수의 코를 납작하게 하려 하심이 아니라, 나로 하여금 원수와 더불어 잔칫상을 나누게 하려 하심이라는 것입니다. 다시 말해 이 성도님은 하나님께서 자신에게 말할 수 없이 큰 사랑과 생명의 은총을 베푸심은, 바로 자신이 원수처럼 생각하는 사람에게마저 그 생명과 사랑을 전하는 생명의 도구로 자신을 사용하시기 위함으로 이해하고 있는 것입니다. 얼마나 심오한, 그리고 명확한 깨달음입니까? 이런 분명한 의식을 갖고 있는 한, 원수의 구원에 대한 자신의 책임을 통감하고 있는 한, 그 성도님이 비록 지난달 세례를 받은 초신자라 할지라도 그는 프로 그리스도인임이 틀림없습니다.

작년 9월 우리 교회에 오셔서 은혜로운 간증을 해주셨던 서울 구치소 경비교도대 대대장이신 박효진 장로님께서 그 동안 자신을 통해 구치소 안에서 일어난 하나님의 역사를 증언하는 책을 발간하였는데, 그분은 자신의 책에 〈하나님이 고치지 못할 사람은 없다〉는 제목을 붙였습니다. 아무리 흉악한 사형수라 할지라도 그에게 예수 그리스도의 복음을 증거하기만 하면, 예수 그리스도 앞으로 그를 인도하기만 하면, 전혀 새로운 사람으로 하나님께서 고치시고 살리시더라는 뜻에서입니다. 그분은 사형수를 사형수로 보지 않습니다. 그분은 구치소로 들어오는 사형수들을 하나님께서 자기에게 맡겨 주신 하나님의 귀한 자녀들로 여깁니다. 그래서 그들이 비록 세상의 법정에서는 돌이킬 수 없는 죄인이 되었다 할지라도, 하나님 앞에서 죄 사함을 얻게 하는 구원을 받게 하지 못한다면 그것은 전적으로 먼저 믿은 자신의 책임임을 통감하면서, 사형수들과 함께 부둥켜안고 울며 찬송하고 기도하면서 끝내 그들을 그리스도 안에서 구원받게 만드는 그분이야말로, 주님께서 원하시는 프로 그리스도인의 표상이 아닐 수 없습니다.

사도 바울은 이렇게 고백하고 있습니다.

> 보라. 이제 나는 심령에 매임을 받아 예루살렘으로 가는데
> 저기서 무슨 일을 만날는지 알지 못하노라.
> 오직 성령이 각 성에서 내게 증거하여
> 결박과 환난이 나를 기다린다 하시나,
> 나의 달려갈 길과 주 예수께 받은 사명,
> 곧 하나님의 은혜의 복음 증거하는 일을 마치려 함에는
> 나의 생명을 조금도 귀한 것으로 여기지 아니하노라. "
> (행 20:22~24)

그는 믿지 않는 사람들에게 생명의 복음을 증거하기 위해서라면 환난이나 핍박은 말할 것도 없고 죽음마저 두려워하지 않았습니다. 주님께서 자신을 먼저 구원하시고 사랑하시는 까닭이 그 사명을 수행케 하시기 위함이라는 것을 그는 분명히 알고 있었던 것입니다. 두말 할 것도 없이 그는 진정한 프로 그리스도인이었던 것입니다. 프로 그리스도인인 그를 통하여 세계의 역사가

새로워진 것은 너무나 당연한 귀결이었습니다.

추락하던 한국 경제는 마침내 IMF에 구제 금융을 요청하는 지경에까지 이르고 말았습니다. 이로 인해 온 나라에는 위기감이 팽배해 있습니다. 그러나 위기인 것은 경제가 아닙니다. 경제란 산등성이가 있으면 반드시 골이 있는 법이요, 골에 닿으면 반등이 있게 마련입니다. 인류 역사상 어느 나라의 경제이건 변함없이 상승하기만 한 나라는 단 한 나라도 없습니다.

정작 위기인 것은 아직도 이 나라에 불의와 부패, 부정과 거짓, 야합과 술수, 타락과 방종이 판을 치고 있다는 것입니다. 다시 말해 많은 사람들이 생명과 진리의 길을 벗어나, 헛되고 헛되며 헛되고 헛된 욕망에 사로잡혀 죄악과 죽음의 길로 걸어가고 있다는 것입니다. 더 큰 위기는 그들을 진리와 생명의 길로 인도해야 할 책임이 그리스도인에게 있음에도 불구하고 그리스도인들은 그 책임을 깨닫지조차 못하고 있다는 것입니다. 그 책임을 맡겨 주시기 위해 우리를 먼저 구원해 주셨건만 우리는 나만을 위하는 이기적, 기복적 신앙 속에 안주하고 있다는 사실입니다.

이보다 더 무서운 위기는 없습니다. 한 나라의 경제는 등락을 거듭할 수 있지만 이 땅에서의 인간의 생이란 단 한 번뿐이요, 그 한 번의 삶으로 영원한 판결을 받아야 하기 때문입니다. 만약 이 땅의 그리스도인들이 이 사실을 통감하여 이 시기를 이 민족에게 의와 진리와 생명을 삶으로 전하고 보여 주고 일깨워 주는 기회로 삼는다면 작금의 경제난은 위기가 아니라 하나님의 은총임이 분명할 것입니다.

사랑하는 교우 여러분, 이 시대의 경제는 정부와 정치인, 그리고 경제인과 국민 모두의 책임이라 할지라도, 이 시대의 생명은 우리 그리스도인들만의 책임임을 잊지 맙시다. 우리 모두 이 민족을 의와 진리와 생명의 길로 인도하는 프로 그리스도인들이 됩시다. 우리가 프로 그리스도인기 되는 한 이 나라는 결코 망하지 않습니다. 오히려 더욱 반석 위에 세워질 것입니다. 이 다음 하나님 앞에 설 때 하나님께서는 네가 얼마나 경제를 살렸느냐고 묻지 않으실 것입니다. 그 대신 이렇게 물으실 것입니다.

"네가 죄 사함을 얻게 하는 복음으로 얼마나 많은 사람을 살렸느냐?"

사랑의 주님!
내 원수의 목전에서 내게 상을 베푸심은
원수에게마저도 사랑과 생명을 전하게 하기 위함임을
깨닫게 해주시니 감사드립니다. 이 나라의 위기는 경제가
아니라, 불의와 거짓이 팽배한 사회 속에서
그리스도인으로서의 책임을 느끼지 못하는
우리 자신임을 일깨워 주셔서 감사드립니다.
우리 모두 프로 그리스도인들이 되게 해주시옵소서.
한 사람이라도 더 많은 사람을 진리 앞으로 인도해 내는
프로 신자들이 되게 해주시옵소서.
그리하여 우리를 먼저 구원해 주신 하나님의 은총과
사랑에 보답해 드리는 프로 신앙인이 되게 해주시옵소서.
우리 모두가 프로 그리스도인들이 됨으로써
오늘의 경제난이 이 나라가 새롭게 소생하는
하나님의 은총의 기회가 되게 해주시옵소서. 아멘.

15

내 손과 옆구리

열두 제자 중에 하나인 디두모라 하는 도마는
예수 오셨을 때에 함께 있지 아니한지라.
다른 제자들이 그에게 이르되
"우리가 주를 보았노라" 하니 도마가 가로되
"내가 그 손의 못자국을 보며
내 손가락을 그 못자국에 넣으며
내 손을 그 옆구리에 넣어 보지 않고는
믿지 아니하겠노라" 하니라.
여드레를 지나서 제자들이 다시 집 안에 있을 때에
도마도 함께 있고 문들이 닫혔는데
예수께서 오사 가운데 서서 가라사대
"너희에게 평강이 있을지어다" 하시고,
도마에게 이르시되
"네 손가락을 이리 내밀어 내 손을 보고
네 손을 내밀어 내 옆구리에 넣어 보라.
그리하고 믿음 없는 자가 되지 말고 믿는 자가 되라."
도마가 대답하여 가로되
"나의 주시며 나의 하나님이시니이다."
예수께서 가라사대
"너는 나를 본 고로 믿느냐?
보지 못하고 믿는 자들은 복되도다" 하시니라.

요한복음 20:24~29

예수님께서 부활하셨음에도 불구하고, 그 사실을 막달라 마리아에게서 전해 들었음에도 불구하고, 베드로와 요한은 직접 주님의 무덤을 찾아가 무덤이 비어 있음을 확인하였음에도 불구하고, 주님의 부활을 믿지 못하여 겁에 질린 채 다락방 속에서 문들을 걸어잠그고 두려움에 떨고 있는 제자들을 부활하신 주님께서 친히 찾아오셨습니다. 주님께서는 무엇보다도 먼저 공포에 질린 제자들에게 당신의 평강을 부어 주셨고, 배신자들인 제자들에 대한 계속적인 신뢰를 천명해 주셨습니다. 그리고 당신의 영원한 생명의 숨결인 성령을 불어넣어 주신 다음, 참 그리스도인, 진정한 그리스도인으로서 지니고 있어야 할 바른 의식이 무엇인지를 일깨워 주셨습니다.

그런데 본문 24절은 이렇게 시작되고 있습니다.

열 두 제자 중에 하나인 디두모라 하는 도마는
예수 오셨을 때에 함께 있지 아니한지라.

여기에서 '디두모'란 '쌍둥이'를 의미합니다. 예수님의 제자 중 도마가 누구와 쌍둥이였는지 알 수 없지만, 여하튼 쌍둥이였던 도마만은 부활하신 예수님께서 제자들을 찾아오셨던 그 역사적인 현장에 무슨 영문인지 같이 있지를 않았습니다. 그래서 본문 25절은 이렇게 계속되고 있습니다.

다른 제자들이 그에게 이르되 "우리가 주를 보았노라" 하니
도마가 가로되 "내가 그 손의 못자국을 보며 내 손가락을
그 못자국에 넣으며 내 손을 그 옆구리에 넣어 보지 않고는
믿지 아니하겠노라" 하니라.

제자들로부터 예수님의 부활 소식을 전해들은 도마는, 부활의 첫 증인인 막달라 마리아의 말을 들은 제자들이 그러했던 것처럼 전혀 제자들의 말을 믿으려 하지 않았습니다. 도마는 부활하신 주님께서 자신의 눈앞에 나타나신다 할지라도, 예수님 손의 못자국과 옆구리의 창자국을 자신의 손으로 확인하기 전까지는 결코 믿을 수 없노라 단언하였습니다. 그리고 그로부터 여드레를 지나서 있었던 일을 본문 26절과 27절은 이렇게 전하여 주고 있습니다.

여드레를 지나서 제자들이 다시 집 안에 있을 때에
도마도 함께 있고 문들이 닫혔는데

예수께서 오사 가운데 서서 가라사대
"너희에게 평강이 있을지어다" 하시고,
도마에게 이르시되
"네 손가락을 이리 내밀어 내 손을 보고
네 손을 내밀어 내 옆구리에 넣어 보라.
그리하고 믿음 없는 자가 되지 말고 믿는 자가 되라."

그 날도 문들은 여전히 닫혀 있었지만, 다시 말해 아무도 열어 둔 사람이 없었지만, 지난 10월 셋째 주일에 살펴보았듯이 주님께서는 시간과 공간을 초월하여 그 방 안에 나타나시어 또다시 당신의 평강을 부어 주셨습니다. 그리고 못자국과 창자국이 뚜렷한 당신의 손과 옆구리를 도마에게 보여 주시면서, 당신이 과연 부활하신 주님인지 아닌지 도마로 하여금 직접 손으로 확인해 보게 하셨습니다.

여기에서 중요한 것은 도마나 예수님이나 예수 부활의 증거를 예수님의 얼굴이나 옷, 혹은 말이 아니라, 예수님이 당하신 고난의 흔적에서 찾았다는 것입니다. 도마가 요구한 것이 바로 고난의 흔적이었고, 예수님께서 도마에게 확인시켜 주신 것 또한 고난의 상처, 아픔의 흔적이었습니다.

그 때 도마가 예수님의 상처를 직접 자기 손으로 만져 보고 확인해 보았습니까? 아니었습니다. 본문 28절은 이렇게 증거하고 있습니다.

도마가 대답하여 가로되
"나의 주시며 나의 하나님이시니이다."

우리 개역성경에는 "나의 주시며 나의 하나님이시니이다" 하고 서술형으로 번역되어 있지만, 원문은 서술형이 아닌 감탄형으로 기록되어 있습니다. 도마는 예수님의 상처 자국을 보는 순간 감탄을 터뜨리고 말았습니다.

"아! 나의 주님, 나의 하나님!"

새삼스럽게 예수님의 못자국을 만져 보고 옆구리에 손을 넣어 볼 필요가 전혀 없었습니다. 예수님께서 지니고 계신 고난의 흔적보다 더 분명한 부활의 증거는 없었기 때문입니다.

그러므로 우리는 오늘 대단히 귀중한 사실을 깨닫게 됩니다. 우리는 모두 그리스도인이요, 그리스도인이란 부활하신 예수 그리스도의 증인들입니다. 그렇다면 우리는 모두 이 세상을 향하여 주님께서 인류를 살리시기 위해 당하셨던 고난의 흔적, 아픔의 흔적, 고통의 상처를 보여 줄 수 있어야만 합니다. 그보다 더 확실한 예수님의 그리스도 되심의 증거는 있을 수 없는 까닭입니다.

93년 4월 제2회 신앙 대강좌가 열렸을 때, 강사 중 한 분이었던 이어령 교수님으로부터 '교회 밖에서 본 교회'라는 제목의 강연을 들었습니다. 한국 교회와 한국 교인들의 모습이 비기독교인의 눈에는 어떻게 투영되고 있는지 알아보기 위함이었습니다. 그분은 웬만한 교인보다 성경을 더 많이 읽은 분입니다. 자신은 예수님이 구원자 되심을 믿는다고 했습니다. 앞으로 종교를 택해야 할 경우가 온다면 필경 기독교를 택하게 될 것이라고 말하기도 했습니다. 그럼에도 불구하고, 자신이 아직 교회에 다닐 수 없는 까닭을 그분이 본문을 들어 설명한 요지는 다음과 같았습니다.

"도마가 예수 부활의 증거로 요구한 것이 바로 고난의 흔적이었고, 예수님께서 부활의 증거로 도마에게 보여 주셨던 것 또한 고난과 아픔의 상처였습니다. 교회가 세상에 보여 주어야 할 증거가 바로 이것입니다.—진리 때문에 고난 당한 흔적, 시대의 아픔에 동참한 상처 자국, 세상을 살리기 위해 스스로 당한 희생의 흔적. 그러나 오늘날 교회는 이러한 흔적과 자국을 보여 주지 못하고 있습니다. 교회가 이 세상을 향하여 보여 주는 것이라고는 집단화된 이기심, 거대한 야망, 그리고 세속화된 성공주의와 출세주의뿐입니다. 이것은 예수 그리스도께서 보여 주셨던 증거가 결단코 아닙니다. 누구든지 나에게 예수 그리스도께서 인류를 위해 당하셨던 고난의 상처와 아픔의 흔적을 보여 줄 수 있는 교회를 소개해 주십시오. 나는 그 교회 교인 되기를 고려해 보겠습니다."

우리는 모두 그분의 외침 앞에서 침묵할 수밖에 없었음을 생생하게 기억하고 있습니다. 그분의 외침은 우리 자신을 되돌아보게 해주었고, 우리 자신을 아무리 살펴보아도 이 세상에 보여 줄 수 있는 고난의 흔적, 진리의 상처를 찾아볼 수 없었기 때문입니다. 있는 것이라고는 예수 그리스도를 이용하여 성취하기를 원하는 우리의 야욕뿐이었던 것입니다.

지난달 세례를 받은 한 성도님은 하나님을 향한 자신의 신앙 고백문에서 그리스도인 됨의 의미, 다시 말해 신앙의 참된 의미를 다음과 같이 정의하고 있습니다.

"왕국이 있었습니다. 지혜롭고 전지전능한 힘을 가진 왕이 다스리고 있었습니다. 그 왕국의 성곽을 지키는 장수 중에 무술이 뛰어나고 지혜와 능력을 갖춘 사람이 있었습니다. 그는 자신의 능력과 지혜에 감사할 줄 알았고, 주어진 일에 항상 성실했고 행복한 가정을 이루며 살았습니다. 어느 날 왕으로부터 부름을 받았고, 왕 앞에서 충성을 맹세한 다음, 적으로부터 왕국을 지키라는 명령을 받았습니다. 그런데 왕은 그에게 칼을 버리고 갑옷을 벗게 하였습니다. 성곽 밖으로 나가 적을 물리치되 주어진 권세를 쓰지 말 것이며, 다만 사랑으로 적을 물리치라 하였습니다. 자신의 권세와 힘과 능력과 지혜로 쉽게 적을 물리칠 수 있건만, 이를 사용치 말고 단지 사랑으로 적을 승복시키라 하십니다. 저는 성령에 의지합니다. 헌신은 육체적 고통이 따르고, 사랑은 스스로를 희생해야만 합니다. 그렇지만 저는 하나님의 군병으로 하나님의 명령에 승복하겠습니다."

얼마나 보배로운 깨달음입니까! 참된 그리스도인이 된다는 것은 오직 진리의 법, 사랑의 법으로 이 세상을 살아가는 것을 의미합니다. 진리의 법, 사랑의 법으로 전쟁터와 같은 이 세상을 살아가자면 할퀴우고 찢기는 등 상처 자국, 고난의 자국이 생기지 않을래야 생기지 않을 수가 없습니다. 그럼에도 불구하고 그 성도님은 하나님의 군병으로 하나님의 명령에 승복하여 진리의 법, 사랑의 법으로 살아갈 것을 맹세하고 있습니다. 어떻게 그런 결단이 가능할 수 있었겠습니까? 예수 그리스도의 고난의 흔적이 영원한 부활의 참된 발판이듯이, 진리와 사랑 때문에 당하는 아픔과 고난의 상처는 참된 사랑과 생명의 터전임을 확신하고 있기 때문이 아니겠습니까?

아픔 없는 사랑이란 값싼 욕정일 뿐이요, 진통 없는 생명이란 마약에 지나지 않습니다. 사랑은 자기 희생의 아픔을 통해서만 피어나는 꽃이요, 생명은 자궁이 찢어지고 골반이 으스러지는 고통을 통해서만 출산되는 법입니다. 총과 칼을 들고 온 천하를 정복할 수는 있어도, 자기 아픔과 진통 없이는 단 한 사람의 마음속에도 참된 생명과 사랑을 심어 줄 수 없는 이유가 여기에 있습니다. 내가 그리스도의 진리 때문에 아파하면 아파할수록, 그리스도의 사랑 때문에 나의 진통이 크면 클수록, 그 상처 자국을 통해 그리스도의 생명과 사랑은 더 크게 역사하여 더 많은 사람을 살리고 세상을 더욱 아름답게 변화시키는 것입니다. 그 결과 총이나 칼, 돈이나 권력으로도 구축할 수 없는 아름다운 에덴을 이 세상 속에 복원시킬 수 있는 것입니다. 그렇기에 참된 그리스도인이라면 진리와 사랑 때문에 세상에 보여 줄 수 있는 고난의 자국을 갖지 않을 수 없고, 그 자국을 가진 자는 세상을 바로 세우는 생명의 불씨가 되지 않을 수가 없습니다. 그를 통하여 예수 그리스도의 생명과 진리가 꽃피기 때문입니다.

그래서 사도 바울은 이렇게 고백하였습니다.

> 내가 이제 너희를 위하여 받는 괴로움을 기뻐하고
> 그리스도의 남은 고난을 그의 몸된 교회를 위하여
> 내 육체에 채우노라. (골 1:24)

여기에서 '그리스도의 남은 고난'이란 예수 그리스도께서 못다 당하신 고난이 남아 있다는 의미가 아닙니다. 그리스도를 믿는 자로서 그리스도를 본받아 그분의 진리와 사랑 안에서 살아가다 보면 고난의 자국이 생기지 않을 수가 없고, 그 고난의 자국만이 교회가 이 세상에 보여 줄 수 있는 참 생명의 증표인 동시에 진정한 사랑의 표식이라는 의미입니다.

　제2회 광주 비엔날레 전시작 중에 루마니아 작가 네드코 솔라코브(Nedko Solakov)가 출품한 '나무 아래 어디선가'(Somewhere Under the Tree)라는 제목의 작품이 있었습니다. 큰 전시실 천장에 땅 아래 있는 나무 뿌리들을 사실적으로 형상화한 작품이었습니다. 말하자면 전시실 천장이 지표면이요, 천장 아래 빈 공간이 온통 흙으로 가득 찬 땅 속이 되는 셈이었습니다. 땅 위에 나무들이 한가로이 서 있습니다. 그 모습만 보면 말할 수 없이 평화스러운 광경입니다. 그러나 보이지 않는 땅 속에서 각 나무뿌리들은 서로 더 유리한 자리를 차지하기 위하여 서로 얽혀 가면서 무서운 전쟁을 치르고 있는 것입니다. 작가는 그 보이지 않는 곳에서 벌어지고 있는 뿌리들의 처절한 다툼과 암투를 적나라하게 표현함으로써, 실은 끊임없이 자행되는 인간들의 다툼을 고발하고 있는 것이었습니다.

　그런데 그 작품을 보는 순간 제 눈에는 천장에 매달린 나무뿌리만 보이는 것이 아니라, 허공이, 아니 그 나무뿌리들을 감싸고 있는 흙―대지가 보이는 것이었습니다. 뿌리가 왕성해질수록, 뿌리들의 다툼이 치열해질수록 사실은 대지의 품이 할퀴어지며 찢어지고 있는 것입니다. 만약 대지가 그 고난이, 진통이 싫다고 해서 나무를 뱉어 내버린다면 나무의 존재는 불가능해지고 맙니다. 대지의 아픔과 고난과 진통이 나무에게는 생명의 자궁이 되어 나무가 싱그럽게 살아 있을 수 있는 것입니다. 다시 말해 이 땅 위에 살아 숨쉬고 있는 모든 나무들은, 실은 대지의 상처 자국 위에 서 있는 것입니다. 왜 대지가 생명일 수 있습니까? 생명의 잉태를 위해서라면 상처와 진통과 아픔을 조금도 주저하지 않기 때문입니다.

저는 그 전시장의 허공, 아니 대지 속에서 우리를 품고 계시는 예수 그리스도를 보았습니다. 끝없는 죄악의 수렁 속에서 벗어날 줄을 모르는 우리를 살리시기 위해 당신이 친히 십자가 위에서 못 박히시고 찢어지심으로 끝내 당신의 사랑과 진리의 대지 속에서 우리를 바로 세우시는 예수 그리스도를 말입니다.

저는 또 그 전시장의 허공, 대지 속에서 스스로 이루어 가야 할 우리 자신들의 모습을 보았습니다. 난장판이자 전쟁판과 같은 이 세상을 예수 그리스도 사랑의 법, 진리의 법으로 껴안음으로 우리의 전신이 상처투성이가 된다 하나, 그 상처 자국을 통해 역사하시는 예수 그리스도로 인해 이 세상을 바로 세워 가야 할 참된 그리스도인으로서의 우리 자신들의 모습을 말입니다.

그 전시장의 허공, 대지야말로 예수 그리스도께서 우리에게 보여 주신 고난의 자국이자 부활의 증거인 동시에, 우리가 그리스도인으로서 이 세상에 보여 주어야 할 사랑의 증표, 생명의 표식이었던 것입니다.

지금 우리나라는 사상 유례 없는 어려움에 직면해 있습니다. 누구를 비난하기에 앞서 그리스도인으로서 사랑과 진리의 법으로 이 세상을 바르게 품지 못했던 우리 그리스도인들의 책임임을 하나님 앞에 겸손하게 고백합시다. 진통과 아픔이 없이는 생명의 모태가 될 수 없거늘, 우리 모두 아무런 고통 없이 사랑과 생명을 누리려 했던 마약중독자들이었음을 하나님께 회개합시다. 그리스도인으로서 이 세상에 보여 주어야 할 것은 부활을 위한 예수 그리스도의 고난의 흔적이었음에도 불구하고, 우리가 세상을 향하여 보여 주었던 것은 겉껍질만 복음으로 위장한 추한 욕망 덩어리였음을 하나님 앞에서 자복합시다.

사랑하는 교우 여러분, 오직 우리를 살리기 위해 고난 당하러 오신 예수 그리스도를 대망하는 대강절 첫째 주일을 맞이하여 길이요 진리요 생명이신 예수 그리스도를 따르는 우리가 먼저 불의와 거짓, 사치와 허영, 방종과 야욕의 미몽에서 깨어납시다. 진리와 사랑의 법으로 무너져 내리는 이 혼란한 세상을 껴안는 생명의 대지가 됩시다. 이 민족을 진리와 정의 안에서 바로 살리기 위해 우리가 당해야만 할 고난과 진통이라면 기꺼이 감수합시다. 진리의 사람임을 자처하는 우리가 그것을 두려워한다면 어찌 이 세상이 진리와 정의의 사회가 될 수 있겠습니까? 진리와 사랑 때문에 우리가 할퀴어지고 찢어지면 찢어질수록 주님께서 대한민국이라는 나무의 뿌리를 더욱 든든하게 하실 것임을 믿읍시다. 그 때 예수 그리스도의 흔적을 가진 우리를 통하여 이 나라를 부활케 하시는 주님을 보면서, 세상 사람들은 도마처럼 고백하고야 말 것입니다.

"아! 나의 주님, 나의 하나님!"

주님, 세상을 향하여 욕망의 손만을 펼쳐 보였습니다.
세인을 향해 정욕의 몸뚱이만을 보여 왔습니다.
그래서 세상을 비추는 진리의 빛이기는커녕,
사회를 이 지경으로까지 허물어지게 한
주범이었음을 이 시간 회개합니다.
상처받지 않고서는, 찢어지지 않고서는, 뼈가 으스러지는
진통 없이는, 생명과 진리와 사랑이 잉태될 수 없음을
잊지 말게 하옵소서.

이제부터 예수 그리스도의 흔적을 지니는 자들이
되게 하여 주옵소서.
그 흔적으로 인하여
이 세상 사람들이 주님을 알게 하옵소서.
우리 모두 예수 그리스도 안에서
아수라장 같은 이 세상을 품는
생명의 대지가 되게 하옵소서.
그리하여 오늘 이 나라가 당하는 어려움이,
우리 주님의 진리의 법, 사랑의 법,
생명의 법, 정의의 법을 믿고 따르는
이 땅의 그리스도인들로 인하여,
오히려 이 나라에 찬란한 부활의 영광이 임하는
은총의 계기가 되게 하여 주옵소서. 아멘.

16

우리가 보았노라

열두 제자 중에 하나인 디두모라 하는 도마는
예수 오셨을 때에 함께 있지 아니한지라.
다른 제자들이 그에게 이르되
"우리가 주를 보았노라" 하니 도마가 가로되
"내가 그 손의 못자국을 보며
내 손가락을 그 못자국에 넣으며
내 손을 그 옆구리에 넣어 보지 않고는
믿지 아니하겠노라" 하니라.
여드레를 지나서 제자들이 다시 집 안에 있을 때에
도마도 함께 있고 문들이 닫혔는데
예수께서 오사 가운데 서서 가라사대
"너희에게 평강이 있을지어다" 하시고,
도마에게 이르시되
"네 손가락을 이리 내밀어 내 손을 보고
네 손을 내밀어 내 옆구리에 넣어 보라.
그리하고 믿음 없는 자가 되지 말고 믿는 자가 되라."
도마가 대답하여 가로되
"나의 주시며 나의 하나님이시니이다."
예수께서 가라사대
"너는 나를 본 고로 믿느냐?
보지 못하고 믿는 자들은 복되도다" 하시니라.

요한복음 20:24~29

본문 24절과 25절 상반절은 이렇게 시작되고 있습니다.

열두 제자 중에 하나인 디두모라 하는 도마는
예수 오셨을 때에 함께 있지 아니한지라.
다른 제자들이 그에게 이르되
"우리가 주를 보았노라" 하니

주님께서 부활하셨음에도 불구하고 그 사실을 믿지 못한 채 겁에 질려 문들을 걸어잠그고 다락방에 숨어 있는 제자들 한가운데 부활하신 주님께서 나타나셨습니다. 사흘 전 분명히 십자가에 못 박혀 돌아가셨는데 무덤을 깨뜨리시고 부활하시어 시간과 공간을 초월해 자신들을 찾아오신 부활의 주님을 직접 뵙는다는 것은, 제자들로서는 실로 황홀하기 그지없는 체험이었습니다. 그

런데 웬 영문인지 그 역사적인 현장에 예수님의 제자 중 도마만
은 있지 않았습니다. 그래서 나중에 도마를 만난 제자들이 그에
게 이렇게 말했습니다. 부활하신 주님을 직접 뵈었던 자들에게
는 그 한마디 외에 따로 더할 말이 없었던 것입니다.

“우리가 주를 보았노라.”

그런데 우리는 제자들의 이 외침과 똑같은 외침을 이미 이 날
새벽에 들은 적이 있습니다. 바로 그 날 새벽, 예수님의 시신에
향품을 발라 드리기 위해 예수님의 무덤을 찾았던 막달라 마리
아는 뜻밖에도 부활하신 예수님을 처음으로 뵙는 첫 증인의 영
광을 얻습니다. 그 직후 그녀가 무엇을 했는지를 본장 18절 상반
절은 이렇게 증거하고 있습니다.

막달라 마리아가 제자들에게 가서
“내가 주를 보았다” 하고

그녀는 그 길로 예수님의 제자를 향하여 달려가 이렇게 외쳤
습니다.

“내가 주를 보았다.”

막달라 마리아와 제자들의 외침은 똑같이 “주님을 보았다”는
것이었습니다. 여기에서 ‘보았다’ 는 동사 ‘horao’ 는 얼핏 보거
나 스쳐보는 것을 의미하지 않습니다. 이것은 매우 주의 깊게 살
펴보는 것을 뜻하는 단어입니다.

길을 걸어가다가 친한 친구를 우연히 만날 때, 그 친구의 머리
끝부터 발끝까지 찬찬히 뜯어본 뒤에야 친구임을 알아보는 것이
아닙니다. 그냥 척 보는 순간에 아는 것입니다. 막달라 마리아와

제자들은 그 날 처음 주님을 뵌 것이 아니었습니다. 오래도록 주님을 따라다녔기에 주님을 뵙는 순간 알아볼 수 있는 자들이었습니다. 그럼에도 불구하고 그들은 주님을 주의 깊게 살펴보았습니다. 그들이 그토록 주의 깊게 살펴본 이유는 도대체 무엇이었겠습니까?

주님께서는 분명히 그들의 목전에서 십자가에 못 박혀 돌아가셨습니다. 그리고 돌아가신 예수님의 시신은 무덤에 장사되기까지 하였습니다. 그런데 그 주님께서 부활하시어 그들 앞에 서 계신 것입니다. 그래서 그들은 주님에게서 죽음을 이기는 참 생명, 영원한 생명을 보았습니다. 또 예수님에게서 진리를 보았습니다. 진리만이 영원히 죽지 않고 죽임 당할 수도 없기 때문이었습니다. 그리고 그들은 주님에게서 참된 길, 하나님 아버지께로 이르는 영원한 구원의 길을 보았던 것입니다. 죄의 삯인 죽음을 이길 수 있는 분만 죄 가운데서 죽을 수밖에 없는 인간을 하나님 아버지께로 이르게 하는 구원자가 되실 수 있는 까닭이었습니다.

다시 말해 그들은 부활하신 주님을 주의 깊게 뵈면서 평소 주님께서 말씀하시던 "내가 곧 길이요 진리요 생명이니 나로 말미암지 않고는 아버지께로 올 자가 없느니라"(요 14:6) 하셨던 주님의 음성을 들었고 보았던 것입니다. 그러므로 막달라 마리아나 제자들이 "주님을 보았다"고 외친 그 외침의 참된 뜻은 '주님이야말로 하나님께 이르게 하는 길이시요, 영원한 진리시요, 참 생명이심을 보았다'는 의미였습니다.

이것을 뒷받침해 주는 것이 바로 도마의 고백입니다. 지난 주일 함께 보았듯이 주님의 부활을 의심하던 도마는 다시 찾아오신 주님을 뵈었을 때 이렇게 감탄을 터뜨리고 말았습니다.

"아! 나의 주님, 나의 하나님!"

도마 역시 부활하신 주님에게서 길이요 진리요 생명이신 성자 하나님을 뵈었던 것입니다.

이처럼 막달라 마리아와 제자들이 '주를 보았다'고 증언한 내용의 심오한 의미는 동일하지만, 그러나 이 양자 사이에는 형태상 두 가지의 차이점이 있습니다.

첫 번째, 말한 주체의 수가 달랐습니다. "내가 주를 보았다"고 말한 막달라 마리아는 혼자인 단수였던 데 반해, "우리가 주를 보았노라"고 외친 제자들은 다수인 복수였습니다. 두 번째로 그 말을 듣는 객체의 수가 달랐습니다. 막달라 마리아가 "내가 주를 보았다"고 증언할 때 그 말을 듣는 객체는 가룟 유다를 제외한 11명의 제자들이었습니다. 그러나 제자들이 "우리가 주를 보았노라"고 말할 때의 객체는 도마 한 사람뿐이었습니다. 우리는 여기에서 귀중한 깨달음 두 가지를 얻게 됩니다.

첫째로 깨달을 수 있는 것은 단 한 사람이라도 길이요 진리요 생명이신 주님을 바르게 증언하는 삶을 살기만 하면 반드시 열매가 수반된다는 사실입니다. "내가 주를 보았다"고 증언할 때 막달라 마리아는 혼자였습니다. 그녀의 말을 들은 제자 중 아무도 그녀의 말을 믿으려 하지 않았습니다. 그 때 막달라 마리아는 진리를 체험한 자로서의 고독감을 혼자 씹지 않을 수 없었을 것입니다. 그러나 그녀의 고독은 결코 오래 지속되지 않았습니다. 이윽고 10명의 제자들이 "우리도 주를 보았다"고 증언하기에 이르렀던 것입니다. 미천한 한 여인의 신실한 증언을 발판으로 삼아 주님께서 역사하셨을 때 10배의 열매를 거두게 되었습니다. 자신의 증언을 조롱하던 제자들이 "우리도 주를 보았노라" 고백

하는 것을 보게 되었을 때, 진리를 증거한 자로서의 막달라 마리
아의 감격과 기쁨이 얼마나 컸겠습니까?

사도 바울은 이렇게 권면하그 있습니다.

> 우리가 선을 행하되 낙심하지 말지니
> 피곤하지 아니하면 때가 이르매 거두리라. (갈 6:9)

여기에서 '선을 행한다'는 것은 단순히 착한 일을 하는 것이
아니라 진리로 사는 것을 뜻합니다. 또 '피곤하지 아니하면'이라
는 말은 '포기하지 아니하면'이라는 의미입니다. 진리를 증거하
는 삶을 살다가 낙심하지 말랍니다. 진리로 사는 자가 언제 낙심
하게 됩니까? 나 홀로 진리에 따라 살기 위해 발버둥을 쳐도 세
상에선 불의가 점점 더 기승을 부릴 때, 진리를 좇아 살아간다는
이유만으로 세상의 조롱거리가 될 때, 아무리 진리를 증언하는
삶을 살아도 이 세상은 조금도 변할 기미를 보이지 않을 때, 우
리는 낙심할 수밖에 없습니다. 그런데 그 때에도 결코 낙심치 말
라고 바울은 강조하고 있습니다. 왜입니까? 우리가 진리에 따라
살기를 포기하지 않는 한 주님께서 우리를 통하여 역사하시매 반
드시 열매 거두게 하심을 바울은 확신하고 있었던 것입니다.

보십시오. "내가 주를 보았다"는 막달라 마리아의 고독한 고백
이 "우리가 주님을 보았노라"는 제자들의 고백을 거쳐 2,000년
이 지난 오늘, 전세계 15억이나 되는 사람들이 "우리가 길이요
진리요 생명이신 예수 그리스도를 만났다"고 고백하게 되기까지
이르지 않았습니까? 내가 지금 나 홀로 고독하게 진리를 행하고
있다 할지라도 그것은 이와 똑같이 상상을 초월하는 열매를 반

드시 수반하게 마련입니다. 진리는 영원하고, 영원한 진리는 우리와 함께하고 계시는 주님이시기 때문입니다.

둘째로 깨달을 수 있는 것은 한 사람이 다수에게 진리를 행하는 것도 귀한 일이지만, 다수의 사람들이 단 한 사람에게 진리를 증거하는 것 또한 똑같은 가치를 지닌다는 것입니다. 막달라 마리아 한 사람이 주님을 증거할 때 그녀의 앞에는 11명의 제자들이 있었고, 10명의 제자들이 한 마음으로 주님을 증언할 때 그들 앞에는 도마 한 명만 있었습니다. 그렇다고 해서 막달라 마리아보다 제자들이 행한 일이 덜 가치 있는 일입니까? 아닙니다. 막달라 마리아가 한 일이나 제자들이 한 일이나 그 가치는 동등합니다. 한 사람이 갖는 생명의 가치는 나머지 모든 사람이 갖는 생명의 가치와 동등한 탓입니다. 한 사람이라고 해서 생명의 절대적 가치가 감소되는 것도 아니고 다수의 생명이라고 해서 그 절대적 가치가 증가하는 것도 아닙니다. 생명의 절대적 가치는 그 수에 상관없이 모두 동등한 것입니다.

우리 주님을 보십시오. 100마리의 양 중에서 한 마리의 양이 길을 잃고 사라졌을 때, 주님께서는 99마리를 안전한 곳에 두고 길 잃고 헤매는 한 마리의 양을 찾아 나서는 분입니다. 주님께는 1마리의 양의 가치와 안전한 99마리의 가치가 동등하기 때문입니다. 만약 주님께서 이런 분이 아니셨다면 죄악과 죽음의 길에서 방황하던 우리 한 사람 한 사람을 친히 찾아오시는 참 구원자가 되실 수는 없었을 것입니다.

그렇기에 우리는 한 사람이라도 더 많은 자들에게 진리를 보여 주기 위해 애쓰되, 길 잃고 헤매는 한 사람을 소홀히 하는 어리석음을 범해서는 안 됩니다. 한 사람을 진리 안에서 바로 세우는 일이야말로 세계를 진리 우에 세우는 것과 똑같은 일임을 잊지 말아야 합니다.

오늘 아침 우리가 본문을 통하여 얻을 수 있는 이 두 가지의 깨달음을 한마디로 표현한다면, 참된 그리스도인들은 언제 어디서나, 어떤 상황 속에서나, 어느 누구 앞에서나, 길이요 진리요 생명이신 예수 그리스도를 증거하는 삶을 살 수 있어야 한다는 것입니다. 주님께서는 나를 통하여 언제나, 어디서나, 누구에게나 당신의 생명의 역사를 펼치기 원하시는 분인 까닭입니다.

한국 축구가 '98 프랑스 월드컵 아시아 지역 최종 예선전에서 종합 전적 6승 1무 1패로, 1위를 차지하는 데 견인차 역할을 했던 사람은 누가 뭐래도 차범근 감독이었습니다. 그의 용병술과 작전력은 온 국민을 열광케 했습니다. 특히 경기 전후에, 그리고 우리 팀이 골을 얻었을 때 두 손을 모으고 경건하게 기도하는 모습은 많은 사람의 감동과 더불어 뜻밖의 비판을 초래하기도 했습니다. 모 일간지에 게재되었던 어느 철학자의 비판과 그에 대한 차감독의 반론은 다 그 나름대로 타당성을 지니고 있기에 언론의 자유가 있는 민주 사회에서 반드시 누가 옳고 그르다 단정할 수는 없을 것입니다. 단지 저 개인적으로는 차감독의 기도와 관련하여 그분을 사랑하는 그리스도인으로서 전혀 다른 의미에서 한 가지 아쉬움을 가지고 있습니다.

지난 11월 1일, 서울에서는 일본과의 2차전이 있었습니다. 그날 한국 팀은 전국민의 염원에도 불구하고 일본에 2:0으로 완패하고 말았습니다. 그것은 최종 예선전에서 한국이 당한 유일한 패배요, 뼈아픈 1패였습니다. 저의 아쉬움이란 왜 그 날, 그 패

배 후에는 차감독이 기도하는 모습을 보여 주지 못하였나 하는
것입니다. 왜 이겼을 때는 기도하고 골을 얻었을 때에는 기도하
면서, 두 골을 먹고 패배했을 때에는 바바리코트에 두 손을 넣고
고개를 숙인 채 침통한 표정을 지으며 누구를 피하듯 퇴장하기
만 했는가 하는 것입니다. 그 날은 하나님께서 그분과 함께하시
지 않았기 때문입니까?

　물론 홈 그라운드에서 일본에 당한 충격적인 패배였기에 감독
인 그분이 가장 곤혹스러웠을 것임을 충분히 이해할 수 있습니
다. 그러나 만약 그 날 패배 후에도 승리하던 날처럼 벤치에 앉
아 두 손을 모으고 최선을 다하게 해주신 하나님께 경건하게 감
사 기도를 드렸더라면, 성공할 때나 실패할 때나, 기쁠 때나 슬
플 때나 변함없이 내게 길이요 진리요 생명되어 주시는 예수 그
리스도를 좀더 분명하게 증거할 수 있었을 것이고, 그 이전에 드
렸던 모든 승리의 기도가 더욱 가치 있었을 것이며, 그분의 그
참된 신앙 앞에서 그분을 비판하던 철학자마저 승복할 수밖에 없
었을 것이라는 안타까움이 두고두고 지워지지 않습니다.

　우리나라가 70년대부터 80년대 초에 걸쳐 경제적 번영을 구가
할 때, 이 땅의 교회들은 이것이야말로 하나님의 은총이라며 얼
마나 찬양하며 감사 기도를 드렸습니까? 그로부터 10여 년이 지
난 오늘 이 나라의 경제는 좌초하고 말았습니다. 사상 유례 없는
경제난입니다. 그런데 왜 지금 이 땅의 교회들은 걱정하고 근심
하는 기도만 할 뿐 이 상황을 주신 하나님을 찬양하며 하나님께
감사드리지는 않습니까?

　다시스로 가는 요나가 탄 배에 주님께서 계시지 않았기 때문
에 그 배가 폭풍에 휩싸였습니까? 주님께서 요나를 저주하셨기

때문에 요나가 물 속으로 던져졌습니까? 아니었습니다. 그 배에 주님께서 계셨기 때문에 폭풍이 닥쳤고, 주님께서 요나를 사랑하셨기 때문에 그는 물로 던져졌습니다. 만약 요나가 자신의 욕망을 따라 끝내 다시스로 간다면 결국 죄 가운데서 죽을 수밖에 없음을 주님께서는 아셨던 것입니다. 그래서 물 속에 던져져 큰 물고기에게 삼키운 요나는 그 속에서 하나님을 이렇게 찬양하며 감사 기도를 드렸습니다.

> 무릇 거짓되고 헛된 것을 숭상하는 자는
> 자기에게 베푸신 은혜를 버렸사오나
> 나는 '감사하는 목소리로' 주께 제사를 드리오며
> 나의 서원을 주께 갚겠나이다.
> 구원은 여호와께로서 말미암나이다. (욘 2:8~9)

지난달 초 뉴질랜드를 방문했을 때 타카푸 절벽을 가보았습니다. 끝도 없이 펼쳐진 바다가 한눈에 들어오는 절벽이었습니다. 마침 그 날은 태풍이 부는 날이어서 온 바다에 마치 사이다를 부은 것처럼 온통 하얀 파도 천지였습니다. 얼마나 태풍이 센지 몸을 제대로 가누지 않으면 바람에 밀려날 정도였습니다.

그런데 그 속에서 놀라운 광경을 보게 되었습니다. 절벽 바로 아래 큰 바위에 수백 마리의 갈매기들이 앉아 있는데, 사람이 밀릴 정도의 그 강풍 속에서 그 조그만 갈매기들은 아무 일도 없다는 듯이 가만히 앉아 있는 것이었습니다. 그 갈매기들은 한 마리도 예외 없이 모두 태풍이 불어오는 쪽을 정면으로 바라보고 앉아 있었습니다. 그 중에 몇 마리는 태풍을 가슴에 안고 날아오르며 태풍을 즐기고 있었습니다.

그러고 보니 태풍에 새들이 휩쓸려 가서 죽었다는 얘기를 들어 본 적이 없다는 것이 생각났습니다. 태풍이 몰아쳐 집채가 날아가도 새들은 끄떡없답니다. 그리고 그 비결은 태풍을 마주보는 것이랍니다. 태풍을 마주보는 한 절대로 날아가지 않도록 하나님께서 만드셨다는 것입니다. 오히려 태풍이 새들의 날갯죽지를 더 강하게 만들어 준답니다. 그러나 만약 태풍을 피하기 위하여 바람 부는 쪽을 향해 엉덩이를 갖다 대면 영락없이 휩쓸려 버리고 만답니다. 저는 태풍 속에서 쓰러져 버리지 않고 오히려 태풍을 마주보며 태풍을 즐기고 있는 갈매기들을 통하여 하나님의 법칙을 보았습니다.

사랑하는 교우 여러분!

지금 이 나라에 하나님께서 계시지 않기 때문에 이 나라가 폭풍과 태풍 속에 휩싸였습니까? 하나님께서 이 민족을 저주하셨기 때문에 이 가혹한 경제난을 당하고 있습니까? 결단코 아닙니다. 오히려 하나님께서 이 민족과 함께하시기 때문이고, 이 민족을 사랑하심으로 인하여 이 나라를 바로 세워 주시기 위함입니다. 그냥 내버려두면 이 민족은 필경은 부정과 부패, 타락과 방종, 교만과 허세 속에서 영원히 몰락해 버리고 말 것을 하나님께서 아시기 때문입니다.

그렇다면 이 태풍을 피하려 하지 맙시다. 태풍을 정면으로 마주 봅시다. 하나님을 향하여 이 태풍을 주셨음을 감사드리고 이 폭풍을 주신 하나님을 찬양합시다. 이 폭풍 속에서 끊을 것은 끊고 버릴 것은 버리고 세울 것은 바로 세움으로, 이 민족이 영원히 살 길은 오직 길이요 진리요 생명이신 예수 그리스도 안에만 있음을 우리의 삶으로 증거합시다. 그리스도인 된 우리가 언제나, 어디서나, 누구 앞에서나 진리의 증인으로 살아가는 한 이 나라는 결코 망하지 않을 것입니다. 오히려 소망이 넘칠 것입니다. 길이요 진리요 생명이신 주님께서는 이 나라를 오늘 우리를 통해, 아무렇게라도 잘 살기만 하려는 그릇된 나라로부터 바르게 사는 바른 나라로 바로 세워 주시기 위해 이 태풍을 주셨기 때문입니다. 이것이 대강절 두 번째 주일을 맞이하는 오늘 이 아침, 우리를 향하신 하나님의 메시지입니다.

"나 여호와가 말하노라.
너희를 향한 나의 생각은 내가 아나니
재앙이 아니라 곧 평안이요,
너희 장래에 소망을 주려 하는 생각이라." (렘 29:11)

지금 이 나라에 태풍이 불고 있습니다.
이 태풍을 피하려다 쓰러지는
어리석은 자가 되지 않게 해주옵소서.
이 태풍을 주신 하나님을 향해
우리의 자세를 가다듬게 해주옵소서.
이 태풍을 주신 하나님께 감사드리면서
그리스도 안에서 이 태풍을 가슴으로 안고
진리 안에서 비상하는 자가 되게 하옵소서.
이 태풍 속에서 이 민족이 영원히 살 수 있는 길은,
오직 진리요 생명이신 예수 그리스도 안에 있음을
우리의 삶으로 이 민족에게 보이게 하옵소서.

언제 어디서나, 누구 앞에서나
진리의 증인이 되게 하옵소서.
그리하여 이 태풍이 이 민족과 나라를 바로 세워 주는
생명의 바람, 성령의 바람이 되게 하옵소서.
어떤 경우에도 하나님을 믿는다는 우리가
한낱 미물에 불과한 갈매기보다 못한 자가 되지 않도록
우리의 중심을 붙들어 주옵소서. 아멘.

17

믿는 자가 되라

열두 제자 중에 하나인 디두모라 하는 도마는
예수 오셨을 때에 함께 있지 아니한지라.
다른 제자들이 그에게 이르되
"우리가 주를 보았노라" 하니 도마가 가로되
"내가 그 손의 못자국을 보며
내 손가락을 그 못자국에 넣으며
내 손을 그 옆구리에 넣어 보지 않고는
믿지 아니하겠노라" 하니라.
여드레를 지나서 제자들이 다시 집 안에 있을 때에
도마도 함께 있고 문들이 닫혔는데
예수께서 오사 가운데 서서 가라사대
"너희에게 평강이 있을지어다" 하시고,
도마에게 이르시되
"네 손가락을 이리 내밀어 내 손을 보고
네 손을 내밀어 내 옆구리에 넣어 보라.
그리하고 믿음 없는 자가 되지 말고 믿는 자가 되라."
도마가 대답하여 가로되
"나의 주시며 나의 하나님이시니이다."
예수께서 가라사대
"너는 나를 본 고로 믿느냐?
보지 못하고 믿는 자들은 복되도다" 하시니라.

요한복음 20:24~29

주님께서 부활하셨음에도 불구하고 제자들은 여전히 공포에 사로잡혀 문들을 꼭꼭 걸어잠근 채 다락방 속에 숨어 있었습니다. 주님께서 이미 부활하셨건만 그들은 두려움과 불안으로부터 벗어나지 못했습니다. 그 이유는 단 한 가지, 그 때까지 '주님의 부활'을 믿지 못했기 때문이었습니다. 부활하신 주님께서는 그 가련한 제자들이 벌벌 떨고 있는 다락방을, 시간과 공간을 초월하여 찾아오셨습니다. 당신의 부활을 제자들에게 친히 확인시켜 주시기 위함이었습니다.

그러나 웬 까닭인지 그 역사적인 순간에 예수님의 제자 중 도마만은 그 현장에 있지 않았습니다. 그래서 나중에 나타난 도마를 향하여 제자들은 이구동성으로 외쳤습니다.

"우리가 주를 보았노라."

이것은 그저 한 번 만나 뵈었다는 뜻이 아니었습니다. 구체적

으로 부활하신 주님을, 다시 말해 주님의 부활을 확인했다는 말
이었습니다. 제자들로부터 이 증언을 들은 도마는 25절 하반절
을 통해 이렇게 말했습니다.

> "내가 그 손의 못자국을 보며
> 내 손가락을 그 못자국에 넣으며
> 내 손을 그 옆구리에 넣어 보지 않고는
> 믿지 아니하겠노라."

주님께서 돌아가신 직접적 사인(死因)이 되었던 못자국과 창자
국을 확인하기 전까지는 믿을 수 없다는 것이었습니다. 도대체
무엇을 믿을 수 없다는 말입니까? '주님의 부활'을 믿을 수 없
다는 것입니다. 한마디로 죽은 사람이, 그것도 시신이 무덤 속에
장사되기까지 한 사람이 며칠이 지나 다시 살아난다는 것은 있
을 수 없다는 말이었습니다.

그로부터 여드레를 지나 주님께서는 제자들을 다시 찾아오셨
습니다. 그 날은 다행히도 도마 역시 그 자리에 있었습니다. 도
마를 발견하신 주님께서 도마에게 다가가 하신 말씀을 본문 27
절은 이렇게 전해 주고 있습니다.

> "네 손가락을 이리 내밀어 내 손을 보고
> 네 손을 내밀어 내 옆구리에 넣어 보라.
> 그리하고 믿음 없는 자가 되지 말고 믿는 자가 되라."

주님께서는 도마가 직접 보기를 원했던 못자국과 창자국을 보

여 주시며 "믿음 없는 자가 되지 말고 믿는 자가 되라"고 말씀
하셨습니다. 무엇을 믿으라는 말씀이십니까? 당신의 부활을 믿
으라는 간곡한 당부의 말씀이었습니다. 그 순간 도마는 이렇게
감탄을 터뜨리고 말았습니다.

"아! 나의 주님, 나의 하나님!"

무엇에 대한 감탄의 고백입니까? 부활의 주님, 주님의 부활에
대한 감격에 찬 신앙 고백이었습니다. 드디어 도마도 주님의 부
활을 확인했던 것입니다. 그는 사람으로서는 결코 불가능한, 오
직 하나님으로서만 가능한 생명의 역사를 분명히 보았습니다.

이처럼 본문 속에서 단 하나의 핵심적인 주제를 찾는다면 그
것은 두말 할 것도 없이 주님의 부활입니다. 십자가 위에서 당하
셨던 주님의 죽음은 종말을 의미하는 것이 아니었습니다. 그것
은 곧 영원한 부활의 시발점이었습니다. 이 사실을 확인한 제자
들이 이 이후 다락방을 열고 나아가 세상 사람들을 향하여, "너
희가 십자가에 못 박아 죽였던 예수님께서 다시 부활하셨다"고
외치기 시작한 것은 너무나 당연한 결과였습니다. 그들은 예수
그리스도를 믿는 그리스도인들에게 신앙의 핵심은 바로 부활에
있음을 분명하게 깨달았던 것입니다.

그렇다면 우리 모두의 신앙의 핵심 또한 부활이어야 합니다.
만약 주님의 부활이 없었더라면 우리가 주님을 믿어야 할 이유
도 없고, 또 사도 바울의 지적처럼 예수 믿는 우리보다 더 불쌍
한 사람이 있을 수 없기 때문입니다. 바울의 지적을 직접 들어보
기로 합시다.

그리스도께서 다시 사신 것이 없으면 너희의 믿음도 헛되고

너희가 여전히 죄 가운데 있을 것이요,

또한 그리스도 안에서 잠자는 자도 망하였으리니,

만일 그리스도 안에서 우리의 바라는 것이

다만 이생[今生]뿐이면 모든 사람 가운데

우리가 더욱 불쌍한 자리라. (고전 15:17~19)

그리스도의 부활이 없음으로 인하여 누구든지 단지 금생, 즉 이 세상만을 목적으로 삼아 주님을 믿는다면 그보다 더 불쌍한 사람이 어디에 있겠습니까? 신앙이 아무리 출중하고 완벽하다 할지라도 그의 인생은 결국 이 세상의 땅 속에 묻혀 썩어 버리고 말 것입니다. 그러나 주님께서 죽음을 깨뜨리시고 부활하셨기에 주님을 믿는 그리스도인의 삶보다 더 강하고 더 소망에 찬 삶이란 있을 수가 없습니다.

우리가 사방으로 우겨쌈을 당하여도 어찌 절망치 않을 수 있습니까? 부활하신 주님께서 우리와 함께하시는 까닭입니다. 우리가 답답한 일을 당하여도 어찌 낙심치 않을 수 있습니까? 주님의 부활을 믿는 연고입니다. 우리가 핍박을 받아도 어찌 버린 바 되지 않을 수 있습니까? 주님께서 주신 부활이 우리에게 있음을 확신하기 때문입니다. 우리가 거꾸러뜨림을 당하여도 망하지 않는 것은 어찌 된 영문입니까? 부활하신 주님께서 우리를 다시 세워 주시는 까닭입니다.

그래서 주님을 의심하던 도마는 부활의 주님, 주님의 부활을 본문과 같이 확인한 뒤에 인도로 건너가, 거기에서 길이요 진리요 생명이신 주님을 증거하다가 주님을 위하여 기꺼이 순교당한 것으로 전해지고 있습니다. 부활의 주님을 믿는 자에게 죽음은 종말이 아니라 영원한 부활의 시작임을 그는 분명히 알고 있었던 것입니다.

기독교를 가리켜 생명의 종교라 부르는 까닭은 거기에 부활이 있기 때문입니다. 만약 그 곳에 부활이 없다면 기독교는 생명의 종교가 아니라, 단지 죽음의 종교 중 하나에 지나지 않을 것입니다. 그렇다면 여기서 이런 질문이 가능합니다. '부활, 즉 생명의 상태가 그처럼 중요하다면 왜 죽음이 필요한가' 라는 것입니다. 죽음 없이 생명이 계속하여 지속된다면 그것이 더 가치 있지 않겠습니까? 우리는 이 질문에 대한 해답을 예수님의 죽음 속에서 찾을 수 있습니다.

2,000년 전 저 머나먼 이스라엘 예루살렘에서 못 박혀 돌아가신 예수님의 죽음이 오늘 대한민국에서 살고 있는 우리와 관련을 맺고 있음은 무슨 이유입니까? 왜 그분이 우리의 구원자 되십니까? 무슨 연고로 우리는 그분을 믿고 있습니까?

그분이 우리의 모든 죄짐을 지고 돌아가셨기 때문입니다. 십자가에 못 박히신 것은 단순히 그분의 육체가 아니었습니다. 죽을 수밖에 없는 우리의 어리석음과 허물과 죄가 함께 못 박힌 것이었습니다. 십자가에 매달린 것은 그저 그분의 사지만이 아니었습니다. 우리의 죄악과 더러운 욕망이 매달린 것이었습니다. 그리고 주님께서는 그 죽음을 허물어뜨리고 영원한 생명, 참 생명으로 다시 사셨습니다. 따라서 그분의 죽음과 부활로 인하여 우리 생명의 질이 전혀 달라지게 되었습니다. 그분의 죽음과 더불어 죽을 수밖에 없는 죄인으로서의 우리는 영원히 죽고, 그분의 부활과 더불어 그리스도 안에서 의인으로서의 우리가 새롭게 거듭나게 되었습니다. 이것은 예수 그리스도께서 죽음을 당하셨기 때문에 가능한 일이었습니다. 만약 그분이 죄인 된 우리를 위하여 돌아가시지 않았더라면, 그분은 불멸의 신일 수 있었을지는 모르나 우리의 영원한 구원자, 우리를 위한 참된 그리스도일 수는 없었을 것입니다. 그래서 그분의 죽음은 너무나 당연할 수밖에 없었고, 그 죽음으로 인하여 그분의 부활은 당신 개인의 부활로 끝나지 않고 우리 모두의 부활로 귀결된 것입니다.

그렇기에 부활의 주님이신 예수 그리스도를 믿는다는 것을 한 마디로 표현한다면, 그것은 '죽어서 사는 것'입니다. 그리스도 안에서 죄인 된 내가 죽음으로써 그리스도 안에서 참 생명, 영원한 생명을 얻은 새로운 피조물, 영원한 피조물로 거듭나게 되는 것입니다. 죽어야만 진정으로 살게 되는 것입니다. 이 원칙을 누구보다도 분명히 터득했던 사도 바울은 부활을 이렇게 설명하고 있습니다.

죽은 자의 부활도 이와 같으니
썩을 것으로 심고 썩지 아니할 것으로 다시 살며,
욕된 것으로 심고 영광스러운 것으로 다시 살며,
약한 것으로 심고 강한 것으로 다시 살며,
육의 몸으로 심고 신령한 몸으로 다시 사나니,
육의 몸이 있은즉 또 신령한 몸이 있느니라.

(고전 15:42~44)

그렇기에 그리스도인에게 죽음은 반드시 있어야 합니다. 만약 죽음이 없다면 우리의 인생, 우리의 생명이란 썩을 것으로, 욕된 것으로, 약한 것으로, 유한한 육체의 것으로 끝나 버리고 말 것입니다. 그러나 죽음이 있기에 썩을 것이 썩지 아니할 것으로, 욕된 것이 영광스러운 것으로, 약한 것이 강한 것으로, 유한한 육체의 것이 신령한 몸으로 새롭게, 영원히 세움을 입게 되었습니다.

그렇다면 그리스도인에게 다가오는 죽음이란 결코 피할 일이 아닙니다. 그리스도인의 허물어짐이란 절대로 두려워할 일이 아닙니다. 그리스도인이란 죽어야 살고, 허물어져야 새로 세워짐을 아는 자들인 까닭입니다. 따라서 그리스도인이 죽고 허물어지는 것이야말로 그 생명의 가치와 질을 영원히 새롭게 하는 부활의 시작이 되는 것입니다.

지금 우리는 우리의 조국이 경제적으로 허물어지고 있는 것을 목격하고 있습니다. 지난달까지만 해도 소위 '1인당 소득 1만 불'과 '견실한 기초'를 자랑하던 이 나라의 경제는 불과 2주일 만에 거덜이 나고 말았습니다. 환율은 그 짧은 기간 동안 두 배 가까이 폭등한 반면, 주가는 바닥까지 폭락하고 있습니다. 상호 불신에 따른 금융 시스템 마비로 인해 매일 수많은 기업들이 속수무책으로 도산하고 있습니다. 일부 품목의 가격 폭등은 사재기를 불러일으키고 있고, 급기야는 국가 자체의 부도 위기를 심각하게 우려하지 않으면 안 될 지경에까지 몰린 가운데 거의 모든 국민들은 좌절과 절망을 되씹고 있는 실정입니다.

그렇습니다. 어떤 면에서건 한 나라가 허물어져 내린다는 것은 그 국민에게는 말할 수 없는 수치요 절망스러운 일이 아닐 수 없습니다. 그럼에도 우리가 이 절망할 수밖에 없는 현실 속에서 절망보다 오히려 더 큰 소망을 지니고 있음은, 우리는 부활을 믿는 그리스도인들이기 때문입니다. 죽어야 살고 무너져 내려야 새로이 세워지는 부활의 법칙을 확신하는 부활의 사람들이기 때문입니다.

주후 410년 고트족의 침공으로 난공불락의 요새처럼 여겨졌던 로마의 도성은 철저하게 약탈당하고 허망하게 허물어져 내리고 말았습니다. 로마인들이 야만족으로 업신여기던 고트족에 의해, 자신들을 이 세상에서 대적할 민족이나 나라는 결코 있을 수 없다고 의심치 않았던 로마제국이 유린당하면서 수도 로마의 도성이 허물어져 내리는 것을 목격하는 로마인들은 좌절과 절망을 씹지 않을 수가 없었습니다.

그러나 그 절망의 순간에 도리어 말할 수 없는 소망에 차 있던 사람이 있었습니다. 바로 성 어거스틴이었습니다. 그는 로마의 도성이 허물어져 내리는 것을 보면서 그 유명한 〈하나님의 도성〉(*The City of God*)을 집필하였습니다. 인간이 세운 불의와 부패의 도성이 허물어짐으로써 비로소 구축되는 '하나님의 도성'을 그는 보았던 것입니다. 말하자면 어거스틴은 진정한 부활 신앙의 소유자였던 것입니다. 고트족의 침략 사건 이후 로마가 모든 면에 걸쳐 더더욱 그리스도의 정신에 지배당하게 되었음은 결코 우연한 일이 아니었습니다.

사랑하는 교우 여러분!

우리를 사랑하시는 주님께서, 이 나라의 경제가 허물어져 내리는 이 사태 속에서 우리에게 보여 주고자 하시는 것이 도대체 무엇이겠습니까? 인간의 욕망으로 인한 불의와 거짓 위에 세워진 사회는 사상누각일 뿐이요, 사상누각은 반드시 허물어지게 마련이며, 사상누각이 허물어지는 데는 결코 긴 시간이 필요하지 않

다는 것, 언제든 순식간에 흔체도 없이 사라져 버릴 수 있다는
것 아니겠습니까?

 지금 우리 눈앞에서 벌어지고 있는 이 사태 속에서 주님께서
진정 허물어뜨리기 원하시는 것은 무엇이겠습니까? 이 사회의
모든 분야에 만연되어 있는 부정과 부패의 사슬, 불의와 거짓의
고리가 아니겠습니까? 이 붕괴 속에서 주님께서 다시 세우고자
하시는 것이 무엇이겠습니까? 진리 위에 바로 세워진 바른 사회,
하나님의 공법이 물같이, 하나님의 정의가 하수같이 흐르는 바
른 나라 아니겠습니까? 이 혼란 속에서 주님께서 우리에게 요구
하고 계시는 것이 무엇이겠습니까? 더 이상 사상누각—한순간
간에 무너져 버릴 모래 위의 집이 아니라, 영원한 반석이신 주님
의 말씀—진리 위에 결코 무너지지 않을 영원한 집을 지으라는
것이 아니겠습니까?

 누구보다도 우리 자신들이 더 잘 알고 있지 않습니까? 우리의
일터가, 우리의 손으로 행하는 일들이 거의 모두 거짓과 부정직
으로 일관되고 있다는 사실을 말입니다. 우리의 손으로 작성하
는 결산보고서, 회계보고서, 감사보고서, 업무보고서를 포함한
각종 보고서 중 거의 대부분이 실은 사실과 동떨어져 있다는 것
을 말입니다. 우리는 우리의 거짓과 부정에 너무나 익숙해져 있
기에 이것이 마치 정상인 듯 착각하며 살았습니다. 오늘날에는
오히려 정직하게 살려는 것이 비정상적인 것으로 치부되고 있습
니다. 이 땅에 1,000만 명의 그리스도인들이 있건만 그리스도인
들 역시 예외는 아니었습니다. 그래서 지금 주님께서 남의 손을
빌려 우리의 실상을 똑똑히 보여 주고 계신 것입니다.

 IMF가 우리 정부와 체결한 합의문에서 10여 차례씩이나 투명

성을 강조하고, 대통령에 출마한 세 후보의 각서까지 요구했다는 것은 무엇을 의미합니까? 너희들은 믿을 수 없는 상대라는 것입니다. 너희들이 작성한 각종 서류는 신뢰할 수 없다는 것입니다. 너희가 진정한 선진국의 일원으로 발돋움하기를 원한다면 더 이상의 거짓을 버리고 정직한 사회를 구축하라는 것입니다. 그 이상도, 그 이하도 아닙니다. 바로 이것이 IMF 사태를 통하여 우리를 사랑하시는 주님께서 우리에게 주고 계시는 메시지입니다.

그렇다면 작금의 사태는 결코 절망할 일이 아닙니다. 부활을 믿는 우리는 죽어야 살고, 허물어져 내려야 세로이 새워짐을 확실히 알고 있습니다. 이것이야말로 허물어질 수밖에 없는 사상 누각에 안주하던 우리로 하여금 반석 위에 무너지지 않는 영원한 집을 세우게 하시기 위해 주님께서 20세기 말 우리에게 허락하신 마지막 은총의 기회입니다.

우리가 진정 부활의 주님을 믿는 그리스도인이라면 더 이상 절망치 맙시다. 스스로 허물어뜨려야 할 부정과 거짓과 불의의 사슬을 과감히 끊어 버리고, 진리 위에 우리의 삶을 바로 세우기에 진력합시다. 부활을 믿고 부활을 실천하는 우리들 때문에 머지 않아 이 나라는 반석 위에 세워진 하나님의 도성으로 부활할 것입니다.

대강절 세 번째 주일을 맞는 이 아침, 부활하신 주님께서 우리에게 당신의 못자국과 창자국을 보여 주시면서 이렇게 말씀하고 계십니다.

"믿음 없는 자가 되지 말고 믿는 자가 되라."

우리의 입은 정의를 말했지만,

우리의 손은 불의와 부패를 붙잡고 있었습니다.
우리의 혀는 진리를 외치고 있었지만,
우리의 말은 거짓과 욕망 위에 서 있었습니다.
그 결과 우리가 그토록 자랑하던 우리나라는 사상누각에
불과했으며, 사상누각은 반드시 무너지게 마련이며,
사상누각이 무너져 내리는 데에는 결코 오랜 시간이
필요치 않음을, 우리가 살아 있는 동안에
확인시켜 주시니 정말 감사합니다.
죽어야 살고, 무너져 내려야 바로 세워진다는 부활의 법칙을
일깨워 주셔서 더더욱 감사합니다.
주님께서 이 민족을 특별히 사랑하셔서
20세기 말 우리에게 베푸신 이 마지막 은총의 기회에,
우리의 손으로 모든 거짓과 불의와 부정과 부패를
철저하게 허무는 자들이 되게 도와주시옵소서.
진리 위에서 우리를 진실되고 정직하게 바로 세우는
참된 그리스도인들이 되게 하여 주시옵소서.
그리하여 부활의 주님을 믿고, 부활의 삶을 살며,
부활의 법칙을 실천하는 우리 그리스도인들을 통하여,
이 나라의 21세기가 진리의 반석 위에 세워진
하나님의 도성으로 부활하게 해주실 것을 확신하면서,
이 귀한 은총의 기회를 주신
예수 그리스도의 이름으로 감사 기도드립니다. 아멘.

18

넣어 보라

열두 제자 중에 하나인 디두모라 하는 도마는
예수 오셨을 때에 함께 있지 아니한지라.
다른 제자들이 그에게 이르되
"우리가 주를 보았노라" 하니 도마가 가로되
"내가 그 손의 못자국을 보며
내 손가락을 그 못자국에 넣으며
내 손을 그 옆구리에 넣어 보지 않고는
믿지 아니하겠노라" 하니라.
여드레를 지나서 제자들이 다시 집 안에 있을 때에
도마도 함께 있고 문들이 닫혔는데
예수께서 오사 가운데 서서 가라사대
"너희에게 평강이 있을지어다" 하시고,
도마에게 이르시되
"네 손가락을 이리 내밀어 내 손을 보고
네 손을 내밀어 내 옆구리에 넣어 보라.
그리하고 믿음 없는 자가 되지 말고 믿는 자가 되라."
도마가 대답하여 가로되
"나의 주시며 나의 하나님이시니이다."
예수께서 가라사대
"너는 나를 본 고로 믿느냐?
보지 못하고 믿는 자들은 복되도다" 하시니라.

요한복음 20:24~29

"안녕하십니까?

22구역 강은애입니다. 하루는 남편이 구역장 공부를 마치고 와서 20만원 수표를 내보이면서, '교회에서 달란트를 주었는데 무얼 해서 남기지?' 하는 거예요. 저는 생각할 겨를도 없이 '주름치마 장사나 할까?' 했지요. 저는 정식으로 배운 일은 없지만 취미 삼아 제 옷을 만들어 입곤 해서 주름치마 정도 만드는 것은 자신이 있었거든요.

구역 식구들과 의논한 결과 저는 생산을 담당하고 다른 여집사님들은 보조, 남자 집사님들은 어느 한 날을 잡아 양재역 부근에 좌판을 벌이고 판매를 담당하자고 했습니다.

우선 20만원을 가지고 중고 오버로크 기계를 15만원에 구입했습니다. 저희 집에는 재봉틀밖에 없었기 때문에, 제대로 된 상품을 만들기 위해서는 오버로크 기계가 필요했던 거지요.

　그 다음은 동대문 광장 시장 단골 가게에서 자투리 천을 샀습니다. 한 벌 만드는 재료비가 15,000원 들었습니다. 판매가를 3만원으로 잡고 우선 샘플로 제 옷을 해 입고 나타났더니, 그 때부터 주문이 쇄도하기 시작했습니다. 남자 집사님들의 좌판 장사 꿈은 사라지고 곧바로 주문생산이 시작되었습니다.

　그렇게 해서 만들기 시작한 것이 5월부터 7월까지 150벌, 이익금은 225만원이었습니다. 구역 집사님들이 오셔서 일손을 도와주셨지만, 서로 시간 맞추기가 어려워 집사님들은 다른 사업을 하기로 하고 각기 사는 아파트에서 티셔츠 장사를 해서 남긴 이익금이 27만원, 1학기 마치기 전에 총 이익금이 252만원이 되었습니다. 8월 한 달은 너무 덥기도 하고 힘들기도 해서 쉬었습니다. 한 달을 쉬면서 제 마음에는 갈등이 일었습니다. ‘이만큼 했으면 됐지’ 하는 마음과 ‘아니야, 이건 최선을 다하는 모습이 아닌데……’ 하는 마음이었습니다.

　찬바람이 불기 시작하자 300만원은 채워야겠다는 욕심이 생겨 이번에는 긴팔 블라우스와 주름치마 몇 벌만 주문을 받았습니다. 그렇게 해서 얻은 총 수익금이 280만 2천원, 원금까지 합쳐 300만 2천원이 되었습니다. 1등을 하려고 생각해 보지도 않았고, 등수와는 관계없이 그저 주문에 맞추느라 열심히 바느질만 했는데 일등이 됐더군요.

　그 동안 백화점에 보내시지 않고 주로 도매시장으로만 보내며 훈련시키시더니, 이번에 달란트 훈련을 별 어려움 없이 잘 감당할 수 있게 하셨습니다. 또 한분 한분에게 어울릴 만한 천을 고르고 옷을 만들면서 형편과 사정은 잘 모르지만, 그분들을 위해서 기도할 수 있었던 것도 제게는 큰 은혜였습니다. 전문가도 아닌 저를 믿고 옷을 구입해서 예쁘게 입어 주신 분들께도 감사한 마음이구요. 구역 식구들과도 시장을 같이 다니고 바느질을 함께 하며 남다른 정을 나눌 수 있었습니다.

더욱 감사한 것은 이 일을 다 마쳤을 때, 하나님께서 보너스 두 가지를 주셨다는 것입니다. 그 하나는, 바느질하느라 엉망이 된 집안을 보고도 잘 참고 견뎌 준 남편에게 주신 병 치료의 역사입니다. 작년 말부터 성대에 혹이 생겨서 3월에 수술을 했는데, 바느질로 한창 바쁜 5월에 재발한 것입니다. 아나운서 직업의 생명인 성대에 고장이 생겨, 본인은 물론 가족들의 걱정은 말이 아니었습니다. 재수술을 받기 위해 병원에 다니는데 수술 날짜가 자꾸 지연되었습니다.

그러던 중에 전부터 잘 알고 지내는, 화장품 회사를 경영하시는 권사님께서 자신의 회사 화장품 원료로 사용하는 천연 물질을 먹어 보라고 하시면서 한 병을 주셨어요. 이것을 먹으면서도 될 수 있으면 빨리 수술을 끝내려는 마음으로 구로 고대병원, 이대 목동병원을 거쳐 영동 세브란스까지 왔는데, 수술하는 것만이 최선이 아니니까 기다려 보자는 것이었습니다. 남편은 정상 근무를 못하고 있는 상태라 답답해 했지만, 저는 수술 안 하고 하나님께서 고쳐 주시리란 확신이 들더군요.

그래서 모든 걱정을 접어두고 열심히 바느질만 했습니다. 그런데 바느질이 다 끝난 후 10월 25일, 마지막 검진 결과 혹이 다 없어졌다는 것입니다.

또 한 가지는 저에게 직장을 주신 것입니다. 25년 간 묵혀 두었던 양호교사 자격증을 쓰게 되었습니다. 물론 임시직이긴 하지만 전혀 새로운 기분으로 출근하기 시작했습니다.

　더욱 감사한 것은 고등학교 양호실의 아늑한 공간에서 성경 말씀을 많이 읽을 수 있다는 것입니다. 그 동안 바느질하느라 소홀히 했던 말씀을, 하나님이 주신 그 공간에서 열심히 읽어 지난 주말까지 통독할 수 있었습니다.

　한 가지 아쉬운 것은 죽도록 충성하라고 하셨는데 중간에 꾀를 냈던 것입니다.

　이번 일을 통해 하나님께서 저를 믿고 맡겨 주신 많은 달란트를 어떻게 관리할 것인가 생각해 보았습니다. 하나님께서는 많은 양을 원하시는 것이 아니라 얼마나 성실하게 그 일을 감당했느냐를 물으실 것 같습니다. 앞으로의 삶을 낭비하는 일 없이 신실하게 살아감으로 이 다음에 하나님 앞에 섰을 때, '착하고 신실한 종아, 잘했다'는 칭찬을 듣기 위해 노력하리라 다짐해 봅니다. 감사합니다."

　"안녕하십니까?

　저는 12구역 구역장 윤좌원 집사입니다. 달란트 훈련을 위해 준비된 하얀 봉투를 받는 순간부터 저는 착하고 충성된 종이 아닌, 악하고 게으른 종이 되려는 훈련을 시작했습니다. 저는 악하고 게으른 종이 될 수 있는 충분한 조건을 갖추고 있었기 때문입니다. 그 조건이란 바로 나 자신을 나도 모르는 사이에 내 마음속으로 우상화한 '교만'이었습니다. '안내 1부장과 중등부 부장에 구역장, 그것도 매년 1~3등 안에 드는 구역장인데, 달란트 훈련 과정 정도야 졸업한 셈 아닌가? 그리고 성경 말씀을 앞세우고 선한 우리 교인들에게 이런 일까지 시키시다니, 목사님도 잘못 생각하실 때가 있구나.' 그렇게 생각하면서 그 봉투를 받는 순간 검은 제 가방 속에 집어넣은 채 6개월이 지나고 말았습니다. 구역 식구들이 여러 번 걱정을 할 때마다 저는 '구역 공부만 열심히 합시다' 하고 무시했습니다.

어느 주간 구역 공부 때는 여호수아의 유언에 대해 열심히 가르쳤습니다.

'여러분, 광야에서 그렇게 고생하던 이스라엘 백성들에게 하나님께서는 약속대로 아름다운 땅 가나안을 선물로 주셨습니다. 그러나 여호수아가 죽을 때 그들에게 3번씩이나 부탁하였습니다. 끝까지 하나님을 바로 섬기지 아니하면 이 아름다운 땅에서 쉽게 멸망할 것이라고……'

그런데 그렇게 열심히 가르치던 저야말로 나 자신을 우상화하고 있었던 것을 저는 전혀 깨닫지 못하고 있었습니다.

그렇게 뻔뻔하게 6개월을 보내고 달란트 열매들을 교회 앞에 돌려 드리는 시간이 다가왔습니다. 저도 태연하게 곱게 넣어 두었던 봉투를 돌려 드리려고 목사님 한 분에게 갔습니다. 공교롭게도 그 시간 목사님은 어느 교인 한 분과 얘기를 나누고 있었습니다. 평소에 급한 성격대로 5분여를 못 기다리고 구역 공부하는 방으로 갔습니다. 그 다음 주에 다시 그 봉투를 돌려 드리려고 가방에서 봉투를 찾던 저는 깜짝 놀랐습니다. 그 봉투가 없어진 것이었습니다.

설마 설마 했으나 결국 그 봉투는 나타나지 않았고, 저는 억울한 마음으로 제 봉급에서 그 돈을 돌려 드렸습니다. 하나님께서는 성경에 기록된 그대로 저에게 주신 1달란트를 빼앗아 가신 것이었습니다. 처음에는 정말 그 돈이 아깝다는 마음으로 며칠을 보냈습니다. 그 다음 어느 순간부터 제 마음은 두려운 마음으로 변하기 시작했습니다. 달란트의 비유를 그냥 이야기로만 생각했는데 나에게 그런 일이 직접 일어나다니…….

그러다가 제 마음은 공포로 변해 갔습니다. 성경에 있는 그 숱한 하나님의 약속, 경고, 그리고 주님의 비유들이 모두 다 나에게 일어날 수도 있다는 얘기가 아닌가? 그렇다면 1달란트의 문제가 아니라 나에게 있는 다른 달란트도 하나님께서 다 빼앗아 가실 수도 있다는 얘긴데, 만약 내 회사의 직위, 내 집, 내 사랑하는 가족들마저 빼앗아 가신다면 나는 어떻게 되는 걸까?

며칠 동안 저는 성경을 쳐다보기도 두렵고 성경을 읽는다는 것은 더 무서웠습니다. 아직도 저는 죄악 가운데 살고 있었기 때문이었습니다.

그러던 어느 날, 불현듯 희망의 빛이 조금 비치는 듯한 생각을 하게 되었습니다. 나에게서 한 달란트를 빼앗아 가신 것을 보면 하나님께서 분명히 살아 역사하시는 것이고, 그 사실이 나에게도 일어났다는 것은 하나님께서 나를 알고 계시고 나와 함께하시며 역사하고 계신다는 말이겠구나. 그렇다면 하나님께서는 무조건 빼앗아 가시는 일만 하시는 것은 아니겠지. 나에게 이미 주신 다른 달란트를 잘 쓰기만 하면 더 주시기도 하시겠구나. 아니 또 다른 달란트를 새로 주실지도 모른다. 겨우 한 달란트를 빼앗아 가심으로, 하나님께서 나와 함께하고 계신다는 귀한 진리를 깨닫게 하시려는 하나님의 크신 은혜였구나.

그 이후로 지금까지 저는 두렵고 무서운 생각은 깨끗이 지워 버리고 저에게 주신 달란트를 절대로 빼앗기지 않겠다는 굳은 각오와, 또 그렇게 살아갈 때 하나님께서는 더 많은 달란트를 맡겨 주실 것이라는 확신으로 가득 찬 생활을 하고 있습니다. 정말 생각할수록 하나님의 은혜에 감사합니다."

지난 봄부터 10월 말까지 우리 교회에서는 '구역별 달란트 훈련'이 있었습니다. 하나님의 청지기로서 우리가 과연 합당한 삶을 살고 있는지 자신을 성찰하고 또 재정립하기 위해, 마태복음 25장의 달란트 비유를 우리의 실생활에 적용해 보는 훈련이었습니다. 그와 관련하여 두 분의 간증을 방금 들어 보았습니다. 한 분의 간증은 가장 많은 열매를 거둔 구역의 간증이고 나머지 한 분의 간증은 전혀 열매 맺지 못한 구역의 이야기이기에 두 분의 간증은 전혀 상반된 내용처럼 들리지만, 그러나 여기에는 대단히 중요한 공통점이 있다는 사실을 발견하게 됩니다.

강은애 집사님이 하나님께서 맡겨 주신 달란트를 조금이라도 더 잘 갈무리하기 위하여 최선을 다했을 때, 하나님께서는 방송인인 남편의 고장난 성대를 고쳐 주셨을 뿐만 아니라 무려 25년 전에 받아 두었던 양호교사 자격증을 활용할 수 있는 귀한 은총을 허락하셨습니다. 이것은 무엇을 의미합니까? 하나님은 결코 멀리 계시는 분이 아니라는 것입니다. 하나님은 항상 나와 함께하시는 분이라는 것입니다. 하나님은 내게 가장 절실하게 필요한 것이 무엇인지 알고 계시는 분이라는 것입니다. 나는 양호교사 자격증을 받았다는 사실 자체를 망각하고 있어도, 하나님께서는 절대로 잊지 않고 다 기억하고 계신다는 것입니다. 그리고 하나님의 때가 되면 하나님의 방법으로 적절하게 고치시고, 또 활용할 수 있도록 반드시 은혜를 베푸신다는 것입니다.

윤좌원 집사님의 경우도 마찬가지였습니다. 그분은 자신의 개인적인 판단과 명분에 의거하여 자신은 말할 것도 없고, 구역식구들이 '달란트 훈련'에 참여할 수 있는 기회마저도 결과적으로 봉쇄해 버린 셈이 되고 말았습니다. 그 결과는 맡겨진 달란트의 분실이었습니다. 그러나 집사님은 운이 나빠 잃어 버렸다고 말하지 않았습니다. 오히려 하나님의 말씀에 근거하여, 자기처럼 악하고 게으른 종의 것을 하나님께서 빼앗으셨다고 고백하였습니다. 이것 또한 무엇을 의미하고 있습니까? 하나님께서는 언제나 나를 보고 계시는 분이시더라는 것입니다. 하나님께서는 나의 일거수 일투족을 다 알고 계시는 분이시더라는 것입니다. 내가 무엇을 하든 나는 언제나 하나님의 존전에 있더라는 것입니다.

바로 이런 면에서 두 집사님의 간증은 외양상으로는 차이가 있는 것 같지만, 그 핵심은 동일한 것입니다. 따라서 남긴 달란트의 양에 상관없이 이번 '달란트 훈련'을 통하여 우리가 두 분처럼 나와 함께하시는 하나님, 나의 모든 것을 다 알고 계시는 하나님, 나와 언제나 동행하고 계시는 하나님을 깨닫고 확인하고 경험했다면, 이번 '달란트 훈련'은 대성공을 거둔 것입니다. 참된 신앙은 변화요, 진정한 변화는 바로 이것으로부터 시작되기 때문입니다. 참된 감사도, 순종도, 자기 부인도, 성숙도 오직 여기에서부터 출발하는 것입니다.

주님께서 이미 부활하셨건만 제자들은 그 사실을 믿지 못한 채 여전히 두려움에 떨며 문들을 걸어잠그고 다락방에 숨어 있었습니다. 부활하신 주님께서는 그 한심한 제자들을 버리지 않으시고, 시간과 공간을 초월하여 친히 찾아오시어 당신의 부활을 직접 확인시켜 주셨습니다. 그 때 제자들의 기쁨과 감격이 얼마나 컸겠습니까? 그러나 무슨 영문인지 그 감격적인 순간에 예수님의 제자 중 도마만은 그 현장에 있지를 않았습니다. 그래서 나중에 나타난 도마를 향하여 제자들은 한목소리로 외쳤습니다.

"우리가 주를 보았노라."

그러나 도마는 제자들의 말을 선뜻 믿을 수가 없었습니다. 죽은 사람이, 그것도 시신을 무덤 속에 장사 지낸 지 사흘이나 지나 다시 살아난다는 것은 도저히 있을 수 없는 일이었기 때문입니다. 그는 제자들에게 이렇게 말했습니다.

"내가 그 손의 못자국을 보며
내 손가락을 그 못자국에 넣으며
내 손을 그 옆구리에 넣어 보지 않고는 믿지 아니하겠노라."
(20:25)

주님께서 돌아가시게 된 직접적 사인(死因)이었던 못자국과 창자국을 자신의 눈으로 직접 보고, 자신의 손가락을 그 자국에 넣어 확인해 보기 전까지는 결코 믿을 수 없다는 말이었습니다. 부활하신 주님을 아직 뵙지 못했던 도마의 입장에서는 당연할 수밖에 없는 주장이었습니다.

여기에서 중요한 것은 도마가 이 말을 할 때 예수님께서는 그 자리에 계시지 않았다는 사실입니다. 예수님께서 그 자리에 계시지 않았기 때문에 도마는 그렇게 말할 수밖에 없었던 것입니다. 그런데 그로부터 여드레를 지나 주님께서 다시 제자들 앞에 나타나셨을 때, 그 곳에 있는 도마를 발견한 주님께서는 도마에게 다가가 당신의 못자국과 창자국을 친히 보여 주시면서 이렇게 말씀하셨습니다.

> "네 손가락을 이리 내밀어 내 손을 보고
> 네 손을 내밀어 내 옆구리에 넣어 보라." (20:27상)

참으로 놀라운 사실이 아닐 수 없습니다. 도마가 그 말을 할 때 예수님께서는 분명히 그 자리에 계시지 않았음에도 불구하고, 예수님께서는 도마가 무슨 말을 했는지, 무엇을 주장했는지, 무엇을 요구했는지 이미 다 알고 계셨습니다. 주님께서는 도마가 원했던 대로 도마의 눈앞에 당신의 못자국과 창자국을 보여 주시면서 도마로 하여금 손가락을 넣어 확인해 보게 하셨습니다. 그래서 도마가 손가락을 내밀어 주님의 상처 자국에 넣어 보았습니까? 아니었습니다. 그는 이렇게 감탄을 터뜨리고 말았습니다.

"아! 나의 주님, 나의 하나님!"

도마는 새삼스레 자신의 손가락을 주님의 상처 자국에 넣어 볼 이유가 더 이상 없었습니다. 그 자리에 계시지 않았음에도 불구하고 자신의 모든 언행을, 자신의 일거수 일투족을 시간과 공간을 초월하여 이미 다 알고 계시면서 자신이 요구한 상처 자국을 보여 주시는 분이라면 그분은 부활하신 주님이시요, 성자 하나님이심이 틀림없었기 때문입니다.

우리가 잊지 말아야 할 것은, 이처럼 언제나 자기 곁에 계시면서 자기의 모든 것을 이미 다 알고 계시는 주님을 확인하는 순간부터 의심 많던 도마는 위대한 사도, 다시 말해 진정한 감사와 순종, 그리고 자기 부인을 실천하는 그리스도의 참된 제자로 성숙하게 변화되기 시작했다는 것입니다. 이와 같이 나의 변화를 가능케 하는 주체는 언제나 나 자신이 아니라, 나와 함께하시는 예수 그리스도이십니다.

성경에서 가장 위대한 신앙인을 한 사람만 선택하라면 우리는 주저하지 않고 다윗을 택할 수 있습니다. 육신을 입고 이 땅에 오신 예수 그리스도께서 다윗의 족보를 통하여 오실 만큼, 다윗은 하나님께 인정받는 신앙인 중의 신앙인이었습니다. 우리는 그가 그처럼 위대한 신앙인이 될 수 있었던 까닭을 그 자신의 고백을 통하여 알 수 있습니다. 다윗은 자신이 직접 지은 시편 139편 1절을 통하여 이렇게 고백하고 있습니다.

여호와여, 주께서 나를 감찰하시고 아셨나이다.

여기에서 '감찰한다'는 동사는 탄광에서 사용되는 단어로서, 채광 작업을 할 때 행하는 정밀 작업을 의미합니다. 밖에서 보는 사람은 광산 속에 무엇이 정확하게 얼마나 매장되어 있는지 알지 못합니다. 그러나 갱도 속으로 들어가 정밀 조사를 하는 자는 그 깊은 속까지 샅샅이 알게 됩니다. 이와 같이 하나님께서는 우리의 깊은 곳까지 낱낱이 살피시고 알고 계시는 분이심을 다윗은 분명히 깨닫고 있었던 것입니다.

또 '아신다'는 단어는 '동거한다'는 뜻입니다. 다윗은 자신이 어디를 가든 자기와 함께 동거하시며 자기 곁에 계시는 하나님을 누구보다도 잘 인식하고 있었던 것입니다. 그래서 다윗의 고백은 다음과 같이 계속하여 이어지고 있습니다.

주께서 나의 앉고 일어섬을 아시며

멀리서도 나의 생각을 통촉하시오며,

나의 길과 눕는 것을 감찰하시며

나의 모든 행위를 익히 아시오니,

여호와여, 내 혀의 말을 알지 못하시는 것이

하나도 없으시니이다. (시 139:2~4)

하나님께서는 자신의 일거수 일투족, 자신의 모든 생각, 자신의 모든 행위를 익히 아시는 분일 뿐만 아니라, 입 밖으로 아직 발설하지 않고 혀끝에서 맴돌고 있는 말까지도 다 알고 계시는 분이심을 다윗은 확실히 알고 있었습니다. 이처럼 나의 깊은 곳까지 감찰하시며 언제 어디서나 나와 동거하고 계시는 하나님을 다윗이 확연히 알고 믿었을 때, 한순간 남의 아내를 빼앗고 그 남편을 죽이는 엄청난 범죄를 저질렀던 사람이었지만 날로 날로 하나님 앞에서 성숙하게 변화되어 갈 수밖에 없었고, 마침내 이스라엘을 밝히는 등불이 되기에까지 이르렀던 것입니다. 아무리 하나님께서 자신과 함께하고 계셔도, 다윗이 자신과 동행하시는 하나님을 알지 못했거나 알려 하지 않았더라면 있을 수 없는 대사건이었습니다.

지난 목요일(97. 12. 18), 우리나라 헌정사상 처음으로 야당의 후보가 대통령에 당선되었습니다. 역사상 한 번도 경험해 보지 못한 최초의 여야간 정권교체이기에, 야당의 집권은 갑자기 야기된 IMF 사태와 더불어 정치적, 사회적, 경제적으로 많은 변화를 예견케 하고 있습니다. 그와 같은 변화를 열망하는 사람도 있는 반면 우려하는 사람들 역시 상당수 있는 것이 사실입니다.

그러나 민주사회의 발전이라는 관점에서 볼 때, 여야간의 정권 교체란 필수적인 것이기에 이와 같은 변화는 반드시 거쳐야 할 과정임을 알게 됩니다. 오히려 그리스도인으로서 우리가 정작 두려워해야 할 것은 이런 외적 변화가 아니라, 당연히 수반되어야 함에도 불구하고 결코 미동도 하지 않는 우리의 내적 변화입니다. 내적 변화가 없다는 것은 나와 함께하고 계시는 하나님을 아직까지 믿지 못하고 살아가는 증거에 지나지 않기 때문이요, 우리와 함께하시는 하나님을 알지 못하고서는 우리의 삶이 바로 세워질 도리가 없기 때문입니다.

이제 열흘만 지나면 또 한 해가 사라집니다. 이 한 해를 뒤돌아보건대 연초에 비하여 우리는 얼마나 변화되었습니까? 우리 각자에게 아무런 변화가 없었다면, 그리고 지금 변화가 없다면, 아무리 외적 변화의 바람이 몰아 닥쳐도 이 사회가 본질적으로 변화될 수는 없습니다. 이 사회의 본질은 정당이나 체제, 혹은 제도가 아니라 바로 우리 자신들인 까닭입니다.

사랑하는 교우 여러분! 자신은 25년 전 양호교사 자격증을 땄다는 사실 자체를 망각하고 살았지만, 그 모든 것을 기억하시고 하나님의 때가 되었을 때 하나님의 방법으로 그것을 활용케 하신 강은애 집사님의 하나님이 우리의 하나님 되심을 알고 계십니까? 윤좌원 집사님과 함께하시면서 집사님의 일거수 일투족을 다 아시고, 그의 잘못된 삶을 바르게 교정해 주시는 하나님이 우리의 하나님 되심을 믿고 있습니까? 다윗의 깊은 곳까지 감찰하시고 다윗의 혀끝에 맴도는 말까지 알아들으신 하나님께서 우리의 하나님 되심을 확신하고 있습니까? 대강절 넷째 주일을 맞이하여 임마누엘 하나님께서 우리와 함께하시기 위하여 이 땅에 오신 분이 예수 그리스도이심을 믿고 있습니까?

그렇다면 우리 모두 우리와 함께하고 계시는 그분 앞에서, 그분을 힘입어, 그분의 인도하심에 따라, 다가오는 외적 변화를 두려워함 없이 우리 자신이 내적으로 변화하는 그리스도인들이 됩시다. 도마처럼, 다윗처럼 우리와 함께하시는 주님께 우리 삶의 키를 온전히 맡겨 드립시다. 그분으로 하여금 우리 인생의 선장이 되게 합시다. 그 때 1998년은 이 사회가 본질적으로 새로워지는 진정한 새해가 될 것입니다. 우리가 곧 이 사회의 본질이기 때문입니다.

나의 깊은 곳까지 감찰하시고
언제나 나와 동거하시는 주님,
주님을 바르게 알고 바르게 믿어
날마다 변화하는 그리스도인이 되게 해주옵소서.
우리가 이 사회의 본질이기에 우리가 변화되는 만큼만
이 사회의 본질이 변화됨을 잊지 않게 해주옵소서.
도마와 다윗이 내적으로 변화됨으로써
그 시대가 새로워졌던 것처럼, 외적 변화를 두려워함 없이
우리 자신이 먼저 본질적으로 변화됨으로써,
1998년이 이 사회가 본질적으로 변화되는
진정한 새해로 다가오게 해주옵소서.
나의 변화를 가능케 해주는 주체는 내가 아니라
언제나 나와 함께하시는 하나님이심을
늘 기억하게 하옵소서. 아멘.

19

나의 주님, 나의 하나님

열두 제자 중에 하나인 디두모라 하는 도마는
예수 오셨을 때에 함께 있지 아니한지라.
다른 제자들이 그에게 이르되
"우리가 주를 보았노라" 하니 도마가 가로되
"내가 그 손의 못자국을 보며
내 손가락을 그 못자국에 넣으며
내 손을 그 옆구리에 넣어 보지 않고는
믿지 아니하겠노라" 하니라.
여드레를 지나서 제자들이 다시 집 안에 있을 때에
도마도 함께 있고 문들이 닫혔는데
예수께서 오사 가운데 서서 가라사대
"너희에게 평강이 있을지어다" 하시고,
도마에게 이르시되
"네 손가락을 이리 내밀어 내 손을 보고
네 손을 내밀어 내 옆구리에 넣어 보라.
그리하고 믿음 없는 자가 되지 말고 믿는 자가 되라."
도마가 대답하여 가로되
"나의 주시며 나의 하나님이시니이다."
예수께서 가라사대
"너는 나를 본 고로 믿느냐?
보지 못하고 믿는 자들은 복되도다" 하시니라.

요한복음 20:24~29

오늘은 12월 28일입니다. 불과 사흘이면 1997년은 막을 내리게 됩니다. 하루하루가 모여 우리의 일생이 되는 까닭에, 어느 날 어느 주간 어느 달인들 중요치 않을 수가 있겠습니까마는 특별히 한 해의 마지막 주간의 중요성이 더 강조되는 것은, 이 때가 곧 한 해를 마무리하는 기간이기 때문입니다. 그렇기에 이 시기가 1년 중 그리스도인들이 가장 착각하기 쉬운 때이기도 합니다.

일반적으로 사람들은 한 해의 마무리, 즉 결산을 결과의 측정으로 행하고 있습니다. 내게 손실이 있었는지, 아니면 이득이 있었는지를 따져 보고, 그 결과에 따라 괴로워하기도 하고 기뻐하기도 합니다. 세상이 그렇기 때문에 그리스도인들 역시 이 범주에서 벗어나지를 못합니다. 철저하게 손익의 결과에 얽매여 이득이 더 많으면 하나님께 감사드리고, 반대로 손해가 더 많으면 절망 속에서 탄식하는 것이 오늘날 그리스도인들의 모습입니다. 그리고 그와 같은 삶을 전혀 이상스레 생각지도 않습니다.

그러나 이것은 전혀 비성경적인 사고방식이요, 그리스도인들의 마무리는 결과에 대한 마무리가 아니라 과정에 대한 결산임을 우리는 사도 바울의 고백을 통하여 분명히 알 수 있습니다. 자신의 죽음이 임박한 것을 안 사도 바울은 디모데후서 4장 6절에서 8절을 통해 다음과 같은 고백으로 자신의 인생을 마무리하고 있습니다.

> 관제와 같이 벌써 내가 부음이 되고
> 나의 떠날 기약이 가까웠도다.
> 내가 선한 싸움을 싸우고
> 나의 달려갈 길을 마치고 믿음을 지켰으니,
> 이제 후로는 나를 위하여 의의 면류관이 예비되었으므로
> 주, 곧 의로우신 재판장이 그 날에 내게 주실 것이니 내게만
> 아니라 주의 나타나심을 사모하는 모든 자에게니라.

관제란 제물의 피를 한 방울도 남김없이 온전히 제단에 쏟아 붓는 것을 의미합니다. 바울은 그와 같이 자신의 인생을 완전히 주님께 부어 드렸다고 고백하고 있습니다. 또한 한평생 진리를 위해 선한 싸움을 싸웠고, 달려가야 할 진리의 길을 중단 없이 달렸으며, 어떤 상황 속에서도 믿음을 지켰다고 고백하고 있습니다. 그런데 그와 같은 삶을 살아온 바울에게 지금 주어진 결과는 도대체 무엇입니까? 사지에 묶인 쇠사슬이요, 로마의 토굴 감방이요, 사형, 그것도 무서운 참수형이었습니다. 적어도 겉으로

는 얻은 것이 하나도 없습니다. 아니 모든 것을 잃었을 뿐이었습니다. 철저하게 빈손이 된 것입니다.

지금 바울에게 주어진 결과만을 볼 때 얼마나 비참한 인생입니까? 한평생을 애써 살아온 결과가 그와 같이 비참하게 끝난다면, 그 높은 학문과 가문, 그리고 경력을 자랑하던 바울은 절망 가운데에서 땅을 치며 통곡하거나 정신병자가 되어야만 마땅할 것입니다. 그러나 바울은 그 비참한 현실 속에서 조금도 절망하거나 탄식하지 않았습니다. 오히려 이렇게 당당하게 고백하였습니다.

이제 후로는 나를 위하여 의의 면류관이 예비되었으므로
주, 곧 의로우신 재판장이 그 날에 내게 주실 것이니

지금은 비록 쇠사슬에 묶여 토굴 속에 갇혀 있는 죄수요 머지 않아 참수형을 당할 사형수이지만, 바울은 이제 앞으로 주님께서 자신에게 주실 의의 면류관을 확신하고 있다는 것입니다.

그렇다면 바울은 임박한 죽음 앞에서 자신의 인생을 어떻게 마무리하고 있습니까? 그리스도인으로 걸어야 할 바른 과정을 거쳐왔음을 되돌아보면서, 자신이 바른 과정을 걸어온 이상 지금 자신의 현실이 비록 비참하다 할지라도 마지막 결과를 반드시 주님께서 책임져 주실 것임을 믿어 의심치 않고 있습니다.

우리는 바로 여기에서 바울이 가진 신앙의 실체를 분명히 알 수 있습니다. 바울은 주님의 하나님 되심을, 하나님의 하나님 되심을, 다시 말해 삼위일체 되신 하나님께서는 천지를 창조하신 전능하신 하나님이시요, 영원 전부터 영원 후까지 계시는 영원하신 하나님이심을 명확하게 알고 바르게 믿었던 것입니다. 만약 바울이 하나님의 하나님 되심을 바르게 믿지 못했더라면, 그 역시 지금 당장 눈앞에 보이는 결과에만 연연하여 거쳐야 할 바른 과정을 무시해 버렸을 것이고, 그랬더라면 하나님께서 그를 위하여 예비해 두신 의의 면류관이라는 결과를 얻지 못했을 것입니다. 그러나 하나님의 하나님 되심을 믿어 나의 결과 아닌 하나님의 결과를 확신하면서 바른 과정을 걸었을 때, 그는 시간과 공간을 초월하여 위대한 사도, 영원한 사도라는 의의 면류관을 얻을 수 있었습니다. 그래서 바울은 우리에게 이렇게 증거하고 있습니다.

> 이제 후로는 나를 위하여 의의 면류관이 예비되었으므로
> 주, 곧 의로우신 재판장이 그 날에 내게 주실 것이니
> 내게만 아니라 주의 나타나심을 사모하는 모든 자에게니라.

무슨 의미이겠습니까? 하나님의 하나님 되심을 바르게 믿어 믿는 자로서 거쳐야 할 과정을 제대로 거치라는 권면입니다. 선한 싸움을 싸우고 달려갈 길을 달리고 어떤 경우에도 믿음 지키기를 포기치 말라는 것입니다. 그와 같은 삶을 살면 그가 누구이든 상관없이 하나님께서는 반드시 하나님의 선하시고 영원하신 결과로 책임져 주신다는 것입니다. 바꾸어 말해 하나님을 믿는다고 하면서도 하나님의 하나님 되심을 믿지 못한 채 눈앞의 결과에 집착하여 바른 과정을 소홀히 한다면, 지금 내가 태산처럼 많은 것을 얻었다 할지라도 그것은 하나님께로부터 주어진 것이 아니요, 그렇기에 그것은 선한 종결이 아니라 새로운 문제의 시작

일 뿐이라는 것입니다.

하나님을 하나님으로 믿는다는 것은 얼마나 당연한 일입니까? 그러나 그 당연한 사실을 당연하게 믿기가 얼마나 어려운지, 또 그 당연한 사실을 믿지 못해 낭패하는 사람들이 얼마나 허다한 지 알 수가 없습니다. 우리는 그 좋은 예를 아브라함에게서 찾아 볼 수 있습니다.

아브라함과 사라는 자식을 갖지 못한 부부였습니다. 그런데 아 브라함의 나이 75세 되던 해에 하나님께서는 그들에게 아들을 주시겠다고 약속해 주셨습니다. 그 나이에 이르기까지 자식이 없 었던 그들에게는 참으로 기쁜 소식이었을 것입니다. 그러나 하 나님의 약속이 있은 지 10년이 지나도록 아들이 없자 아브라함 은 사라의 권고를 받아 그 집안의 여종 하갈과 동침하여 아들 이 스마엘을 얻었습니다. 그러나 그것은 하나님이 원하시는 방법이 아니었고, 그 아들은 당연하게도 하나님께서 약속하신 아들이 아 니었습니다.

아브라함과 사라가 그 같은 잘못을 저지르게 된 까닭은 하나 님께서 약속하신 아들이라는 결과에만 집착했기 때문이었습니 다. 다시 말해 하나님께서 요구하시는 것은 믿음의 자식을 갖기 에 필요한 과정을 거치는 것이요, 그 과정을 거칠 때 비록 생리 적으로는 출산이 불가능하다 할지라도 하나님께서는 당신께서 약속하신 결과를 하나님의 방법으로 반드시 책임져 주신다는 사 실을 그들은 바로 믿지 못했던 것입니다. 이를테면 하나님의 하 나님 되심, 하나님의 전능하심을 믿지 못했던 것입니다. 그래서 세상 사람들이 흔히 하는 방법대로 여종에게서 아들을 얻었으나 그것은 아브라함의 결과였을 뿐, 하나님께서 주시고자 하신 하나님의 결과는 아니었습니다. 그래서 이스마엘은 선한 마침이기는커녕, 오히려 이스마엘의 후손이 된 아랍인과 유대인들 사이에 수천 년을 두고 빚어진 갈등과 불화의 시작이 되었습니다.

하나님을 믿는 자에게 결과보다 과정이 더 중요하다는 사실을 뒤늦게 깨닫게 된 아브라함은, 그의 나이 100세 때에 하나님의 약속으로 얻은 이삭을 번제로 바치라고 하나님께서 명령하셨을 때, 이번에는 세상의 방법으로 아들을 빼돌리려 하지 않고 주저함 없이 하나님의 명령에 순종하게 됩니다. 하나님의 하나님 되심을 확고히 믿는 자가 되었기에 하나님께 요구하시는 과정을 거치기만 하면, 하나님께서 하나님의 방법으로 결과를 책임져 주심을 확신했던 것입니다. 과연 아브라함이 끝까지 믿음의 과정을 지켰을 때 하나님께서는 그 결과를 책임져 주시사, 이삭을 죽게 내버려 두시기는커녕 아브라함과 이삭을 동시에 믿음의 조상으로 영원토록 세워 주셨습니다.

믿음은 결과에 있지 않습니다. 인간이 설정한 결과에 집착한다는 것 자체가 이미 믿음에서 벗어난 것입니다. 믿음은 오직 과정 속에 있습니다. 진리 안에서 바른 과정을 추구할 때 하나님께서 책임져 주시는 하나님의 결과가 주어지는 법이요, 그것만이 참되고 영원한 열매가 되는 것입니다.

주님께서 이미 부활하셨건만 그 사실을 믿지 못한 제자들은 여전히 두려움에 떨면서 문들을 꼭꼭 걸어잠근 채 다락방 속에 숨어 있었습니다. 부활하신 주님께서는 그처럼 한심한 제자들을 버리시지 않고, 오히려 측은히 여기사 그들을 친히 찾아오시어 당신의 부활을 확인시켜 주셨습니다. 그러나 무슨 까닭인지 그 뜻

깊은 순간에 예수님의 제자 중 도마만은 그 역사적인 현장에 있지 않았습니다. 그래서 도마는 "우리가 부활하신 주님을 뵈었다"는 다른 제자들의 말을 믿으려 들지를 않았습니다. 죽은 사람이, 그것도 시신을 무덤에 장사지낸 지 사흘 만에 다시 살아난다는 것은 상식적으로 있을 수 없는 일이라 생각했기 때문입니다. 도마는 예수님께서 설령 부활하셨다 할지라도 그분의 직접적 사인(死因)이 되었던 못자국과 창자국에 자신의 손가락을 넣어 보지 않고서는 결코 믿을 수 없노라 단언했습니다.

그로부터 여드레 후 제자들을 다시 찾아오신 주님께서는 그 곳에 함께 있는 도마를 발견하시고는, 도마에게 다가가시어 당신의 못자국과 창자국을 보여 주시면서 도마가 요구했던 대로 도마의 손가락으로 확인해 볼 것을 허락하셨습니다. 그 순간 도마가 터뜨린 고백을 본문은 이렇게 전해 주고 있습니다.

> 도마가 대답하여 가로되
> "나의 주시며 나의 하나님이시니이다." (20:28)

우리 성경에는 서술형으로 번역되어 있지만 원문은 감탄형이라는 말씀은 이미 드린 바 있습니다. 부활하신 예수님을 뵌 도마는 이렇게 감탄의 고백을 터뜨리고 말았습니다.

"아! 나의 주님, 나의 하나님!"

여기에서 중요한 것은 도마가 '당신은 부활하신 주님이심이 틀림없다'고만 고백한 것이 아니라는 사실입니다. 사실 죽은 사람이 다시 깨어난다는 것은 요즈음에도 있을 수 있는 일이며, 긴 안목에서 볼 때 그것 자체로는 대단한 일이 아닙니다. 사람이란 죽었다 깨어나도 언젠가는 다시 죽게 마련이기 때문입니다.

86년도에 저의 어머님께서 갑자기 돌아가신 적이 있었습니다. 호흡이 완전히 멎고 동공마저 풀렸습니다. 아내와 저는 어머님을 반듯하게 뉘어 드리고 눈을 감겨 드린 다음 요한복음 14장 말씀을 읽고 찬송과 기도를 드린 후 형제들에게 전화로 어머님의 부음 소식을 알렸습니다. 그런데 한참 뒤에 어머님께서 다시 살아나신 것입니다. 언제 숨이 멎었느냐는 듯 감쪽같이 되살아나신 것이었습니다. 그렇다고 어머님께서 영원히 사신 것은 아니었습니다. 그로부터 10년이 지난 작년 말, 어머님께서는 영영 돌아가시고 말았습니다.

만약 다시 사신 주님을 만나 뵌 도마가 '당신은 부활하신 주님이 틀림없다'는 고백만 했다면 그의 고백은, 저의 전화를 받고 황급히 뛰어온 형제들에게 어머님께서 다시 살아나셨다고 말한 저의 증언과 다를 바가 하나도 없습니다. 그런데 도마는 어머님에 대한 저의 고백과 달리 이렇게 감탄의 고백을 터뜨렸습니다.

"아! 나의 주님, 나의 하나님!"

이것은 무엇을 의미합니까? 바로 그 순간 도마는 주님의 하나님 되심을, 삼위일체 하나님의 하나님 되심을 분명히 깨달았던 것입니다. 예수 그리스도야말로 이 세상의 어떤 죽음의 권세도 이기지 못하는 영원하신 하나님, 전능하신 하나님 되심을 확인케 되었던 것입니다.

도마의 "아! 나의 주님, 나의 하나님!"이라는 이 고백이 중요할 수밖에 없는 것은, 이 고백과 더불어 이 순간부터 도마는 결과에 집착하는 사람에서 과정을 중요시하는 사람으로 새롭게 변화되었기 때문입니다. 도마는 '예수님의 십자가에 못 박혀 돌아가심'

이라는 눈앞의 결과로 인해 마지막 순간 예수님을 버리고 도망치는 배신자가 되고 말았습니다. 그리고 그 결과에 연연했기 때문에 주님께서 부활하셨음에도 문들을 걸어잠근 채 두려움에 떨어야만 했습니다. 그 결과에만 집착했기 때문에 부활하신 예수님을 뵈었다는 제자들의 증언을 믿을 수가 없었던 것입니다. 말하자면 십자가에서 돌아가신 예수님—그분의 하나님 되심을 알지도, 믿지도 못했던 것입니다.

그러나 부활하신 주님의 하나님 되심을 확인한 이 순간부터 도마는 진리의 선한 싸움을 싸우며 살았습니다. 그리스도인으로서 달려가야 할 진리의 길을 결코 중도에서 포기하지 않았습니다. 마지막 죽음의 순간, 순교의 순간까지도 믿음을 굳건하게 지켰습니다. 그리스도의 제자로서 거쳐야 할 과정을 신실하고 바르게 거치기만 하면, 하나님 되신 주님께서 반드시 시간과 공간을 초월하여 그 결과를 책임져 주실 것임을, 그것만이 참되고 영원한 결과일 것임을 믿어 의심치 않았던 것입니다. 주님의 하나님 되심을, 하나님의 전능하고 영원하신 하나님 되심을 알지 못했더라면 불가능했을 극적인, 그리고 근본적으로 새로운 변화였습니다.

사랑하는 교우 여러분, 1997년 12월 28일 오늘, 우리는 올해의 벼랑 끝에 서서 이 한 해를 마무리하는 시점을 맞고 있습니다. 그리스도인의 마무리는 결과에 대한 결산이 아니라 과정에 대한 마무리임을 잊지 맙시다. 내가 지금 손에 수많은 열매를 움켜쥐고 있다 할지라도 그것이 지난 한 해 동안 불의한 과정을 거쳐온 결과라면, 그것은 순식간에 사라져 버릴 물거품처럼 허망하고 헛된 열매요, 좀더 심각한 문제의 시발점일 뿐임을 기억하는 자들이 됩시다.

반면 지난 1년 동안 그리스도인으로서 선한 양심을 지니고 바른 과정을 애써 거쳐 온 결과가 지금 빈손으로 나타나 있다면, 절망하기는커녕 오히려 기뻐하는 자들이 되십시오. 올해의 끝이 우리의 끝은 아니요, 우리가 바른 과정을 거쳐 온 이상 주님께서는 주님의 때에 주님의 방법에 의한 주님의 결과로 반드시 책임져 주실 것이기 때문입니다.

믿음은 결과에 있는 것이 아니라 과정 속에 있습니다. 우리가 설정한 목전의 결과에만 집착할 때 새해 역시 묵은 해의 연장이 될 수밖에 없지만, 주님 안에서 주님께서 걸어가신 바른 과정을 다져갈 때 새해는 정녕 하나님에 의한 새해가 될 것입니다. 우리가 믿는 주님은 하나님이시요, 우리가 믿는 하나님은 영원하고 전능하신 창조주 하나님 아버지이신 까닭입니다.

주님!
한해의 벼랑 끝에 서서
많은 사람들은 결과에 대한 결산으로 분주합니다.
그러나 우리 그리스도인들의 결산은 결과에 대한 마무리가
아니라 과정에 대한 결산임을 일깨워 주셔서 감사합니다.
내가 지금 손에 많은 열매를 움켜쥐고 있다 할지라도,
그것이 지난 한 해 동안 불의한 과정을 걸어온 결과라면
그 손을 펴고서 하나님을 두려워하며
회개하는 자가 되게 하옵소서.
내가 그리스도인으로서 바른 길을 걸어온 결과가 지금

빈손이라면, 그 빈손을 주님께서 주님의 때에 주님의
결과로 반드시 채워 주실 것임을 믿어
소망 가운데 새해를 맞게 해주옵소서.
우리가 믿는 주님은 하나님이시요,
우리가 믿는 하나님은 전능하시고 영원하신 창조주 하나님
아버지 되심을 분명히 믿고 계속 바른 과정을 다져가기를
중단치 아니하므로, 새해가 하나님에 의한 하나님의
새해로 우리 앞에 펼쳐지게 하여 주옵소서.
나의 주님, 나의 하나님 되시며
내 삶의 결과를 반드시 책임져 주시는
예수 그리스도의 이름으로 기도드립니다. 아멘.

20

보지 않고 믿는 자들

열두 제자 중에 하나인 디두모라 하는 도마는
예수 오셨을 때에 함께 있지 아니한지라.
다른 제자들이 그에게 이르되
"우리가 주를 보았노라" 하니 도마가 가로되
"내가 그 손의 못자국을 보며
내 손가락을 그 못자국에 넣으며
내 손을 그 옆구리에 넣어 보지 않고는
믿지 아니하겠노라" 하니라.
여드레를 지나서 제자들이 다시 집 안에 있을 때에
도마도 함께 있고 문들이 닫혔는데
예수께서 오사 가운데 서서 가라사대
"너희에게 평강이 있을지어다" 하시고,
도마에게 이르시되
"네 손가락을 이리 내밀어 내 손을 보고
네 손을 내밀어 내 옆구리에 넣어 보라.
그리하고 믿음 없는 자가 되지 말고 믿는 자가 되라."
도마가 대답하여 가로되
"나의 주시며 나의 하나님이시니이다."
예수께서 가라사대
"너는 나를 본 고로 믿느냐?
보지 못하고 믿는 자들은 복되도다" 하시니라.

요한복음 20:24~29

　　"우리가 부활하신 주님을 뵈었다"는 동료 제자들의 말을 믿지 못하던 도마, 설령 주님께서 정말 부활하셨다 할지라도 예수님의 못자국과 창자국에 자신의 손가락을 넣어 확인해 보기 전까지는 믿을 수 없노라 단언하던 도마, 그러나 그 도마는 자신을 친히 찾아오신 부활의 주님을 직접 뵙는 순간 그저 감탄의 고백만을 터뜨릴 뿐이었습니다.

　　"아! 나의 주님, 나의 하나님!"

　　부활하신 주님 앞에서는 다른 말이 필요치 않았던 것입니다. 부활하신 주님의 진위 여부를 달리 확인해 볼 필요조차 없었습니다. 주님을 다시 뵙는 순간, 그분의 그윽한 눈동자와 다정한 음성에 포근히 감싸이는 순간, 그분이야말로 부활하신 주님이시요 하나님 되심을 믿고 고백치 않을 수 없었던 것입니다.

　　"당신은 나의 주님이시며 나의 하나님이시니이다."

　인간의 모습으로 이 땅에 오시어 인간의 죄값을 치르기 위하여 십자가에 못 박혀 돌아가셨던 그분이 곧 하나님이심을 믿는다는 도마의 고백은 얼마나 위대합니까? 그 고백을 들으신 주님께서 하신 말씀을 본문 29절은 이렇게 증거하고 있습니다.

　　예수께서 가라사대
　　"너는 나를 본 고로 믿느냐?
　　보지 못하고 믿는 자들은 복되도다" 하시니라.

　얼핏 보면 예수님께서 도마를 꾸짖는 말씀처럼 보입니다. 그러나 원문을 보면 이것은 꾸중이 아니라 주님께서 도마를 깨우쳐 주시기 위한 깊은 사랑의 권면인 것을 알게 됩니다. 우리 성경에는 번역 과정에서 빠져 있지만, 원문은 주님께서 다정스레 도마의 이름을 부르시는 것으로 시작되고 있습니다.
　"도마야! 너는 나를 보았기 때문에 믿지? 나를 보지 않고도 믿는 사람이 복이 있단다."
　'보지 않고도 믿는다' 는 것은 결코 맹목적인 신앙을 의미하지 않습니다. 만약 하나님께서 우리에게 요구하시는 것이 고작 맹신이라면 하나님께서 우리에게 66권이나 되는 이 방대한 계시의 말씀, 성경 말씀을 주셨을 까닭이 없습니다. 하나님을 믿는 우리가 지녀야 할 믿음이 기껏 맹신에 지나지 않는다면, 임마누엘 하나님 되신 예수 그리스도께서 이 땅에 친히 오시어 당신 자신을 직접 계시해 보여 주실 이유가 없습니다. 하나님께서 무려 1,500여 년에 걸쳐 기록된 방대한 계시의 말씀을 우리에게 주시고, 그것도 모자라 말씀이신 예수 그리스도께서 육신을 입고 이 땅에 오시어 당신을 보여 주신 것은, 하나님께서 우리에게 원하시는 것이 결코 맹신이 아니라는 반증입니다.

그럼에도 불구하고 주님께서는 도마에게 "보지 않고도 믿는 사람이 복되다"고 말씀하셨습니다. 이것이 맹신을 뜻하는 것이 아니라면 그 참된 의미는 무엇이겠습니까? 이미 본 것만으로도 충분하다는 것입니다. 주님께서 제자들과 이 땅에서 3년 간 함께 거하시는 동안 예수님의 하나님 되시는 표적을 얼마나 많이 보여 주셨습니까? 예수님께서는 죽음도 능히 이기실 참 생명 되심을 얼마나 자주 보여 주셨습니까? 그 모든 것만으로도 주님의 부활을, 주님의 하나님 되심을 얼마든지 믿을 수 있다는 것입니다. 유한한 우리의 감각 기관을 통해 인지한 것만을 믿으려 하면 우리의 믿음은 보잘것없는 우리 자신을 절대로 뛰어넘을 수 없고, 유한한 우리 안에 갇힌 믿음은 어떤 경우에도 참된 믿음이 될 수 없다는 것입니다. 그러므로 이제부터는 유한한 눈으로 본 고로 믿는 것이 아니라, 이미 본 것을 토대로 하여 지금 우리의 육안으로 볼 수 없는 것을 믿음으로 보라는 것입니다. 본 고로 믿는 것이 아니라, 믿음으로 보는 믿음—그 믿음만이 나를 뛰어넘어 하나님과 하나님의 역사 속에 거할 수 있는 참된 믿음이라는 것입니다.

1월 1일 0시 신년 예배 시간에 말씀드린 바와 같이, 금년도 우리 교회 표어를 이사야 43장 18절에서 21절에 바탕하여 '새 일을 행하리라'로 정했습니다. 하나님께서는 바벨로니아로 끌려가 포로생활의 고통 가운데 있는 이스라엘 백성들에게 이렇게 말씀하셨습니다.

“보라, 내가 새 일을 행하리니 이제 나타낼 것이라.”

(사 43:19상)

하나님께서는 이미 새 일을 다 행하여 놓으셨다고 과거형으로
말씀하지 않으셨습니다. 지금 새 일을 행하고 계신다고 현재형
으로 말씀하신 것도 아닙니다. 이제 앞으로 새 일을 행하실 것이
라고 미래형으로 말씀하셨습니다. 그리고 이제 행하실 그 새 일
이 구체적으로 무엇인지를 이렇게 밝히셨습니다.

“이제 나타낼 것이라. 너희가 그것을 알지 못하겠느냐?
정녕히 내가 광야에 길과 사막에 강을 내리니” (사 43:19하)

이스라엘 광야의 특징은 나무 한 그루, 풀 한 포기는 물론이요
전혀 길이 없다는 것입니다. 그렇기에 끝도 없이 펼쳐진 광야 한
가운데에서는 방향의 식별을 가능케 해줄 표식이 전무합니다. 사
막의 특징은 생명인 물이 없다는 것입니다. 물이 조금이라도 있
다면 그 곳은 이미 사막일 수가 없습니다. 광야나 사막이나 모두
죽음의 상징인 것은 그 곳에 있어야 할 길과 물이 없는 까닭입
니다.

그런데 하나님께서는 그 죽음의 광야 속에 길을 내실 것이라
고 말씀하고 계십니다. 그 사망의 사막 속에 강물을 터뜨릴 것을
약속하고 계십니다. 한마디로 죽음의 장소를 생명의 진원지로 만
드시겠다는 약속입니다. 이미 광야의 길과 사막의 강들을 터뜨
리셨다거나 터뜨리고 계시다는 결과에 대한 통보가 아니라, 앞
으로 그렇게 하실 것이라는 미래에 대한 약속입니다. 그러므로

이스라엘 백성들의 입장에서 지금 당장 볼 때 광야는 여전히 길 없는 광야일 뿐이요, 사막은 단지 물 없는 사막일 따름입니다.

그렇다면 하나님께서는 이 약속의 말씀을 통하여 이스라엘 백성들에게 무엇을 요구하고 계십니까? 길 없는 광야에서 지금 보이지 않는 길을 믿음의 눈으로 보기를 요구하고 계시는 것입니다. 물 없는 광야에서 지금 존재하지 않는 강, 그러나 이제 곧 터지게 될 강을 믿음의 눈으로 확인할 것을 원하고 계시는 것입니다.

광야에 이미 나 있는 길과 흐르고 있는 강을 보고 거기에 길과 강이 있음을 믿는 것은 믿음이 아니라 사실 확인일 뿐이요, 반면 지금은 아무 것도 없는 광야와 사막일 따름이지만 하나님의 약속을 믿기에 지금 존재치 않는 길과 강을 믿음의 눈으로 보는 것이 진정한 믿음이라는 것입니다. 자신의 욕망에 근거하여 없는 것을 바라는 것은 허망한 망상에 지나지 않지만, 하나님의 약속이기에 비록 지금은 없지만 반드시 있을 것을 내다보는 것이 바른 믿음이요, 나를 넘어설 수 있는 진정한 믿음입니다. 믿음이란 바로 하나님의 약속의 말씀에 대한 믿음이기 때문입니다.

그렇다면 이스라엘 백성들은 오솔길 하나 보이지 않는 광야에 길들을 내시며 물 한 방울 얻을 수 없는 사막에 강물을 터뜨리실 것이라는 하나님의 약속, 하나님의 새 일을 어떻게 믿을 수 있었습니까? 그들은 이미 본 것만으로도 충분했던 것입니다. 하나님께서 이미 보여 주신 것만으로도 하나님의 새 일에 대한 약속을 믿기에 부족함이 없었던 것입니다.

날이면 날마다 필요한 은혜로 채워 주시고 바른 길로 인도하여 주시는 하나님, 그럼에도 불구하고 끝내 욕망과 죄악의 늪에서 헤어나지 못할 때 바벨로니아까지 끌고 가시어 하나님을 바라볼 수밖에 없도록 만드시는 하나님의 사랑에 대한 체험만으로도 지금 광야에 없는 길을, 지금 사막에 존재치 않는 강물을 넉넉하게 볼 수 있는 믿음을 소유할 수 있었던 것입니다.

이처럼 그들이 본 고로 본 것만을 믿는 것이 아니라 본 것을 토대로 보이지 않는 것까지 믿음으로 보았을 때, 그들은 광야와 같은 그들의 영혼에 구원의 길을 내시는 예수 그리스도, 사막과 같은 그들의 심령 속에 생명의 강물을 터뜨리시는 예수 그리스도, 하나님의 새 일 중에 가장 큰 새 일인 이 땅에 오신 임마누엘 하나님, 예수 그리스도를 그들의 두 눈으로 직접 볼 수 있었습니다. 본 고로 본 것만을 믿으려 했다면 결코 있을 수 없는 일이었습니다. 믿음은 된 것에 대한 사실 확인이 아닙니다. 믿음은 약속의 말씀 안에서 믿음으로 보이지 않는 것을 보는 힘이요, 능력입니다.

금년 6월 셋째 주 우리 교회 창립 10주년이 되는 주일, 저는 오래 전부터 약속드렸던 대로, 주님의 교회가 어떤 경우에도 사람의 교회가 아니라 진정한 주님의 교회일 수 있도록 여러분 곁을 떠나게 될 것입니다. 그 동안 많은 교우님들께서 그 이후에 주님의 교회를 이끌어 갈 새 목사님을 위하여 많은 기도를 해 오셨습니다. 그 결과 6월 넷째 주부터 21세기를 향한 새 세대의 첫 장을 새로이 열어 줄 목사님이 누구인지 이 시간 여러분들께 밝힐 수 있도록 오묘하게 인도해 주신 하나님께 깊은 감사를 드립니다.

95년 초부터 저의 퇴임에 대비하여 후임자를 미리 선정해 줄 것을 당회에 부탁드렸습니다. 2년여에 걸친 장로님들의 장고(長考)와 기도 끝에 98년 봄, 제가 몇 분을 당회에 천거하고 그 중에서 당회가 한 분을 결정키로 하였습니다. 제가 몇 분을 천거할 때 저 나름대로 정한 몇 가지 원칙 중 가장 중시했던 것은, 저의 후임자는 학력·경력·영성·인품 등 모든 면에서 저와는 비교가 안 될 훌륭한 분이어야만 한다는 것이었습니다. 훨씬 훌륭한 분이 오시어 주님의 교회가 더 큰 은혜를 누리게 되는 것보다 주님께서 이 교회 주인 되심의 더 좋은 증거는 있을 수 없다고 믿었던 것입니다.

그래서 제가 몇 분을 천거하고 그에 따라 당회가 섭외를 시작했을 즈음에, 영락교회 임영수 목사님께서 그 교회 담임목사직을 맡은 지 10년 만에 뜻한 바 있어 자진 사임하셨음을 알게 되었습니다. 물론 제가 천거했던 분 중에 임영수 목사님도 포함되어 있었습니다. 그러나 그 당시에는 임목사님께서 영락교회 담임목사로 재임중이셨기 때문에, 장로교회 중 세계에서 가장 큰 영락교회의 현직 담임목사님을, 상대적으로 훨씬 작은 우리 교회가 모시려 한다는 것이 어쩐지 그분에 대한 예의가 아니라 생각되어 우리 당회로서는 감히 섭외해 볼 엄두를 내지 못했습니다. 그러나 임목사님께서 영락교회를 사임하신 만큼 사정은 달라진 셈이었습니다. 당회에서는 임목사님을 모시기로 의견을 모으고, 7월 말에 권오승 장로님과 제가 임목사님께서 당시 체류중이시던 독일로 임목사님을 찾아뵈었습니다.

저 개인적으로는 영락교회에서 교육 전도사로 봉사할 때 임목사님을 1년 동안 모셨던 적이 있습니다. 그 때 그분과의 만남은 제게는 참으로 귀한 하나님의 은총이었습니다. 그분과의 만남을 통하여 제 신앙의 잘못된 부분들이 교정될 수 있었습니다. 만약 그 때 그분을 만나지 못했더라면 오늘 이런 모습의 저는 존재하지 못했을 것입니다. 그런데 그로부터 10년이 지나 독일에서 개인적으로 깊은 대화를 나누다 보니 임목사님은 10년 전의 임목사님이 아니셨습니다. 그분은 단순한 목회자가 아니라, 과거와 현재, 그리고 미래를 꿰뚫어보는 선지자요 사상가의 경지에 올라 있었습니다. 권장로님과 저는 그분께 우리 교회에 와 주실 것을 정중히 부탁드리고 돌아왔습니다. 그러나 한 달 후에 그분으로부터의 연락은 '불가능하다'는 것이었습니다. 교회 강단을 떠나 삶의 현장에서 헌신코자 영락교회를 사임하셨던 만큼, 연말에 귀국하면 음성 나환자들이 수용되어 있는 여수 애양원에서 당분간 봉사키로 하셨다는 것이었습니다.

당회는 재시도를 해보기로 하고 97년 9월 초, 김도묵 장로님과 제가 독일로 임목사님을 재차 찾아뵙게 되었습니다. 그리고 언제이든 애양원 봉사가 끝날 때까지 우리는 기다릴 터인즉, 그 후에 우리 교회로 와 주십사고 다시 간청을 드렸습니다. 그러나 한 달 후 다시 '불가'라는 통첩이 왔습니다. 그러나 포기치 않고 10월 말, 마지막으로 당시 임목사님이 채류중이시던 프랑스로 갔습니다. 그리고 우리 교회에 담임목사님으로 오시지 않아도 좋으니, 제가 퇴임한 후 1년 동안 주일 낮 설교만 해주실 것을 부탁 드렸습니다. 그런 부탁을 드린 이유는 세 가지였습니다. 첫째로, 그분이 1년 동안 주일 낮 설교만 해주셔도, 제가 지난 10년 동안 밤낮으로 설교한 것보다 훨씬 더 많은 것을 교우 여러분들께서 얻고 깨우칠 수 있다는 확신 때문이었습니다. 다시 말해 21세기를 앞둔 이 전환기에, 목회자의 야망이나 사심에 사로잡힘

없이 미래에 교회가 나아가야 할 방향을 바르게 예견하고 제시해 줄 수 있는 목사님은 한국에서는 그분이 거의 유일하다는 믿음으로 인함이었습니다.

둘째로는 임목사님께서 1년 동안 설교를 해주시기만 하면, 하나님께서 그분의 마음을 감동시켜 얼마든지 담임목사직을 맡게 해주실 수도 있다는 믿음 때문이었습니다. 그분처럼 훌륭한 분이 설교를 맡으시다가 이 교회에 대한 하나님의 뜻을 발견하고 담임목사가 되어 주신다면 그보다 더 은혜로운 일이 어디에 있겠습니까?

셋째로는 하나님의 뜻이 그분이 1년 동안 설교를 해주시는 것만으로 그친다 할지라도, 그 기간 동안 우리 장로님들이 적합한 후임 목사님을 청빙할 수 있는 충분한 시간적 여유를 가질 수 있다는 판단 때문이었습니다.

임목사님께 그 같은 제의를 드린 후 당회원들은 매일 릴레이 금식을 하면서 하나님의 선하신 뜻이 이루어지기를 기도드렸습니다. 그 결과 지난 12월 초, 파리의 임목사님으로부터 우리의 제의를 수락하시겠다는 연락이 왔습니다. 그리고 12월 중순에 귀국하여 애양원 봉사를 시작하신 임목사님을 12월 말 서울에서 뵈었을 때, 놀랍게도 그분은 올 6월 넷째 주일부터 주일 낮 설교뿐만 아니라 수요예배까지 담당하실 마음을 굳히고 계셨습니다. 이제 여러분들께서는 6월 넷째 주부터 영락교회라는 관습과 틀에 구애받을 것 없는 자유로운 임영수 목사님을 통해 전혀 새로운 하나님의 은혜를 체험하게 될 것입니다. 얼마나 크신 하나님의 은총인지 알 수가 없습니다.

이미 말씀드린 바와 같이 영락교회는 장로교회 중 세계 최대의 교회입니다. 우리는 모든 면에서 영락교회의 1/10에 불과합니다. 그분이 영락교회를 사임하셨다는 소문이 퍼지기가 무섭게 그분을 모시기 위해 많은 교회와 기관들이 애를 썼습니다. 그런데도 우리처럼 미미한 교회가 세계 최대의 교회에서 10년 동안 하나님의 훈련을 거친 이 시대 최고의 목회자를 1년 동안 모실 수 있다는 것은 우리를 향하신 하나님의 새 일이 분명합니다. 하나님께서 행하시지 않았다면 있을 수 없는 일이기 때문입니다. 저 개인적으로는 하나님의 뜻이 있으시다면 그분이 주일 설교, 수요예배 설교를 행하시는 1년 내에 하나님께서 그분의 마음을 감동시켜 주시사 새로운 담임목사님으로 세워 주실 것을 믿고 있습니다.

바로 여기에 우리가 간과해서는 안 될 사실이 있습니다. 일반적으로 담임목사가 교체되면 교회에는 동요가 있게 마련입니다. 기존 목사의 퇴임이 발표되면 신임 목사가 부임하여 자리를 잡을 때까지 교회의 부흥은 정체되거나 오히려 뒷걸음치는 것이 통례입니다. 그런데 오래 전부터 저의 퇴임이 발표되었지만 우리 교회는 전혀 흔들림이 없었습니다.

저의 퇴임 이후 어떤 분이 오실는지 아무도 몰랐지만, 부흥이 정체되거나 퇴보하기는커녕 매주일 새신자의 등록이 끊이지 않았습니다. 이것이 어떻게 가능했겠습니까? 여러분이 믿었기 때문입니다. 여러분이 저보다 훨씬 더 훌륭한 분을 하나님께서 보내 주실 것을 믿었기 때문입니다. 저의 퇴임으로 예전보다 훨씬 더 은혜스러울 주님의 교회 모습을 믿음으로 보았기 때문입니다. 그렇지 않았다면 이 교회는 저의 퇴임이 코앞에 다가온 지금 이미 크나큰 동요 속에 빠져 있을 것입니다.

　그렇다면 어떤 목사님이 오실는지 알지도 못하는 가운데 우리가 이와 같은 믿음을 가질 수 있었던 동기는 무엇이었습니까? 이미 하나님께서 우리에게 보여 주셨던 하나님의 은혜, 하나님의 역사였습니다. 우리 자체 건물을 소유하지 않았건만 늘어나는 교인 수에 알맞게 YMCA 강당으로, 정신여고 소강당으로 한치의 오차도 없이 인도하여 주신 하나님의 은혜, 필요한 때, 필요한 은혜로 채워 주시고 하나님의 방법으로 정신여고 강당을 건축케 하시는 놀라운 섭리—그렇게 보여 주신 은혜만으로도 훨씬 더 훌륭하신 목사님을 만나게 될 것임을 충분히 믿을 수 있었던 것입니다.

　이런 의미에서 저는 하나님을 향한 여러분의 그 경이로운 믿음에 찬사를 보내지 않을 수 없습니다. 아직까지는 1년 간이란 단서가 붙어 있긴 하지만, 그러나 설령 1년 간만이라 할지라도 이 시대 최고의 목회자를 통해 하나님의 말씀을 듣는 하나님의 새 일에 동참하게 된 것은, 여러분들의 그 같은 경이로운 믿음의 결과입니다.

　그러므로 그 경이로운 믿음을 여러분의 삶의 전반에 걸쳐 확장시켜 가기를 부탁드립니다. 하나님께서 우리에게 이미 베풀어 주신 은혜가 가장 훌륭한 목사님을 만나게 될 것을 믿기에 충분했다면, 그 은혜는 여러분들의 가정과 일터와 사회 속에서도 하나님께서 행하실 새 일을 믿기에 충분함을 기억하십시오.

　여러분이 지금 광야 한가운데 떨어져 있다면 눈에 보이지 않는 광야로 인해 절망할 것이 아니라, 그 속에서 하나님께서 일구실 보이지 않는 하나님의 길을 믿음으로 보고 기뻐하십시오. 그 길만이 참된 길입니다.

여러분이 사막 한가운데에 버려져 있다 할지라도 작열하는 태양만으로 인하여 괴로워만 할 것이 아니라, 이제 곧 그 곳에서 터질 강물을 믿음으로 보고 소망을 가지십시오. 거기에만 참된 생명이 있습니다.

하나님께서 이 나라의 경제를 광야로, 사막으로 이끌어 가셨다면 우리를 광야와 사막 가운데 버려 두시기 위함이 아니라 거기를 통해서만 이 민족이 나아가야 할 참된 길, 얻어야 할 참된 생명을 얻을 수 있기 때문임을 기억하십시오.

본 고로 본 것만을 사실확인하는 것이 아니라, 보았기 때문에 이제부터는 하나님의 약속 안에서 보이지 않는 것을 믿음으로 보는 자들이 됩시다. 그 때 우리는 우리를 향하여 펼치시는 하나님의 새 일 속에 거하는 진정한 새해를 누리게 될 것입니다.

믿음은 바라는 것들의 실상이요
보지 못하는 것들의 증거니 (히 11:1)

새로이 어떤 목사님이 오실지 우리 가운데 아무도
몰랐지만, 이미 베풀어 주신 은혜 위에 서서
하나님께서 더 좋은 분을 보내어 주실 것임을
믿음으로 믿고 보았을 때,
하나님께서 이 시대 최고의 목회자를 보내 주시고
그분으로 하여금 21세기를 향한 첫 세대의 첫 장을
열게 해주시니 감사합니다.
주님!
이 믿음이 우리 교회 안에만 국한되게 마옵시고

교회 밖 우리 삶의 현장에까지 확산되게 해주시옵소서.
지금 우리의 삶이 광야에 처해 있다면 그 광야 속에
하나님께서 이제 곧 뚫으실 길을 믿음으로 보게 하시고,
지금 우리의 생이 사막 가운데 떨어져 있다면
머지않아 하나님께서 터뜨리실 강물을 확인케 하옵소서.
이와 같은 믿음으로 주어진 오늘의 어려운 현실을 능히
극복케 하옵시고 하나님께서 우리를 향하여 펼치시는
새 일에 동참케 하시사 이 해가 그리스도 안에서 진정한
새해가 되게 하옵소서. 아멘.

21

기록함은

예수께서 제자들 앞에서 이 책에 기록되지 아니한
다른 표적도 많이 행하셨으나 오직 이것을 기록함은
너희로 예수께서 하나님의 아들 그리스도이심을
믿게 하려 함이요, 또 너희로 믿고 그 이름을 힘입어
생명을 얻게 하려 함이니라.

요한복음 20:30~31

일반적으로 사람들은 이미 사망한 위인에 대하여는 가능한 한 모든 자료들을 빠짐없이 수집하려 합니다. 당사자가 이미 죽어 버린 관계로, 그 이외에는 그를 정확하게 파악할 길이 달리 없기 때문입니다. 그 좋은 예가 톨스토이나 도스토예프스키의 기념관 같은 것입니다. 그 곳에는 작가의 원고에서부터 심지어는 사용하던 잡동사니 물건에 이르기까지, 그에 대하여 수집할 수 있는 거의 모든 것들이 진열되어 있습니다. 사람들은 수집된 그 모든 자료를 통해 이미 사망한 톨스토이나 도스토예프스키의 진면목을 유추해 보게 되는 것입니다.

그러나 살아 있는 사람의 경우는 다릅니다. 만약 어떤 위대한 인물이 지금 살아 있고, 그 위인이 그를 필요로 하는 사람들을 차별없이 누구나 만나 주는 사람이라면, 그에 대한 자료를 수집하기 위해 애를 쓸 까닭이 없습니다. 그냥 직접 만나 보면 됩니

다. 그를 알지 못하는 사람에게는 그를 찾아가 만나도록 소개하
면 족합니다. 단지 이 때 필요한 것이 있다면 왜 그 위인을 만나
보아야 하는지, 왜 그 위인을 소개하려 하는지 그 목적을 밝혀
주는 것입니다. 그것으로 충분합니다. 그 목적을 수긍한 자가 위
인을 찾아가기만 하면, 그가 위인에 관한 수만 가지의 자료를 통
해 듣고 보는 것보다 그 위인에 대하여 더 정확하게 알 수 있습
니다. 그 위인은 죽은 자가 아니라 살아 있는 자요, 백문(百聞)이
불여일견(不如一見)이기 때문입니다.

오늘 본문은 이렇게 시작되고 있습니다.

> 예수께서 제자들 앞에서 이 책에 기록되지 아니한
> 다른 표적도 많이 행하셨으나 오직 이것을 기록함은
> (20:30~31상)

우리는 여기에서 매우 중요한 사실을 발견하게 됩니다. 즉 요
한은 예수님에 관하여 자신이 요한복음에 기록한 것보다 훨씬 많
은 것을 알고 있었다는 것입니다. 다시 말해 요한은 예수님에 대
하여 자신이 요한복음에 사용한 자료보다 월등히 많은 자료들을
갖고 있었습니다. 그럼에도 불구하고 요한은 요한복음을 통해 예
수님을 전할 때 자신이 알고 있는 모든 것, 목격한 모든 것, 갖
고 있는 모든 자료를 다 활용치 아니하였습니다. 자신이 갖고 있
는 그 숱한 자료 중에서 상당한 부분을 추려 낸 결과가 지금 우
리에게 주어진 요한복음입니다. 요한은 요한복음의 제일 마지막
구절인 21장 25절에서 이 사실을 다시 한 번 분명히 밝히고 있

습니다.

> 예수의 행하신 일이 이외에도 많으니
> 만일 낱낱이 기록된다면 이 세상이라도
> 이 기록된 책을 두기에 부족할 줄 아노라.

갖고 있는 모든 자료들을 다 활용했더라면 더 좋았을 것 같은데, 추리고 추린 극히 일부분의 자료만으로 요한복음을 기록했다는 요한의 이 자기 설명은 도대체 무엇을 의미하고 있습니까? 요한에게 있어 예수님은 이미 사망한, 죽어 버린 위인이 아니었던 것입니다. 만약 요한에게 예수님이란 존재가 사자(死者)에 불과했더라면, 요한은 요한복음을 사망한 예수님의 기념관, 혹은 박물관으로 삼아 자신이 갖고 있는 모든 자료들을 하나도 빠짐없이 다 진열했을 것입니다. 그러나 요한이 그 길을 선택치 않은 것은, 그에게 예수님은 십자가에서 이미 돌아가 버리신 분이 아니라 무덤을 깨뜨리시고 부활하시어 지금 살아 계신 분이었기 때문입니다.

살아 계신 그분은 비서실을 통하여 사람들의 면담 요청을 일단 차단한 뒤에 선별적으로 응해 주는 분이 아니라, 그분 앞에 나아가기만 하면 누구든지 언제든지 만나 주시는 분이었습니다. 그렇기에 요한은 자신이 갖고 있는 모든 자료를 빠짐없이 다 전시할 필요가 전혀 없었습니다. 살아 계신 그분을 사람들이 만날 수 있도록 소개하는 것만으로, 왜 그분을 만나야 하는지 그 목적을 밝혀 주는 것만으로 족했습니다. 그는 살아 계신 주님에 대한 자신의 설명보다, 살아 계신 주님을 직접 뵙는 것이 사람들에게 훨씬 더 유익함을 바로 깨닫고 있었던 것입니다. 그래서 요한은 본문 31절을 통하여 자신이 요한복음을 기록하는 목적을 다음과 같이 밝히고 있습니다.

오직 이것을 기록함은 너희로 예수께서
하나님의 아들 그리스도이심을 믿게 하려 함이요
또 너희로 믿고 그 이름을 힘입어
생명을 얻게 하려 함이니라.

첫째는 지금 살아 계신 예수님께서 하나님의 아들 그리스도, 즉 만인의 구원자 되심을 소개하여 믿게 하려 함이요, 둘째는 지금 살아 계신 주님을 뵙고 그분을 힘입어 참 생명의 삶을 살게 하기 위함이라는 것입니다. 어떻게 이런 일이 가능하겠습니까? 예수 그리스도 그분은 이미 지나가 버린 과거 속의 위인이 아니라, 지금 살아 계셔서 우리와 함께하고 계시는 분이기 때문입니다.

여기에서 우리는 왜 성경 말씀을 읽어야 하는지 그 까닭을 분명히 알게 됩니다. 우리가 성경을 읽어야 하는 이유는 기념관 속에 진열된 예수님의 화석이나 박물관 속에 전시된 예수님의 우상을 감상하기 위해서가 아닙니다. 성경을 묵상해야 할 이유는 지금 살아 계신 주님, 지금 나와 함께하고 계시는 주님을 만나기 위함입니다. 살아 계신 그분으로부터 그분의 말씀을 직접 듣기 위함입니다.

당신의 생명과 진리 안에서 나를 날로 새롭게 빚어 주실 수 있는 분은, 과거의 화석이나 유물이 아니라 지금 살아 계셔서 나와 함께하고 계시는 예수 그리스도 그분뿐입니다. 그분 안에서는 누구든지 새로운 피조물이 될 수 있음은, 그분은 영원토록 '지금 살아 계신 분'이시기 때문입니다. 오늘 우리가 이 자리에 나아와 그분께 예배 드릴 수 있음도 그분이 지금 살아 계심으로 인함입니다. 3주 전에 이미 말씀드린 바와 같이 참된 믿음은 이것을 믿는 것으로부터 시작됩니다.

바로 여기에서 우리는 매우 심각한 문제에 봉착하게 됩니다. 디모데후서 3장 16절은 이렇게 증거하고 있습니다.

모든 성경은 하나님의 영감으로 된 것으로
교훈과 책망과 바르게 함과 의로 교육하기에 유익합니다.

또 베드로후서 1장 20절과 21절 역시 다음과 같이 증거하고 있습니다.

여러분이 무엇보다도 먼저 알아야 할 것은 이것입니다.
성경의 모든 해석은 마음대로 해석되어서는 안 됩니다.
예언은 언제든지 사람의 뜻에서 나온 것이 아니라 사람이
성령에 이끌려서 하나님께로부터 오는 말씀을 받아서 한
것입니다.

한마디로 성경은 하나님께로부터 주어진 하나님의 말씀이라는 것입니다. 다시 말해 성경을 기록한 사람이 누구이든 그는 단지 영감을 받은 도구에 불과할 뿐이요, 주체는 언제나 하나님이시라는 것입니다. 우리가 인간에 의하여 기록된 성경을 하나님의

말씀으로 믿는 것은 바로 이 사실을 알고 또 믿는 까닭입니다.

그런데 우리가 오늘 아침 심각한 문제로 여기지 않을 수 없는 것은, 요한이 본문 31절을 통하여 '오직 이것을 기록함은'이라고 말하고 있기 때문입니다. 원문을 보면 '기록되었다'는 수동태로 나타나 있습니다. 그렇다고 해서 하나님의 영감으로 하나님에 의하여 기록되었음을 의미하기 위해 수동태로 쓴 것은 아닙니다. 오히려 마치 자기 자신이 요한복음이라는 기록의 주체인 것처럼 요한 자신에 의하여 기록되었음을 강조하기 위하여 요한은 수동태를 사용하고 있는 것입니다. 성경은 인간의 임의대로 쓰여질 수 없기에 인간이 '내가 기록했다'고 표현한다는 것은 천부당 만부당한 일입니다. 이것을 누구보다도 더 잘 알고 있을 사도 요한이, 자신이 갖고 있던 예수님에 대한 방대한 분량 중에서 여기에 나타난 자료만으로 요한복음을 엮은 주체가 마치 자신인 것처럼, '오직 이것을 기록함은'이라는 표현을 어떻게 감히 성경 속에서 하고 있을까요? 과연 요한은 요한복음을 자신의 저작물로 착각하였겠습니까?

그것은 성경은 하나님의 영감으로 주어진 하나님의 말씀이요, 그렇기에 성경의 주체는 하나님이시라는 이 엄연한 사실을 부정하기 위함이 아니라, 하나님께로부터 주어지는 영감과 그 영감의 말씀 앞에서 절대적으로 순종해야만 할 인간의 의지를 강조하기 위함이었습니다. 하나님께서 아무리 내게 당신의 영감과 말씀을 폭포수처럼 쏟아부어 주셔도, 그 영감과 말씀 앞에 나의 의지가 전적으로 굴복하지 않으면 거기에 그 어떤 의미도 있을 수 없다는 것입니다. 구체적인 예를 들어 설명을 해보겠습니다.

적어도 법적으로나 도덕적으로 친정 부모님에 대하여 재정적인 책임을 져야 할 이유가 없는 성도님이 있습니다. 그분의 형제들은 모든 면에서 그분보다 부모님을 모시기에 더 좋은 여건을 갖고 있습니다. 그러나 형제 중 그 누구도 부모에 대한 책임감을 느끼지 않고 있습니다. 가장 여건이 여의치 않은 그 성도님만 부모에 대한 책임감을 통감하면서, 그 책임감과 자신의 현실, 그리고 형제에 대한 원망 사이에서 괴로워하다가 저의 의견을 물었습니다. 저는 이렇게 대답을 드렸습니다.

"하나님께서는 인간의 생각을 통하여 역사하는 분이십니다. 상대적으로 훨씬 좋은 조건 속에 있는 형제들이 친정 부모에게 소홀히 하고 있는 상황 안에서, 내가 친정 부모를 책임져야 되지 않겠느냐는 생각이 마음속에 가득 차 있다면, 그 생각은 하나님께로부터 비롯된 것이요 하나님께서는 성도님이 친정 부모를 모시기를 원하고 계시는 것입니다. 그렇다면 하나님의 그 명령에 기꺼이 순종하십시오. 물론 현실적으로 어려움이 있겠지만, 그러나 그 명령을 주신 하나님께서 반드시 결과를 선하게 책임져 주실 것입니다."

형제 중 상대적으로 가장 열악한 조건에 처해 있는 그 성도님만이 유독 친정 부모에 대한 책임감을 절실히 느끼고 있다면, 그것은 하나님의 영감으로부터 비롯한 귀한 생각이 아닐 수 없습니다. 그러나 아무리 훌륭한 생각을 품고 있다고 할지라도 그분의 의지가 그 생각을 실천하려 하지 않는다면, 결과적으로 그분은 다른 형제와 똑같을 수밖에 없는 것입니다. 바꾸어 말해 '네 부모를 공경하라'는 영감의 말씀을 특별히 그분의 심령 속에 심어 주신 하나님의 뜻은 실현될 수 없는 것입니다. 믿음은 당연히 깊은 생각을 포함하지만 그러나 생각 그 자체를 의미하는 것이 아니라, 그 생각을 의지를 다해 실천하는 행위임을 잊어서는 안 됩니다. 실천하지 않는 생각은 아무리 아름다워도 실은 망상과 잡념에 지나지 않는 것입니다.

요한에 대하여 생각해 봅시다. 요한복음을 쓸 때 그는 이미 백발 노인이었습니다. 어찌 그의 눈인들 어두워지지 않았겠습니까? 어찌 기동력이 떨어지지 않았겠습니까? 게다가 갈릴리의 무식한 어부 출신이었던 그는 일평생 한 번도 정규 교육을 받아 본 적이 없었습니다. 문장 수업을 받아 본 적도 없었습니다. 어휘력이 풍부할 리도 없었고 표현력이 탁월할 리도 없었습니다. 이처럼 부족하기만 한 요한에게 신비롭기 그지없는 하나님의 영감의 말씀이 임했습니다. 그 차고 넘치는 하나님의 영감의 말씀을 백발 노인 요한이 누구든지 이해할 수 있는 인간의 언어로 표현해 내려 하였을 때 그의 진통이 얼마나 컸겠습니까?

하나님의 말씀을 받았다는 것과 그 영적인 말씀을 인간의 언어로 표현한다는 것은 같은 말이 아닙니다. 하나님께서는 우리를 컴퓨터의 자판이나 프린터 같은 비인격적인 기계로 사용하시는 것이 아니라, 우리의 인격과 감성, 그리고 지성과 이성을 도구로 쓰시는 까닭입니다. 하나님의 영감의 말씀을 인간의 말로 표현하기 위하여 요한이 겪어야만 했을 진통이 얼마나 컸겠는지는 저의 경험으로도 넉넉히 짐작할 수 있습니다.

일주일 내내 하나님께서는 하나님의 말씀에 대한 은혜로운 깨달음을 제게 내려 주십니다. 마치 온 대지를 적시는 이슬처럼 듬뿍 내려 주십니다. 그러나 그 은혜의 깨달음을, 보잘것없는 저의 지식과 표현력을 동원하여 한 편의 설교로 가다듬기 위해서는 매주 토요일 저의 진액을 쏟아야만 합니다. 오죽하면 설교를 준비하는 매주 토요일은 어김없이 만 2kg의 체중이 빠졌다가 주일이 지나서야 다시 회복되곤 하는 일이 십년 동안이나 반복되고 있겠습니까? 겨우 짧디짧은 한 편의 설교를 준비하는 것이 이 정도라면, 하나님의 영감을 받은 요한이 온전하신 하나님의 말씀을 가장 적절한 인간의 말로 기록하기 위하여 겪어야만 했을 진통은 몇천 배, 몇만 배 더 컸을 것입니다.

만에 하나라도 백발의 늙은 요한이 너무나 힘이 들어 요한복음 기록하기를 포기했더라면, 다른 이름의 복음은 몰라도 적어도 요한복음은 존재치 않았을 것이며, 요한복음을 통하여 우리가 길이요 진리요 생명이신 예수 그리스도를 만나게 될 수는 없었을 것입니다. 요한이 백발노인의 진통을 마다치 않고 하나님께서 주신 영감의 말씀들을 의지를 다해 실천적으로 기록으로 남겼기에, 오늘도 우리는 요한복음을 통하여 지금 살아 계신 우리 주님을 소개받고 만나고 믿을 수 있는 것입니다.

요한이 본문 속에서 강조하고자 하는 것이 바로 이것입니다. 즉 믿음이란 하나님께서 베푸시는 은혜, 하나님께서 내려 주시는 생명의 말씀 앞에 우리의 전 존재를 드려 응답하는 우리의 의지, 생각 속에 내재된 의지가 아니라 구체적으로 행동화되며 실천화되고 있는 의지라는 것입니다. 이와 같이 실천화되는 우리의 의지를 통하여 하나님의 말씀은 그 능력을 드러내며, 행동화되는 우리의 의지 속에서 하나님의 약속은 결실하고 성취되는 것입니다.

어느 날 주님께서는 제자들에게 '선한 사마리아 사람의 비유'를 말씀해 주셨습니다. 어떤 행인이 외진 길에서 강도를 만나 거

의 죽게 되었습니다. 그 곁을 제사장과 레위인이 지나갔건만 그
들은 모두 못 본 척 피해 버리고 말았습니다. 그러나 제사장과
레위인들이 짐승처럼 업신여기는 사마리아 사람은 강도 만난 사
람을 발견하는 순간, 자기의 돈을 써가며 그의 목숨을 구해 주었
습니다. 이 이야기를 들려 주신 주님께서는 강도 만난 자의 진정
한 이웃이 누구라고 생각하는지를 제자들에게 물으셨습니다. 한
제자가 즉석에서 자비를 베푼 사마리아 사람이라고 대답했습니
다. 그것은 정답이었습니다. 그러나 주님께서는 만점이라고 칭찬
해 주시지 않았습니다. 오히려 답을 맞춘 제자에게 이렇게 명령
하셨습니다.

"가서 너도 이와 같이 하라." (눅 10: 37하)

주님께서는 이 말씀을 통하여 믿음은 정답을 맞추는 데 그치
는 것이 아니라, 정답대로 행하는 실천적 의지임을 우리에게 분
명히 일깨워 주고 계시는 것입니다.
오래 전, 몇 분의 성도님들이 모임을 결성하여 선행을 베풀기
로 하고 모임의 이름을 지어 달라고 부탁하기에, 그 모임의 이름
을 주님의 말씀에 의거하여 '하라회'로 지어 드린 적이 있었습
니다. 그리스도인이란 철학적 사유를 위한 모임의 회원이 아니
라, 하나님께서 '하라'고 주신 말씀을 의지를 다해 실천하는 '하
라회'의 회원이어야 함을 강조하기 위해서였습니다.
하나님의 말씀을 자세히 살펴보십시오. 거의 모든 말씀이 '하
라'는 것입니다. 하나님의 말씀에 응답하는 실천적 의지 없이는
믿음이 존재할 수조차 없기 때문입니다. 이것이 주님께서 우리

에게 이렇게 말씀하시는 이유입니다.

> "나더러 주여 주여 하는 자마다
> 천국에 다 들어갈 것이 아니요
> 다만 하늘에 계신 내 아버지의 뜻대로 행하는 자라야
> 들어가리라." (마 7:21)

한마디로 천국은 '사유회' 회원들의 것이 아니라 '하라회' 회원들을 위한 곳이라는 의미입니다.

해마다 이맘때쯤이면 동해안 어부들은 '갯닦이'를 행합니다. '갯닦이'란 바닷가 사람들이 한데 모여 바닷가 바위를 닦는 것을 의미합니다. 동해안 바닷가의 겨울 날씨는 여간 춥지 않습니다. 그러나 추운 날씨에 아랑곳하지 않고 갯닦이를 그처럼 행하는 이유는 한 가지, 갯닦이를 해야만 바로 그 깨끗한 바위에 봄이 되면 싱싱한 미역이 들러붙기 때문입니다. 만약 그 곳 사람들이 갯닦이의 필요성을 누구보다 잘 알고 있다 할지라도 갯닦이를 실천하지 않는다면, 아무리 봄이 와도 미역을 얻을 수는 없습니다. 갯닦이의 가치는 사유 속에 있는 것이 아니라 의지적 실천, 실천적 의지 속에 있는 것입니다.

사랑하는 교우 여러분!

새로이 다가온 1998년도가 정녕 새해가 되기를 원하십니까? 작금의 경제 위기가 진정 전화위복의 발판이 되기를 원하십니까? 이 나라가 정말 의롭고 바른 나라가 되기를 원하십니까? 그렇다면 우리 모두 갯닦이의 필요성을 논하기만 할 것이 아니라 우리 자신들의 갯닦이를 이제 행하는 자들이 됩시다. 하나님의

말씀으로 영적 갯닦이를 실천하는 자들이 됩시다. 하나님께서 우리에게 주신 이 귀한 영감의 말씀, 생명의 말씀을 준행하는 의지의 그리스도인들이 됩시다.

우리 모두가 이처럼 주님의 명령에 순종하는 '하라회' 회원이 될 때, 갯닦이를 실천하는 동해안 어부들에게 머지 않은 봄날 싱그러운 미역을 내리시는 하나님께서는 반드시 우리의 앞날을 하나님의 새 일로 책임져 주실 것입니다. 만약 누구든지 그 증거를 보여 달라는 사람이 있다면 저는 그 사람에게 이렇게 답할 것입니다. 요한이 백발 노인이었음에도 불구하고 하나님께서 주신 영감의 말씀을 홀로 즐기기만 한 것이 아니라 온 의지를 다해 기록하기를 마다치 않았을 때, 2,000년이라는 시간과 공간을 초월하여 영원한 생명의 말씀으로 살아 있는 '요한복음'을 보라고 말입니다.

기념관 속의 화석이나 박물관 속의 유물로서가 아니라,
지금 살아 계신 그리스도로서 우리와 함께하고 계신 주님!
이 백성에게 작금의 경제적 한파를 주심은
우리로 하여금 영적 갯닦이를 행하게 해주시기 위함임을
깨닫게 해주셔서 감사합니다.
갯닦이의 유익을 논하기만 할 것이 아니라,
하나님의 말씀으로 마땅히 행하여야 할 진리의 갯닦이를
실천하는 자들이 되게 해주옵소서.
IMF 위기를 맞이하여 희생의 필요성을 강조하기만 할 것이
아니라, 감수해야 할 희생을 내가 먼저 행하는 자가 되게
해주옵소서.

그리스도인이란 하나님의 말씀 속에서 정답을 찾기만 하는
'사유회' 회원이 아니라, 하나님의 말씀을 삶으로
행동하는 '하라회' 회원임을 잊지 말게 하옵소서.
믿음이란 관념이 아니라 의지적 실천이요,
실천적 의지임을 기억하게 하옵소서.
사도 요한처럼 백발이 되기까지 하나님의 말씀에 행동으로
응답하는 자들이 됨으로, 우리의 삶 속에 하나님의 새 일,
하나님의 새 역사가 펼쳐지게 하옵소서. 아멘.

22

생명을 얻게

예수께서 제자들 앞에서 이 책에 기록되지 아니한
다른 표적도 많이 행하셨으나 오직 이것을 기록함은
너희로 예수께서 하나님의 아들 그리스도이심을
믿게 하려 함이요, 또 너희로 믿고 그 이름을 힘입어
생명을 얻게 하려 함이니라.

요한복음 20:30~31

　　요한 사도는 요한복음을 기록한 목적을 두 가지로 밝히고 있
는 바, 그 첫 번째 목적은 본문 31절 상반절에 나타나 있습니다.

　　오직 이것을 기록함은 너희로 예수께서
　　하나님의 아들 그리스도이심을 믿게 하려 함이요

　　이 땅에 인간의 모습으로 오신 예수님께서 만인을 살리시는 구
원자, 즉 그리스도시라는 것과, 그분이 곧 성자 하나님 되심을
믿게 하려는 것이 요한복음 기록의 첫 번째 목적이었습니다. 인
간의 몸을 입고 태어난 예수님께서 어떻게 그리스도인 동시에 성
자 하나님이실 수 있는지는 지난 10년 동안 여러 차례에 걸쳐 깊
이 생각해 보았습니다. 가장 최근에는 3주 전, 부활하신 주님을
뵌 도마가 주님을 향하여 터뜨린 "나의 주님, 나의 하나님!"이라

는 감탄의 고백을 통하여도 다시 살펴보았습니다. 그리고 잠시 후 한 번 더 생각해 보기로 하겠습니다.

요한복음 기술의 두 번째 목적은 31절 하반절에 다음과 같이 밝혀져 있습니다.

> 또 너희로 믿고 그 이름을 힘입어
> 생명을 얻게 하려 함이니라.

생명을 얻게 하려는 것이 두 번째 목적이라는 요한의 말은 대단히 충격적입니다. 이 말 속에는, 이 세상에 살아 있는 모든 사람은 살아 있는 것 같으나 실은 다 죽은 자들이라는 대전제가 깔려 있기 때문입니다. 여러분들은 요한의 이 전제에 동의할 수 있습니까? 우리는 다 살아 있지 않습니까? 지금 이 자리에 앉아 있다는 것 자체가 생명을 지니고 있다는 증거가 아닙니까? 그런데 우리 모두가 실은 죽은 자와 진배없다는 요한의 대전제를 우리는 과연 받아들일 수 있습니까?

요한이 본문에서 말하고 있는 생명이 '영원한 생명'을 의미할진대, 우리의 동의 여부에 상관없이 요한의 전제는 진실일 수밖에 없습니다. 영원이라는 관점에서 볼 때, 영원에 접목되지 아니한 생명이란 산 것 같으나 산 것이 아닙니다. 그것은 마치 생명인 대지로부터 뿌리째 뽑힌 나무와 같습니다. 뿌리 뽑힌 나무가 당장은 살아 있는 것 같으나, 그것은 생명의 고갈일 뿐 참 생명이 아니기에 결국은 말라죽어 버리고 맙니다. 영원과 단절된 모든 생명 역시 이와 같아서 죽음 이상일 수가 없는 것입니다.

요한이 요한복음을 쓴 궁극적인 목적은, 결코 시체 이상일 수 없는 불쌍한 인간들로 하여금 죽음을 초월하여 영원한 생명을 얻게 하기 위함입니다. 이런 의미에서 요한복음은 문자 그대로 '복된 소식'(福音), 'Good News'일 수밖에 없습니다. 뿌리 뽑힌 나무처럼 생명이 고갈되어 가는 인간들에게 영원한 생명을 보증해 주는 것보다 더 복된 소식은 있을 수 없는 까닭입니다.

그렇다면 산 것 같으나 실은 죽은 자에 불과한 인간들이 이 땅에서부터 영원한 생명을 얻는다는 것은 구체적으로 어떤 상태를 의미합니까? 본문 31절을 다시 살펴봅시다.

> 오직 이것을 기록함은 너희로 예수께서
> 하나님의 아들 그리스도이심을 믿게 하려 함이요
> 또 너희로 믿고 그 이름을 힘입어
> 생명을 얻게 하려 함이니라.

요한은 성자 하나님이신 예수 그리스도를 믿고 그분의 이름을 힘입음으로 참 생명, 영원한 생명을 얻을 수 있다고 일깨워 주고 있습니다. 여기에서 '믿는다', '힘입는다', '얻는다'는 동사는 모두 일회적인 단순 행동이 아니라, 지속적으로 계속되는 상태를 강조하는 형태로 사용되고 있습니다. 한번 믿어 보다 치우는 것이 아니라 계속 예수 그리스도를 믿는 상태, 언제 어디서나 예수 그리스도의 이름을 힘입어 사는 상태 속에 있을 때, 우리는 영원한 생명의 상태를 누릴 수 있는 것입니다.

주님을 계속 믿는다는 것은 무엇을 의미합니까? 주님을 나의 주인으로 내 중심에 모셔들이는 것을 의미합니다. 주님의 이름을 힘입는다는 것은 또 무엇을 뜻합니까? 주님의 이름을 믿으면 이번에는 내가 주님 안에 거하게 되는 것입니다. 그래서 이 부분의 원문은 '예수 그리스도의 이름 안에서'라고 되어 있습니다.

그렇다면 먼저의 질문으로 되돌아가 봅시다. 산 것 같으나 실은 죽은 자에 불과한 인간들이 이 땅에서부터 영원한 생명을 얻는다는 것은 구체적으로 어떤 상태를 의미합니까? 그것은 예수 그리스도께서 내 안에, 내가 예수 그리스도 안에 거하고 있는 상태를 뜻합니다. 그 때 우리는 영원한 생명이신 그분 안에서, 그분을 힘입어, 그분으로 인해, 육체의 죽음을 초월하여 영원한 생명을 누리게 되는 것입니다. 예수 그리스도께서 내 안에, 내가 예수 그리스도 안에 있다는 것은, 영원한 생명이 내 속에, 내가 영원한 생명 속에 있음을 뜻하는 것이기에, 육체의 죽음에 상관없이 영원한 생명을 소유하게 됩니다.

이것은 마치 하나님과 예수님의 관계와도 같습니다. 인간으로 이 땅에 오신 예수님께서 어찌 신(神)이신 삼위일체 하나님, 성자 하나님이 되실 수 있습니까? 하나님 아버지를 보여 달라는 빌립의 요구에 주님께서는 다음과 같이 답변하셨습니다.

"빌립아, 내가 이렇게 오래 너희와 함께 있으되
네가 나를 알지 못하느냐?
나를 본 자는 아버지를 보았거늘
어찌하여 아버지를 보이라 하느냐?
나는 아버지 안에 있고 아버지는 내 안에 계신 것을
네가 믿지 아니하느냐?
내가 너희에게 이르는 말이 스스로 하는 것이 아니라.
아버지께서 내 안에 계셔 그의 일을 하시는 것이라.

내가 아버지 안에 있고 아버지께서 내 안에 계심을 믿으라.
그렇지 못하겠거든 행하는 그 일을 인하여 나를 믿으라."

(요 14:9~11)

　예수님께서 인간의 육신을 입으시고 인간의 모습으로 인간처럼 오셨음에도 불구하고 삼위일체 되신 성자 하나님이실 수 있었던 것은, 하나님께서 예수님 안에, 예수님께서 하나님 안에 거하셨기 때문입니다. 따라서 예수님의 말씀이 고스란히 하나님의 말씀일 수 있었고 예수님의 일거수 일투족이 하나님의 섭리일 수 있었을 뿐만 아니라 하나님의 모든 것이 빠짐없이 예수님의 것일 수 있었기에, 예수님께서 인간의 모습으로 이 땅에 오셨을망정 그분은 삼위일체 되신 하나님이실 수밖에 없었던 것입니다.
　이처럼 영원한 생명이신 예수 그리스도께서 내 안에 계시고, 내가 참된 생명이신 예수 그리스도 안에 거하는 상태 속에 있을 때, 참되고 영원한 그분의 생명 또한 나의 것이 되지 않을 수가 없는 것입니다.
　이 경우 우리가 주님의 영원한 생명, 참된 생명을 소유하고 있다는 증거는 무엇으로 나타나겠습니까? 우리는 이 질문에 대한 해답을 예수님에게서 찾아볼 수 있습니다. 아버지를 보여 달라는 빌립의 요구에 대한 예수님의 답변은 다음과 같이 끝나고 있습니다.

"내가 아버지 안에 있그 아버지께서 내 안에 계심을 믿으라.
그렇지 못하겠거든 행하는 그 일을 인하여 나를 믿으라."

(요 14:11)

예수님께서 하나님 아버지시요 하나님 아버지께서 예수님이심을 믿을 수 없다면, 예수님께서 행하신 일을 보고 그 사실을 믿으라는 것입니다. 도대체 예수님께서 무슨 일을 행하셨기에 그 일로 인하여 예수님의 하나님 되심을 믿으라는 것입니까? 예수님께서 행하셨던 그 숱한 기적들입니까? 아닙니다. 그런 기적들은 타종교에도 다 등장하는 이야기들이기에, 그것이 예수님의 하나님 되심의 유일한 증거일 수는 없습니다. 그렇다면 무엇이 예수님께서 하나님 되신다는 표적입니까? 예수님께서 이 땅에 오시어 보잘것없는 인간들을 사랑하사 더불어 사셨다는 것 ― 바로 그것입니다.

여타 종교의 신들은 예외없이 인간으로부터 격리되어 있습니다. 인간으로부터 격리되면 될수록 그 신은 더 지고하고 더 지엄한 신으로 숭상됩니다. 그러나 인간을 창조하신 여호와 하나님은 전혀 다른 분이십니다. 그분은 신의 자리에서 내려오시어 우리 가운데 와 주셨습니다. 신으로서가 아니라 우리의 아버지로서였습니다. 우리의 아버지로서 우리를 당신의 자녀 삼으시사 우리와 더불어 사셨습니다. 그러나 우리가 그 사실을 깨닫지 못할 때 성자 하나님께서 인간의 모습으로 이 땅에 오시사, 하나님께서는 우리와 더불어 계시는 분이심을 친히 보여 주셨습니다.

그리고 성자 하나님이신 예수 그리스도께서 인간의 죄값을 대신 치르시기 위하여 십자가에 못 박혀 돌아가셨다가 부활하심으로, 하나님 안에서 우리와 영원히 더불어 사시는 길을 열어 놓으셨습니다. 그것보다 더 좋은 그분의 하나님 되심의 증거는 있을 수 없습니다. 이 땅에 오신 예수님이 하나님의 말씀을 청산유수처럼 쏟아내고 거룩하기 그지없는 용모를 지니고 있었다 할지라도, 인간과 더불어 살기를 거절하고 심산계곡 속에 자신을 고고하게 격리시키는 분이었더라면, 그분은 인류의 성현일 수 있었을는지는 모르나 우리가 믿는 삼위일체 하나님이실 수는 없는 것입니다.

우리가 믿는 하나님은 인간을 창조하시고서 그 어느 때보다 더욱 심히 기뻐하셨던 분이십니다. 그분은 우리 가운데 계시사 우리가 바른 길을 걸어갈 때 기쁨을 이기지 못하여 즐거이 노래 부르며 기뻐하시는 분입니다. 그렇기에 그 하나님께서 예수님 안에, 예수님께서 그 아버지 안에 계셨을 때, 이 땅에 오신 예수님께서는 인간과 더불어 사시는 그리스도, 창녀나 거지처럼 가장 쓸모없는 인간들과 더욱 더불어 함께하시는 임마누엘 하나님이 되실 수밖에 없었던 것입니다.

그렇다면 우리가 주님 안에, 주님께서 내 안에 거하시매, 우리가 주님의 참되고 영원하신 생명을 소유하고 있다는 증거가 무엇으로 나타나야 하는지 이제 자명해졌습니다. 그것은 좀더 많은 사람과 더불어 사는 삶입니다. 좀더 많은 사람들과 더불어 살되, 사랑하고 섬기면서 더불어 사는 것입니다. 성경이 말하는 영원한 생명이란 단순히 영원불변 그 자체만을 의미하는 것이 아닙니다. 성경에서 이르는 영원한 생명이란 이 땅에서부터 더불어 사는 힘, 더불어 섬기면서 사는 능력입니다. 성경이 가르치는 바 영원한 생명이란, 우리와 더불어 계시는 예수 그리스도 안에 있는 참 생명이기 때문입니다.

오늘 한국 그리스도인에게 가장 결여된 것이 있다면 '더불어 사는 능력'입니다. 대부분의 그리스도인들이 예수 믿고 복받아 나만 잘되기를 바라는 식의 기복 신앙에 젖어 있을 뿐, 예수 그리스도를 믿기 때문에 나와 관련 없고 나와 다른 더 많은 사람들을 섬기며 더불어 살려 하지 않습니다. 이 땅의 교회가 그리스도 안에서 얻는 영원한 생명을 우리가 죽은 뒤에나 얻는 것으로 제한하여 잘못 가르쳐 왔기 때문입니다. 다시 말해 예수 그리스도께서 말씀하시는 영원한 생명이란 더불어 사는 영원한 힘, 더불어 사는 영원한 능력임을 일깨워 주지 못했던 것입니다. 그 결과 교회와 교인의 수는 엄청나게 증가했지만, 그 수적 증가가 이 사회의 질적 변화를 초래하지는 못했습니다. 오히려 본질에서 이탈한 양적 팽창이 그 자체의 모순과 문제를 끝없이 야기시키고 있을 따름입니다.

한국의 법학자가 독일 연수시 독일 법학자로부터 독일 판례와 관련하여 매우 흥미로운 강의를 듣게 되었습니다. 공동으로 생활비를 부담하는 맞벌이 부부가 있었습니다. 아내는 50만원의 수입에서 20만원을, 남편은 100만원의 수입에서 20만원을 각각 생활비로 부담하였습니다. 어느 날 아내는 뭔가 공평치 않다는 생각을 갖게 되었습니다. 자신은 수입의 40%를 생활비로 내놓는 데 비해, 남편은 고작 수입의 20%만을 부담하고 있음을 뒤늦게 깨달았던 것입니다. 비록 절대적인 금액은 20만원으로 동일하다 할지라도 수입 비율로 따지자면, 아내인 자기가 남편의 두 배를 부담하는 셈이었습니다.

아내는 남편에게 남편 역시 수입의 40%를 부담해 줄 것을 요구했습니다. 그러나 남편은 주말에 외출한다든가 주중에 외식할 경우의 경비는 전액 자기가 지불하므로, 자기 역시 실제로는 수입의 40% 정도를 가정을 위해 사용하는 셈이라는 이유로 아내의 요청을 거절하였습니다. 아내는 할 수 없이 남편이 생활비를 더 부담할 것을 요구하는 소송을 제기했고, 대법원은 아내의 주장을 타당한 것으로 받아들여 남편에게 좀더 많은 생활비를 지불할 것을 명령하는 판례를 남겼다는 것입니다.

설명을 다 들은 한국의 법학자는 독일 교수에게 그렇게 하고도 그들이 부부로 살았느냐고 물었습니다. 아마도 이것은 이 이야기를 듣는 우리 모두의 질문일 것입니다. 부부지간에 대법원까지 가서 그런 소송을 벌이고서도 부부로 계속 살아간다는 것은, 적어도 우리 감정으로는 수용할 수 없는 일입니다. 그런데 독일 교수의 대답은 놀랍게도 이러했습니다.

"무슨 그런 질문을 하느냐? 둘이 안 살겠다는 것이 아니라, 함께 살려고 소송했는데 왜 살지 않았겠느냐?"

어떤 사람들은 더 잘 살기 위해 법의 도움을 요청합니다. 그러나 어떤 사람들은 헤어지기 위해 똑같은 법에 호소하기도 합니다. 우리는 여기에서 참으로 귀중한 교훈을 얻게 됩니다. 더불어 살고자 하는 자에게는 이 세상의 모든 것이 좀더 잘 더불어 살게 해주는 윤활유가 됩니다. 그러나 더불어 사는 것이 바른 생명의 삶인 줄을 알지 못하는 자에게는, 이 세상 무엇이든 결별의 동기요 수단이요 도구일 수 있다는 것입니다.

6·25이후 최대의 국난이라는 경제 위기를 맞이하여, 이 위기를 극복하기 위한 방편의 하나로 절약과 절제가 그 어느 때보다도 강조되고 있습니다. 비단 이 때가 아니더라도 절약과 절제란 우리가 늘 지켜야 할 미덕이기에 전혀 새삼스러울 것이 없습니다. 단 한 가지, 이 때 우리 그리스도인들에게 중요한 것은 왜 우리가 절약하고 절제해야 하는지 그 이유를 바르게 알고 실천하

는 것입니다. 단순히 경제 위기에서 나 홀로 살아남기 위함이라면, 적어도 그것은 그리스도인이 지녀야 할 바른 자세일 수가 없습니다. 그런 이기심으로는 설령 이 위기를 극복한다 할지라도 나중에 더 큰 문제가 야기되고 말 것입니다. 우리 그리스도인들이 이 경제 위기 속에서 절약하고 절제해야 할 이유는, 지금이 경제 위기이기 때문에 이 경제 위기 속에서 더 많은 자들을 섬기고 사랑하며 더불어 살기 위함이어야 합니다.

하나님께서 당신이 사랑하시는 이 백성에게 왜 매일 기업의 도산과 실직자가 속출하는 경제 위기를 주셨습니까? 그 동안 이 백성이 모두 이기심과 욕망에 사로잡혀 더불어 사는 생명을 상실했기에, 이제 더불어 사는 참 생명의 사람으로 바로 세워 주시기 위함이 아니겠습니까? 테레사 수녀의 지적처럼, 사람이란 많은 것을 소유할수록 더불어 살기가 더 어렵습니다. 소유가 많아질수록 인간은 자칫 소유를 위한 도구에 불과해지고 말기 때문입니다. 소유에서 벗어날수록, 소유로부터 자유로워질수록 더 많은 사람들과 진심으로 더불어 살 수 있는 까닭이 바로 여기에 있습니다.

그 동안 우리는 얼마나 이기적으로 살아 왔습니까? 얼마나 나만을 위해 살아 왔습니까? 그런 자기 중심적 이기심으로 이 사회가 더불어 사는 바른 공동체가 될 턱이 없지 않습니까? 오늘 이 사회가 모든 면에 걸쳐 철저하게 부실 사회가 되어 있음은 자신의 유익만을 추구했던 우리 모두가 공범이었던 결과가 아닙니까? 그렇다면 우리는 이 경제적 위기를 하나님의 은총의 기회로 알아 이제부터 더불어 사는 법을 익히고 배워야겠습니다.

제 자신의 경우를 이야기하는 것을 양해해 주시기 바랍니다.

우리 집에는 매일 아침이면 우유가 배달됩니다. 아이들이 성장한 뒤론 우유를 잘 마시려 하지 않습니다. 대개 남은 것은 아내와 제가 마셔야 합니다. 저는 우유를 먹고 자란 세대가 아니기에 우유 마시는 일이 전혀 달갑지 않습니다. 그렇다면 경제 위기가 닥친 지금이야말로 우유를 끊을 적기입니다. 그러나 끊을 수가 없습니다. 이 어려운 시기에 저보다 더 어려울 우유배달원의 모습이 눈앞에 어른거리기 때문입니다. 같은 이유로 요구르트도 끊지 못합니다. 요구르트 아주머니의 어려운 생계를 차마 더 어렵게 만들 수 없는 탓입니다.

또 시장 모퉁이에 있는 오뎅 아주머니의 수레 앞을 지날 때면 오뎅 한두 꼬치는 사먹어야 합니다. 제 나이의 남자가 길거리에서 오뎅 사먹는 모습을 이제껏 단 한 번도 본 적이 없습니다. 그러나 저는 사먹어야만 합니다. 그 아주머니가 몇 사람의 생계를 책임지고 있는지 잘 알고 있는 연고입니다. 가끔 아내를 따라 시장엘 가면 야채 장사 아주머니가 아내를 불러 오늘은 무슨 야채가 많이 남았다고 얘기를 합니다. 그러면 그 야채를 사드려야 합니다. 오늘 당장 필요가 없더라도, 사서 냉장고 안에 넣어 둘망정 사드려야 합니다. 그 아주머니는 그 날 벌어 그 날 먹고사는 분임을 아는 까닭입니다. 이상은 제 삶의 한 단면에 지나지 않습니다.

저는 절약과 절제를 생활화하기 위해 애씁니다. 그러나 돈을 목적으로 삼아 한 푼이라도 더 많은 돈을 모으기 위함이 아닙니다. 저보다 못한 처지에 있어 보이는 더 많은 자들과 더불어 살기 위함입니다. 절약과 절제 없이는 더 많은 사람과 더불어 살 도리가 없습니다. 저는 당장 불필요할 수도 있는 것들을 마다치 못하는 것은 사치나 낭비로 생각하지 않습니다. 오히려 한 사람이라도 더 많은 사람과 더불어 살아야 할 그리스도인으로서의 의무요 책임이라고 믿고 있습니다.

사랑하는 교우 여러분!

경제적 위기를 맞이하여 절약하고 절제합시다. 그러나 더 많은 자들과 더불어 살기 위하여 절제하고 절약합시다. 나의 절약과 절제가 가장 약하고 연약한 자의 생계를 위협하는 것이라면, 그것은 추악한 이기심에서 비롯된 인색함일 뿐 그리스도인이 추구할 절약과 절제는 아닙니다. 정말 가련한 자들과 한 사람들이라도 더 많이 더불어 살기 위해 절약하고 절제할 때, 작금의 경제적 위기야말로 이 나라를 바른 생명의 공동체로 일구어 주시려는 하나님의 은총이 될 것입니다.

참된 생명은 더불어 사는 힘이요, 영원한 생명은 함께 사는 능력입니다. 생명이신 주님께서 인간의 모습으로 이 땅에 오시어 보여 주신 것이 바로 이것입니다.

참으로 어려운 시기를 맞이했습니다.
그러나 우리 모두 한 사람이라도 더 많은 사람들과
더불어 사는 법을 배우고 익히고 행함으로,
이 경제적 위기를 우리나라가 바른 생명의 공동체로
거듭나는 은총의 기회로 활용하는 자들이 되게 하옵소서.
어려울수록 정의롭게 살아야 함은,
부정과 부패가 더불어 사는 사회를 파괴하는
가장 무서운 적이기 때문임을 잊지 말게 하옵소서.
하나님께서 내게 주신 모든 것들이,

한 사람이라도 더 많은 자들과 더불어 살게 하시기
위한 도구들임을 망각하지 말게 하옵소서.
그리스도 안에 있는 참되고 영원한 생명이란
더불어 사는 힘이요 능력임을 깨달아,
한 사람이라도 더 많은 사람과 더불어 사는 우리의 삶으로,
우리가 참된 생명의 사람임을 하나님과 사람 앞에서
스스로 증명하는 자들이 되게 하옵소서. 아멘.